ＹELLOW
BAR MITZVAH

SUN DIEGO

DENNIS SAND

YELLOW BAR MITZVAH

Die sieben Pforten vom Moloch zum Ruhm

SUN DIEGO

DENNIS SAND

Bibliografische Information der Deutschen Nationalbibliothek:
Die Deutsche Nationalbibliothek verzeichnet diese Publikation in der Deutschen
Nationalbibliografie. Detaillierte bibliografische Daten sind im Internet über
http://dnb.d-nb.de abrufbar.

Die Orte und Namen in diesem Buch wurden anonymisiert, um die Persönlichkeits-
rechte der Beteiligten zu wahren.

Die Bilder und Dokumente stammen aus dem Archiv des Autors.

Für Fragen und Anregungen:
info@rivaverlag.de

Originalausgabe
1. Auflage 2018
© 2018 by riva Verlag, ein Imprint der Münchner Verlagsgruppe GmbH
Nymphenburger Straße 86
D-80636 München
Tel.: 089 651285-0
Fax: 089 652096

Redaktion: Silke Panten
Umschlaggestaltung: 8P Design
Umschlagabbildungen: BBM (Autorenfoto Sun Diego), Katja Kuhl (Autorenfoto
Dennis Sand)
Satz: inpunkt[w]o, Haiger (www.inpunktwo.de)
Druck: GGP Media GmbH, Pößneck
Printed in Germany

ISBN Print 978-3-7423-0571-8
ISBN E-Book (PDF) 978-3-7453-0122-9
ISBN E-Book (EPUB, Mobi) 978-3-7453-0123-6

Weitere Informationen zum Verlag finden Sie unter

www.rivaverlag.de

Beachten Sie auch unsere weiteren Verlage unter:
www.m-vg.de

Inhalt

AUS DEN ARCHIVEN

Ein bislang unveröffentlichtes Sun Diego-
Exclusive aus den allerersten Tagen der
Moneyrain-Zeit. Zum Downloaden unter:

m-vg.de/sun-diego

Prolog

Gute Menschen fürchten böse Taten, doch würde es das Böse nicht geben, wüssten wir nicht, was es heißt, gut zu sein. Das Böse ist ein Gift, das sich schleichend ausbreitet. Es beginnt harmlos. Es beginnt mit einem Gedanken. Doch aus Gedanken werden Worte, aus Worten werden Taten und aus Taten werden Gewohnheiten. Es sind ebendiese Gewohnheiten, die den Charakter eines Menschen bestimmen. Meine Mutter glaubt an Karma. Sie glaubt daran, dass wir für Sünden, die wir in einem vergangenen Leben begangen haben, heute bezahlen müssen. Ich glaube nur daran, dass ich heute alles tun muss, damit das Morgen besser wird. Und dass der Kampf, den ich für dieses bessere Morgen kämpfen muss, ein Kampf ist, den ich mit mir selbst austragen muss. Mit dem Bösen, mit dem Ha-Satan in mir.

Als ich mich im Halbschlaf aus meinem Bett quälte, hatte ich bloß diesen einen Gedanken, dieses eine Wort im Kopf. Eloha. Ich hatte mich die ganze Nacht mit Digi in meinem Studio eingeschlossen und wie ein Besessener an dem Song gearbeitet. Dazu hatte ich gefühlte 150 Jibbits geraucht und mir Gedanken darüber gemacht, wie ich die Hook rund kriegen könnte. Und jetzt wankte ich durch mein Schlafzimmer, mit Eloha im Kopf und einem unguten Gefühl im Magen. Es war ein ekelhafter Tag, kalt und verregnet. Ungemütliches Oktoberwetter. Alles fühlte sich seltsam entfremdet an. Ich konnte es selbst nicht so richtig verstehen. Aber obwohl ich in meinem Schlafzimmer stand, hatte ich das Gefühl, dass dieses Schlafzimmer eben nicht mein Schlafzimmer war. Dass dieser Ort nicht mein zu Hause ist. Die Uhr an der Wand funktionierte nicht mehr, der Sekundenzeiger tippte nur noch auf der Stelle. Ich hatte keine Ahnung, wie spät es war. Ich hatte mein Zeitgefühl verloren.

Der Regen wurde stärker. Ich schaute aus dem Fenster und konnte nicht glauben, was ich da sah. Verdammt, das war kein normaler Regen mehr. Der Regen war rot. Wie Blut. Ich massierte mir die Schläfen. Das konnte doch nicht sein. Ich muss gestern zu viel geraucht haben. Ich schloss die Augen, atmete noch einmal tief durch und schaute wieder raus. Ich sah die Häuserblocks aus meiner Nachbarschaft. Die grauen, trostlosen Betonfassaden. Es regnete immer noch, aber der Regen sah wieder wie Regen aus. Mein Kopf tat weh. Ich zog mir was über, ich musste raus, brauchte dringend frische Luft. Ich griff mir meine Alpha-Jacke und ging Richtung Haustür, als ich den Schock meines Lebens bekam. Da stand ein Mann in meiner Wohnung. Direkt vor meiner Haustür. Der Kerl war bestimmt zwei Meter groß, hatte eine spitze Nase, einen langen, dünnen Bart und trug einen krassen Pelzmantel. Er sah aus wie die Kasachen aussahen, die ich aus den Geschichtsbüchern in der Schule kannte. Er stand einfach so da. Ich hatte keinen Plan, wer der Typ war und wie er in meine Wohnung kommen konnte. Instinktiv wollte ich nach meinem Messer greifen, das ich in der Kommode lagerte. Aber es war weg. Ich ging langsam auf den Unbekannten Zwei-Meter-Mann zu. Ich spürte meinen Pulsschlag, bekam kaum Luft. Mein Herz krampfte sich zusammen.

»Hallo?«

Der Typ reagierte nicht.

Ich versuchte so aggressiv wie nur möglich zu wirken.

»Wer bist du? Wie kommst du in meine Wohnung? Antworte!«

Der Kerl schaute mich nur ganz ruhig an.

»Ich bin der Türhüter«, sagte er.

»Was redest du für eine kranke Scheiße?! Warum bist du in meiner Wohnung?«

Er verzog keine Miene, lehnte sich nur ganz gemütlich an die Wand. Was war das nur für ein Albtraum? Ich hatte das Gefühl, man zog mir den Boden unter den Füßen weg. Ich hatte keine Ahnung, was hier für ein Film ablief, aber es war richtig beängstigend. Irgendjemand musste sich einen üblen Scherz mit mir erlauben. Ich hatte das Gefühl, ich würde gleich verrückt werden. Ich musste raus. Ich musste dringend hier raus. Als ich gerade die Tür öffnen wollte, stellte sich der Kerl bedrohlich vor mich.

»Lass mich vorbei.«

»Es ist möglich«, sagte der Pelztyp. »Aber nicht jetzt.«

»Wie, nicht jetzt? Junge, bist du behindert?«

Der Kerl schaute mich todernst an. »Du kannst ja versuchen durch die Tür zu gehen. Aber selbst wenn du an mir vorbeikommst, wird es sechs weitere Türen geben und vor jeder dieser sechs Türen wird ein weiterer Hüter stehen und jeder dieser Hüter ist mächtiger als ich es bin.«

»Was laberst du da für eine hängengebliebene Scheiße?«

Ich fasste mir an den Kopf. Ich hatte wieder diese ekelhaften Schmerzen. Ich brauchte frische Luft. Sofort. Ich lief in mein Badezimmer und riss das Fenster auf. Der Regen war mittlerweile noch schlimmer geworden und der Himmel hatte sich schwarz gefärbt. Als wäre es tiefste Nacht. Der kleine Bach auf der anderen Straßenseite war übergelaufen, es gab eine richtige Überschwemmung. Von meinem Fenster wirkte es fast so, als würde vor meiner Haustür das Meer beginnen, so extrem war es. Ein eiskalter Wind zog durch das Bad. Es schien, als würde ein Sturm aufziehen. Ich wich einen Schritt zurück.

»Mann, Dima. Komm klar, das bildest du dir ein. Das bildest du dir alles nur ein. Du bist todesdrauf.«

Und dann passierte schon wieder so eine abartige Scheiße. Da kamen einfach drei Tiere aus dem Bach, der jetzt ein Meer war. Ein Löwe, ein Bär und ein Panther und alle hatten Flügel und waren überdimensional groß. Wie in so einem Fantasystreifen. Und als ob das nicht schon krank genug gewesen wäre, stieg noch ein viertes Tier aus dem Meer auf. Kein Plan, was das für ein Ding war. Es war grässlich entstellt, hatte riesige Füße, seine Zähne waren aus Eisen und es hatte elf Hörner auf seinem Kopf. So was hatte ich noch nicht einmal in den abgedrehtesten Horrorfilmen gesehen. Der Himmel färbte sich langsam rot. Ich schloss das Fenster, zog den Vorhang wieder zu und atmete immer schneller. Diiiikkaaaaa, was geht? Ich war mir ziemlich sicher, dass ich kurz davor war, eine Psychose zu bekommen. Ich würde jeden Moment einfach durchdrehen. Was habe ich da gestern nur für ein Zeug geraucht?

Ich schaute in meinen Flur und sah, dass der Kasache mit dem Pelz immer noch bewegungslos vor meiner Haustür stand. Ich schloss mich ein, lehnte mich gegen die Badezimmertür und atmete durch. »Du bist gerade auf dem krassesten Trip deines Lebens, Dima. Komm runter! Komm bloß runter. Das kann unmöglich real sein.«

Mein Kopf fühlte sich mittlerweile an, als würde er explodieren.

Und plötzlich war da dieses Geräusch. Ein kreischendes Ringen. Es kam in unregelmäßigen Abständen. Drrrriiiiing.

Ich stellte mich ans Waschbecken, ließ das Wasser laufen und schaute in den Spiegel. Meine Augen waren rot unterlaufen, ich sah richtig fertig aus. Ekelhaft. Drrriiiiiing. Das Geräusch bohrte sich in meinen Kopf. Ich fing an, mir kaltes Wasser ins Gesicht zu spritzen. Ich musste dringend wieder runterkommen. Drrrrriiiing. Ich musste dringend wieder klarkommen. Das war doch nicht normal. Als ich wieder in den Spiegel schaute, sah ich für einige Sekunden nicht mehr mich selbst. Ich sah ein fürchterlich verzerrtes Gesicht. Es sah aus wie eine kaputte Version von mir. Die Gesichtszüge eingefallen, überall an meiner Stirn und meinen Wangen klebten Dreck und Blut. Die Augen von meinem Spiegel-Ich waren leer. Es sah aus wie der Teufel. Ich schreckte zurück. Drrrrrriiiing. Ich wollte aus der Wohnung raus.

Vorbei an dem Kasachen, einfach weg, aber ... Drrrrrriiiiiing ... ich verlor komplett die Orientierung, stolperte ... Drrriiiiiing ... und dann wurde mir schwarz vor Augen.

Panisch schreckte ich hoch und riss meine Augen auf. Ich schaute mich um. Mein Schlafzimmer. Meine Wohnung. Ich atmete durch. Was für ein abgefuckter Traum! Und dann hörte ich das Klingeln. Drrrriiiiiing. Irgendwann begriff ich, dass es meine Tür war. Ekelhaft. Ich griff noch halbblind nach meinem Handy. Kurz vor 10 Uhr. Wer zur Hölle machte um diese Zeit so einen gottverdammten Aufstand?

Eigentlich konnte das nur Digi sein. Mein Beat-Mann. Aber der würde doch nicht um diese Zeit kommen. Ich rollte mich langsam aus dem Bett. Es klingelte weiter.

»Ja, Mann, ich komme ja«, schrie ich durch die leere Wohnung und rieb mir die Augen. Vielleicht war das auch mein Subwoofer. Ich hatte mir letzte Woche ein neues Gerät bestellt. Für mein Studio.

»Wer ist da?«, fragte ich in die Gegensprechanlage.

»Herr Dimitri Chpakov?«, hörte ich eine ernste Frauenstimme.

»Ja.«

»Hier ist die Steuerfahndung, öffnen Sie bitte die Tür, wir haben einen Durchsuchungsbefehl.«

Ich lehnte mich gegen die Wand. Ich wusste ja, dass es passieren würde. Dass sie eines Tages vor meiner Tür stehen werden. In meinem verpennten Zustand war ich sogar irgendwie halbwegs froh, dass sie kamen. Damit konnte ich die Sache endlich abschließen. Dachte ich. Ich hatte seit Jahren keine Steuererklärung abgegeben. Das Finanzamt stellte bereits einen Antrag auf Insolvenz. Sollten sie den ganzen Scheiß doch mitnehmen, mir eine Strafe aufdrücken und endlich aufhören zu nerven. Ich öffnete die Tür und machte mich bereit.

Zwei Frauen kamen in die Wohnung.

»Herr Chpakov?«

»Yo.«

Sie hielten mir einen Zettel unter die Nase.

»Wir haben eine richterliche Anordnung, ihre Wohnung zu durchsuchen …«

»Okay«, sagte ich und zog mir meine rote Alpha-Jacke über. Es war verdammt kalt geworden.

»… und auch alle anderen Räume, die sie nutzen. Keller, Dachgeschoss, ist hier noch mehr?«

»Unten ist mein Studio«, sagte ich. Die beiden Frauen nickten sich zu. Nach und nach kamen immer mehr Menschen in meine Wohnung. Erst waren es Männer in schwarzen Anzügen. Zwei, drei, vier, irgendwann liefen fünf von ihnen durch die Zimmer. Dann kamen zwei besonders eklige Kerle. Der eine hatte lange, ungepflegte Haare. Dazu trug er ein schwarzes Shirt über seinen fetten Bauch. Der andere war einfach ein pickliger Lulatsch.

Garantiert irgendwelche IT-Lappen, dachte ich.

»Herr Chpakov, das sind unsere IT-Experten«, sagte die Frau von der Steuerfahndung. »Die werden sich hier auch einmal umschauen.«

Der Fettsack grinste mich mit einem debilen Fettsackgrinsen an.

»Viel Spaß«, sagte ich genervt und ging auf den Balkon, wo ich mir erst einmal einen Joint drehte. Hoffentlich platzen dem Langen nicht die Pickel in meiner Wohnung auf, dachte ich noch.

Ich setzte mich an die frische Luft und schaute auf die Straße. Mieses Viertel. Irgendwelche Kanaken stritten sich vor dem Wettbüro auf der anderen Seite. Wahrscheinlich ging es wieder um Fußball. Um Galata gegen irgendwas. Es regnete in Strömen. Scheißwetter. Scheißtag. Ich fuhr mit der Hand über das Geländer meines Balkons. Schaute mir die Einschusslöcher an. Die waren von meinem Nachbarn. Irgend so ein Psycho-Kanake, der hier vor einiger Zeit mal rumgeballert hat, weil der Vermieter ihn wegen Randale rauswerfen wollte.

Die Leiterin von der Steuerfahndung stellte sich neben mich auf den Balkon. Sie schaute skeptisch auf meinen Joint.

»Auch einen Zug?«

»Nein, vielen Dank. Wissen Sie eigentlich, wie lange wir gebraucht haben, um Sie zu finden?«

»Keine Ahnung.«

»Vier Jahre. Wo zum Teufel waren Sie?«

»Mal hier, mal da. Warum haben Sie mich nicht einfach angerufen?«

»Sehr witzig.«

»Schauen Sie, ich habe keine Geheimnisse. Sie können die ganzen Unterlagen alle mitnehmen. Ich habe nichts verheimlicht. Ich hab's einfach nur nicht gemanagt bekommen, unter all dem Stress was abzugeben.«

»Viel zu tun, Herr Chpakov?«

Mehr als du dir vorstellen kannst, du Hurentochter, dachte ich.

»Mehr als Sie sich vorstellen können«, sagte ich.

Ich drehte mich um und sah, wie der Fettsack von der IT den Laptop meiner Frau durchsuchte und die anderen Lakaien meine Wohnung verwüsteten.

»Alter, ist das wirklich nötig?«

»Sorry«, sagte die Steuerfahnderin. »Es wird leider bei solchen Durchsuchungen immer mal etwas … unordentlich.« Ich nahm ihr ab, dass es ihr unangenehm war. Wahrscheinlich schämte sie sich für den fetten IT-Typen selbst ein bisschen.

Die Männer in den Anzügen nahmen derweil alles auseinander. Sie rissen die Schubladen raus, öffneten alle Schränke und durchwühlten alles, was irgendwie zu durchwühlen war.

Der IT-Sohn spiegelte derweil mein Handy, meinen Laptop und den Laptop meiner Frau. Gut, dass mein Sohn nicht da war, dachte ich nur. Gut, dass Nel das nicht mit ansehen musste. Meine Frau war vor einer Woche mit ihm in den Urlaub gefahren. Während ich zusah, wie die Typen meine Wohnung auseinandernahmen, kam einer der Männer zu uns auf den Balkon.

»Kann ich Sie mal kurz sprechen?«, sagte er zu der Steuerfahnderin, die offenbar die Chefin von allen war. Dann nahm er sie zur Seite und flüsterte ihr etwas ins Ohr. Dabei behielt er mich die ganze Zeit im Blick. Die Frau nickte und schaute mich dann mit großen Augen an.

»Ich bin sofort wieder da«, sagte sie mit leiser Stimme. Ich rauchte meinen Joint weiter und beobachtete, wie sich die Kanaks auf der anderen Straßenseite prügelten.

Nach ein paar Minuten kam sie wieder. Und war ziemlich bleich im Gesicht.

»Alles okay?«, fragte ich sie.

»Herr Chpakov, es tut mir sehr leid, aber ich muss die Polizei verständigen.«

»Wieso?«.

»Wir haben … ein paar Dinge in Ihrem Studio gefunden. Ich habe keine andere Wahl. Ich muss die Polizei rufen.«

Ich dachte kurz nach, was sie wohl … fuuuck! Verdammte Scheiße! Ich dummer Idiot. Erst jetzt fiel mir ein, *was* alles in meinem Studio rumlag. Und ich Trottel habe denen einfach die Tür aufgemacht. Hätte ich weitergeschlafen, hätte das Hurensohnkommando wieder nach Hause fahren müssen. Scheiße!

Ich nahm einen tiefen Zug von meinem Joint.

Es dauerte keine fünf Minuten und ich konnte von meinem Balkon aus sehen, wie immer mehr Einsatzwagen vor meiner Haustür parkten. Schwarze Zivilwagen mit Blaulicht. Und immer weiter stiegen irgendwelche uniformierten Typen aus. Fünf Mann. Zehn Mann. Fünfzehn Mann. Irgendwann waren zwanzig Kripos in meinem Studio. Sie waren noch brutaler drauf als die Finanzheinis. Sie gingen sogar an die Lüftungsschächte und kontrollierten wirklich alles, was man nur kontrollieren konnte. Nach ein paar Minuten kam ein uniformierter, älterer Mann auf den Balkon. Er hatte einen grauen Schnäuzer und lockige Haare.

»Herr Chpakov, mein Name ist Schmidt. Sie wissen, warum wir hier sind?«

»Ich kann's mir schon denken«, sagte ich und drehte mir einen neuen Joint. Er warf mir einen scharfen Blick zu.

»Wollen Sie?«

»Lassen Sie das. Wir haben hier eine nicht geringe Menge an Cannabis gefunden. Dazu mehrere Waffen. Eine AK47, Kalaschnikow. Einen Revolver. Zwei Äxte. Einen Totschläger. Haben Sie noch mehr im Haus?«[1]

»Puh, ich habe so ein bisschen den Überblick verloren«, sagte ich und zündete mir den neuen Jibbit an.

»Machen Sie bitte den Joint aus, das geht nicht.«

»Schon klar.«

»Herr Chpakov, ich werde Ihnen jetzt Handschellen anlegen und Sie mit in Ihr Studio nehmen. Wir können Sie nicht hier oben lassen. Machen Sie bitte keine Faxen. Dann legen wir Ihnen die Handschellen auch vorne an.«

»Muss das sein?«

»Ja«, sagte er. Ich streckte meine Hände aus und er legte mir die ekligen Metalldinger an. »Kommen Sie bitte mit runter.«

Er führte mich durch meine mittlerweile komplett auseinandergenommene Wohnung in mein Studio. Ich sah das Kinderzimmer meines Sohnes. Sie hatten sogar sein Spielzeug zerlegt. Ich hätte heulen können. In meinem Studio sah es nicht besser aus. Die Rechner wurden konfisziert. Die Sofas auseinandergebaut. Es war zum Kotzen. Der Kripo-Chef nickte mir zu und gab zwei seiner Männer ein Zeichen, dass sie mich bewachen sollten. Die Typen waren bewaffnet und hatten Schutzwesten an. Klar, dachte ich. Sie hatten eine Kalaschnikow bei mir gefunden. Wahrscheinlich gingen sie davon aus, ich wäre ein Terrorist. Ich setzte mich auf einen Stuhl und beobachtete, wie mein Studio in Einzelteile zerlegt wurde. Ein paar Meter von mir entfernt stand der fette IT-Mann vom Finanzamt und unterhielt sich mit einem anderen IT-Lappen, den die Kripo mitgebracht hatte. Irgend so ein Nerd-Talk.

»Den neuen AES-Standard kriegt man kaum noch geknackt«, sagte der Fette. »Der ist zwanzigfach verschlüsselt, da gehen wir in die Knie. Wie macht ihr das?«

Ich warf ihm einen tödlichen Blick zu.

Die Zeit schien nicht zu vergehen. Alles war zäh und zog sich ewig hin. Irgendwann schaute ich auf die Uhr. Ich saß jetzt schon eine Stunde hier. So ein Dreck. Immer wieder kamen Kripos zu mir und stellten mir Fragen.

»Wo führt dieser Luftschacht hin?« – »Können Sie uns das Passwort für ihren Laptop geben?« – »Haben Sie noch Kellerräume angemietet?«

Immer wieder kreuzten irgendwelche Nachbarn auf, die gafften. »Ey, könnt ihr nicht mal die Tür zumachen?«, fragte ich den Kripo. »Geht nicht«, blaffte er mich kühl an.

»Scheiße.«

Ich schloss die Augen und hoffte, dass es irgendwann einfach ein Ende nehmen würde. Und dann hörte ich jemanden meinen Namen rufen.

»Entschuldigen Sie bitte«, rief ein Kerl in den Raum. »Ist hier ein Dimitri Chpakov?«

Ich öffnete meine Augen und drehte mich um. Da stand der DHL-Typ mit seiner gelben Uniform und hielt ein Paket hoch. Mein Subwoofer!

»Hier.«

Die Beamten nickten mir zu, dass ich aufstehen dürfte. Ich ging zu dem Paketboten rüber. Es schien ihn in keinster Weise zu stören, dass hier gerade 40 uniformierte Männer rumliefen. Wahrscheinlich hatte er schon ganz andere Scheiße gesehen. Er wollte mir das Paket in die Hand drücken, als er meine Handschellen sah.

»Oh«, sagte er. »Ich stell es einfach auf den Boden. Können Sie hier bitte unterschreiben?«

Er gab mir den kleinen Plastikstift in die Hand und hielt mir das Elektropad hin, sodass ich es irgendwie schaffte, trotz Handschellen zu unterschreiben.

Der Typ verzog keine Miene. »Okay, danke. Dann ciao und einen schönen Tag noch«, sagte er beim Rausgehen.

»Ja, Mann. Ciao.«

Nach einer weiteren Stunde Demütigung packten mich die Kripos an der Schulter und führten mich raus zu ihrem Polizeiwagen.[2]

»Wie geht es jetzt weiter?«, fragte ich.

»Sie kommen erst mal mit. Eine Haftrichterin wird entscheiden, was mit Ihnen passiert. Stellen Sie sich auf einen längeren Aufenthalt ein.«[3]

Fuck. Ich setzte mich in den Polizeiwagen und schaute aus dem Fenster. Es regnete noch immer in Strömen. Wir fuhren los. Die Farben der Stadt spiegelten sich in den Pfützen. Ich lehnte mich zurück. Wie bin ich da nur reingeraten?, fragte ich mich.

Die Geschichte eines Menschen ist die Summe seiner Krisen. Jede Krise ist eine Prüfung, die uns die Gelegenheit gibt, über sich selbst hinauszuwachsen. Sich seinen Schatten zu stellen. Sich zu beweisen. Doch in meinem Fall hat sich der Schatten der Katastrophe schon lange über mein Leben gelegt, bevor es eigentlich begonnen hatte. Wie ein Fluch, dem man nicht entkommen kann.

En Soph

EIN VORSPIEL

Rostov on Don, Russland. 19. November 1941

Der Krieg hatte sich angekündigt, lange bevor er sein Gesicht zeigte. Für die Menschen in Rostov begann er mit einem entfernten Geräusch. Es klang wie ein Gewitter. Ein Gewitter, das immer lauter wurde, immer näher kam. In der Nacht lagen die Menschen in ihren Betten und hörten den Artilleriebeschuss. Später gab es auch Nächte, da hörten sie Schreie. Die Menschen in Rostov wussten, was das bedeutete. Sie wussten, dass die Deutschen gekommen waren. Dass der große ferne Krieg nun direkt vor ihrer Haustür stand. Sofja hatte bereits die Koffer gepackt. Sie saß in ihrer kleinen Küche an einem Holztisch und diskutierte mit ihrem Bruder Henri.

»Wir müssen hier weg«, sagte sie. »Das wird nicht gut ausgehen.«

Sie hatte sich die Entscheidung nicht leicht gemacht. Sie hatte ihren wichtigsten Besitz in zwei Koffer gepackt und war bereit, alles Weitere zurückzulassen. Ihre gesamte Existenz. Ihr ganzes Leben. Henri schüttelte beinah unmerklich den Kopf. »Wir haben doch keine Wahl«, sagte Sofja beschwörend.

Aber Henri blieb hart. »Ich werde nicht gehen.«

»Sei nicht dumm«, sagte Sofja. »Mein Mann ist schon an der Front, ich will nicht auch noch meinen Bruder verlieren!«

»Ich werde diese Stadt verteidigen. Und wenn ich dabei sterben sollte.«

»Denk doch an uns«, flehte Sofja Henri an. »Denk an Naemi und Leopold. Sie sind noch so jung. Willst du, dass die Nazis sie bekommen? Du weißt doch, was passieren wird. Was sie mit uns Juden machen. Du kennst doch die Geschichten«, sagte sie mit Tränen in den Augen.

Die Geschichten. Das waren keine einfachen Geschichten, die man sich erzählte. Das waren Horrorstorys, die man sich nicht schlimmer hätte ausdenken können. Im besten Fall, so hieß es, würden die Deutschen die Männer einfach in Kriegsgefangenschaft nehmen und die Frauen und Kinder an Ort und Stelle erschießen. In den schlimmeren Fällen wurden die Frauen von den Soldaten brutal vergewaltigt. Vor den Augen ihrer Männer und Kinder. Und in den allerschlimmsten Fällen, da war man Jude. Und als Jude wurde man verschleppt und nach Deutschland gebracht und in Konzentrationslager gesteckt. Das war das Allerschlimmste. Entweder wurde man dort grausam vergast oder es passierten noch sadistischere Dinge.

In Rostov gab es bereits Gerüchte über Menschenversuche an Juden. Tatsächlich waren diese Versuche im Dritten Reich an der Tagesordnung. In dem Konzentrationslager Dachau wurden die ersten medizinischen Experimente durchgeführt. Berüchtigt wurden aber die Forschungen von Dr. Josef Mengele, die er im Konzentrationslager Auschwitz beaufsichtigte. Aus Gründen der »medizinischen Forschung«, wie er es nannte, infizierte er gesunde jüdische Kinder mit einem Bakterium, dass die Gesichtshaut verfaulen und abfallen ließ. Er experimentierte mit Zwillingen, denen er Fremdstoffe, Bakterien und Krankheitserreger injizierte, um zu sehen, wie sie wirkten. Er forschte an Augen und träufelte Kindern Chemikalien ein, die sie erblinden ließen. Alles im Namen der Forschung. »Krankheiten,« so begründeten das viele NS-Ärzte, die an solchen Experimenten beteiligt waren, »könne man nur bekämpfen, wenn man sie erforscht.«

Und dieser Josef Mengele war im Jahr 1941 in Russland. An der Front. Damals noch als einfacher Arzt, aber das wusste Sofja nicht, als sie mit ihrem Bruder über ihre Zukunft stritt.

»Lass uns gehen, bitte.«

»Geh du«, sagte Henri. »Bring deine Kinder in Sicherheit. Ich werde kämpfen.« Leopold war vier, Naemi gerade mal zwei Jahre alt.[4]

Die Nazis hatten ihren Russlandfeldzug am 22. Juni 1941 begonnen. Seitdem marschierte die Wehrmacht unnachgiebig in Richtung Osten vor. Rostov lag auf ihrem Weg. Rostov war schon damals eine der größten Städte im Land, ein strategisch wichtiger Ort nahe der ukrainischen Grenze. Die Nazis schienen unaufhaltsam. Nichts konnte ihren Vormarsch stoppen. Die Rote Armee spürte, dass sie auf verlorenem Posten stand. Und dennoch waren die Soldaten motiviert, ihr Land bis auf den letzten Mann zu verteidigen. Henri konnte nicht anders, als zu kämpfen. Er wollte nicht als Feigling dastehen. Nicht als Deserteur.

Als Sofja ihren Koffer nahm und mit ihren Kindern die Stadt verließ, war der Winter bereits eingebrochen. Es schneite. Die Deutschen standen schon vor den Toren der Stadt und lieferten sich Kämpfe mit den sowjetischen Soldaten. Es war die Zeit, als sich die Menschen das entfernte Grollen der Artillerie zurückwünschten. Jetzt hörten sie nur noch die Salven der Maschinengewehre. Sofja zog ihre Jacke zu, nahm ihre Tochter auf den Arm und ihren Sohn an die Hand und verließ mit den anderen Zivilisten die Stadt. Sie drehte sich nicht mehr um. Tagelang lief sie mit Hunderten anderer Frauen und Kinder durch die russische Pampa, in der ständigen Angst, dass die Nazis sie aufgreifen würden. Sie wusste, dass das ihr Todesurteil wäre. Sie betete jede Nacht dafür, dass die Soldaten die Nazis zurückhalten würden. Sie betete, dass ein Wunder geschehen würde. Sie betete, dass ihr Bruder Henri sich retten könnte. Auf der Reise wurde Naemi krank. Sie bekam die Masern, dazu eine Lungenentzündung. Nach einer gefühlten Ewigkeit erreichten sie Taschkent in Usbekistan. Sofja und ihre Kinder waren in Sicherheit.[5]

Als der Krieg 1945 zu Ende war, ging Sofja gemeinsam mit Naemi und Leopold zurück nach Rostov. Dort traf sie ihren Mann wieder, der als Soldat gedient hatte. Doch als die beiden in ihre alte Wohnung gehen wollten, mussten sie feststellen, dass dort schon eine andere Familie lebte. Die Wohnung war kaum noch wiederzuerkennen. Die Möbel waren komplett zerstört. Die Schränke eingetreten, die Teppiche geklaut. Von den Familienfotos gab es keine Überreste mehr. Wahrscheinlich hatte jemand ihren gesamten zurückgelassenen Besitz einfach irgendwo verhökert.

Auch Henri war verschwunden. Sofja fragte überall nach ihm. Bis ein Soldat ihr endlich sagen konnte, was mit ihrem Bruder passiert war. Henri wurde von den Deutschen in Kriegsgefangenschaft genommen. Sie brachten ihn nach Italien, wo man ihn in ein Konzentrationslager steckte. Ein Jahr lang musste er dort schwere Zwangsarbeit verrichten. Aber er hatte Glück. Er wurde nicht erschossen. Er wurde nicht in die Gaskammer gesteckt. Sie ließen ihn leben. Die Nazis beuteten seine Arbeitskraft aus und gingen davon aus, dass er irgendwann einfach an Erschöpfung sterben würde. Kurz vor Kriegsende gelang ihm die Flucht. Von da an verloren sich alle Spuren. Erst viele Jahrzehnte später kam heraus, dass Henri nach Palästina geflohen und von dort nach Kanada weitergereist war. Er baute sich ein neues Leben auf und arbeitete als Künstler. Er malte Bilder und schrieb Gedichte. Meine Uroma Sofja sollte ihn zu Lebzeiten nicht wiedersehen.

Aleph

Der Mensch ist, was er träumt, denn die Träume eines Menschen sind der Antrieb seiner Taten. Meine Mutter hatte immer nur einen Traum. Den Traum, ihre Familie zu beschützen. Vielleicht waren es die Erzählungen ihrer Mutter, die Erzählungen von Flucht und Vertreibung, die Erzählungen von Leid und Elend, die sich eingebrannt hatten und diesen Traum formten. Vielleicht waren es aber auch einfach ihre eigenen Erfahrungen, mit einem Mann, der gegen sie die Hand erhob, als sie noch schwanger war. Was auch immer sie antrieb, meine Mutter ist bereit gewesen, alles zu geben, um ihren Traum zu verwirklichen. Um mich zu beschützen. Träume sind etwas Mächtiges.

Für meine Mutter war es die schwerste Entscheidung ihres Lebens, die Ukraine zu verlassen und meinen Vater, den ich niemals kennengelernt habe, einfach sitzen zu lassen. Mein Vater war ein Säufer. Er hat meine Mutter geschlagen. Und sie wollte nicht, dass ihr einziger Sohn in einem solchen Haushalt aufwachsen muss. Das brachte sie zum Nachdenken. Aber es war ein anderer Vorfall, der letztendlich ausschlaggebend für ihre Entscheidung war. In dem Atomkraftwerk Tschernobyl kam es 1986 zu einer Kernschmelze. Es gelangte radioaktives Material in die Luft. Wir lebten in einer Stadt, die 500 Kilometer davon entfernt war. In Czernowitz. Meine Baba Naemi, meine Oma, war die leitende Kinderärztin in unserem Landkreis und so sah sie, dass in den Jahren nach dem Unglück immer mehr sogenannte »Vorfälle« gemeldet wurden. Es wurden missgestaltete Kinder geboren.

Albino-Kinder. Kinder, denen die Haare ausfielen. Es herrschte große Aufregung. Und da meine Mutter zu genau diesem Zeitpunkt mit mir schwanger war, nötigte meine Baba sie, dass sie nach Moskau ziehen und sich untersuchen lassen soll. Glücklicherweise schien alles okay zu sein. Am 17. März 1989 wurde ich geboren. Vollkommen gesund. Und gesegnet mit einer großen Klappe und einem Talent für Hochgeschwindigkeitsrap.

Und dennoch war Tschernobyl vielleicht das letzte Teil eines Puzzles, das meiner Mutter bestätigte, dass es richtig wäre zu gehen. Dass die Ukraine kein Ort ist, an dem ihr Sohn aufwachsen soll. Dass es bessere Alternativen gab. Sie wusste, dass sie alles aufgeben würde, was sie sich aufgebaut hatte. Meine Mutter war Musikerin. Sie hatte die Musikhochschule absolviert und war ausgebildete Gesangs- und Klavierlehrerin und sang auf verschiedenen Veranstaltungen. Noch als sie schwanger war, hat sie auf Hochzeiten gesungen. So wurde ich schon vor meiner Geburt ständig mit Musik konfrontiert. Aber das gab meine Mutter nun alles auf. Sie tauschte Sicherheit gegen Hoffnung. Den Status quo gegen eine Perspektive. Es war ein Risiko. Und sie war bereit, es einzugehen. Meine Mutter telefonierte in dieser Zeit viel mit einer alten Freundin von ihr. Antonia. Antonia lebte bereits seit ein paar Jahren in Deutschland. Immer wieder machte sie meiner Mutter Mut, doch nachzukommen. Und irgendwann fasste meine Mutter zusammen mit meiner Baba den Entschluss, das wirklich zu tun. Ihren Traum wahr zu machen. Antonia kümmerte sich um die organisatorischen Sachen und schickte uns ein Besuchervisum und ein One-Way-Zugticket von Kiew nach Berlin. Als meine Mutter, meine Baba und ich in den Zug stiegen, hatten wir zwei Koffer voll mit Bettwäsche, Klamotten und Töpfen dabei. Außerdem noch 200 DM Bargeld. Das war unser ganzes Hab und Gut.

Die Fahrt dauerte zwei Tage. Wir erreichten Berlin im tiefsten Winter. Dezember 1992. Ich war drei Jahre alt. Als wir am Bahnhof Zoo ausstiegen, bekam ich erst einmal einen Kulturschock. Das war eine komplette Reizüberflutung. Alles war voller Menschen. Und diese Menschen sprachen eine Sprache, die ich nicht verstand. Es klang alles so fremdartig. Ich klammerte mich an meiner Mutter fest. Als wir uns von den Gleisen wegbewegten und die große Pforte am Bahnhof durchschritten, sah ich Frauen in kurzen Röcken und offenen Pelzjacken mit kaum etwas darunter. Dabei lag in der Stadt zentimeterhoher Schnee. Meine Mutter beugte sich zu mir runter, um mir meine Jacke zuzumachen, da fiel mein Blick auf einen Mann, der zitternd auf dem Boden saß. Er starrte mich an, aber seine Augen waren komplett leer. Ich hatte das Gefühl, er nahm mich gar nicht wahr. Sein Gesicht war ganz braun und eingefallen, seine Klamotten schäbig. Er wippte immer vor und zurück. Ganz langsam. Sein Mund war leicht geöffnet. Aber am meisten Angst machten mir seine Augen. Sie waren komplett leer.

»Mama, was ist mit ihm?«, fragte ich, da sah ich, wie er aus seinem langen Mantel eine Spritze rauszog.

»Komm, Dima«, sagte meine Mutter und zog mich weg.

Es war eiskalt. Ich fror und verfluchte dieses neue Land, in das wir gekommen waren. Ich fühlte mich richtig unwohl. Wir liefen ewig umher, bis meine Mutter endlich Antonia fand. Sie stand auf dem Parkplatz und kam uns mit offenen Armen entgegengelaufen. Sie begrüßte meine Mutter und meine Baba und streichelte mir über den Kopf.

»Und Dima«, fragte sie mich auf Russisch. »Was ist dein erster Eindruck von Berlin?«

Ich zuckte mit den Schultern.

Sie lachte. »Das habe ich damals auch gedacht. Es ist kalt. Kommt, ich bringe euch in meine Wohnung.« Dann stiegen wir in ihr Auto und fuhren ein wenig herum. Nach einer halben Stunde erreichten wir ihr Apartment. Es war klein und nur spärlich eingerichtet. Die Wände der beiden Zimmer waren kahl.

»Tut mir leid«, sagte Antonia. »Mehr als mein Wohnzimmer kann ich euch nicht anbieten.«

»Bleiben wir jetzt für immer hier?«, fragte ich meine Mutter.

»Nur vorübergehend, Dima.«

»Wo soll ich schlafen?«

Meine Mum schaute sich um und fuhr sich mit der Hand durch ihre Haare. Ja, wo sollten wir alle schlafen?

Wir mussten improvisieren. Meine Baba und meine Mutter schoben zwei Sessel und einen Karton zusammen und legten dort provisorisch eine Matratze drauf. Auf diesem wackeligen Konstrukt schlief meine Mutter. Baba und ich teilten uns die Couch.

»Allzu lange können wir hier nicht bleiben«, flüsterte Baba meiner Mutter zu.

»Ich weiß«, sagte sie. »Ich werde mich gleich morgen um was Neues kümmern.«

Am nächsten Tag stapften meine Mutter und ich durch die schneebedeckten Berliner Häuserschluchten. Es war noch kälter als am Vortag. Ich dachte, ich müsste erfrieren. Wir waren auf der Suche nach einer Telefonzelle. Einer ganz besonderen Telefonzelle, wie meine Mutter sagte. Antonia hatte uns eine Wegbeschreibung auf ein Stück Küchenpapier gemalt. Sie war allerdings nicht sonderlich aussagekräftig.

Nach einer guten Viertelstunde hatten wir unser Ziel dann dennoch entdeckt. Ein kleines, gelbes Telefonhäuschen neben drei Müllcontainern. Als wir in die Telefonzelle gingen, sahen wir, dass sie halb kaputt war. Irgendwelche Russen hatten so oft mit einem Hammer auf den Münzeinwurf eingeschlagen, dass er komplett verbeult war. Das war das Besondere an dieser Telefonzelle. Man musste jetzt bloß noch ein 1-DM-Stück reinschmeißen und konnte stundenlang telefonieren. Russischer Pragmatismus.

Meine Mutter machte ein paar Anrufe und bekam den Hinweis, dass sie sich bei der Jüdischen Gemeinde in Hannover melden sollte. Dort könnte man uns vielleicht eine Unterkunft organisieren. Sie müsste aber persönlich vorbeikommen. Meine Mutter schrieb sich eine Adresse auf und bedankte sich.

»Werden wir dann da wohnen?«, fragte ich sie.
»Hoffentlich.«

Wir hangelten uns von Tag zu Tag. Von Hinweis zu Hinweis und von Hoffnung zu Hoffnung. Wir hatten einfach keinen Plan, wie es weitergehen sollte.

An unserem dritten Tag in Deutschland stieg meine Mum in einen Zug nach Hannover, um unseren weiteren Aufenthalt zu klären, während ich mit Baba zurückblieb.

»Heute machen wir ein tolles Programm«, sagte Baba. »Wir besuchen einen alten Freund von mir.«

Der Mann hieß Boris. Baba kannte ihn wohl schon seit Jahrzehnten, hatte ihn aber seit Ewigkeiten nicht mehr gesehen. Sie hatte sich mit ihm auf dem Alexanderplatz verabredet. Meine Baba sprach noch kein Wort Deutsch, aber einen Satz lernte sie bei Antonia auswendig: »Wo ist Alexanderplatz?«

Damit wollte sie sich durchhangeln. Antonia wollte ihr noch eine Liste geben mit weiteren wichtigen Sätzen, aber Baba winkte ab. »Wo ist Alexanderplatz« reichte ihr. Dort würde sie dann ja Boris treffen und der hätte schon die Orientierung. Es ging auch alles gut. Wir liefen zu Fuß durch die Stadt, alle paar Minuten fragte Baba »Wo ist Alexanderplatz?« und bekam die Richtung angezeigt. Wir verständigten uns mit Körpersprache und dank Babas Powersatz kamen wir irgendwie am Fernsehturm an. »Sogar pünktlich«, freute sich Baba.

Unter dem Fernsehturm wartete schon Boris. Ein älterer Herr in einem dicken Wintermantel. Er kniff mir in die Wange und brachte uns in ein Café, in dem wir den ganzen Tag verbrachten. Baba unterhielt sich ganz super.

Irgendwann fragte Boris sie, wo wir denn eigentlich wohnen würden. Baba sagte ihm, dass unsere Wohnung gegenüber von einem Autohaus läge.

»Gegenüber von einem Autohaus?«, fragte ihr Freund.

»Ja«, sagte Baba. »Wir müssen jetzt zu diesem Autohaus.«

»Hast du eine Adresse?«

»Nein«, sagte Baba.

»Einen Stadtteil?«

»Nein.«

»Irgendwas? Woran erinnerst du dich?«

»Ein Autohaus, wir wohnen gegenüber von einem Autohaus. Was ist daran so schwer? So viele Autohäuser kann es doch nicht geben.«

»Naemi, es gibt Tausende Autohäuser in Berlin, gibt es noch etwas, woran du dich erinnerst?«

»Da waren Fahnen vor dem Autohaus.«

Boris schlug die Hände vor dem Gesicht zusammen.

»Bring mich doch einfach zu dem Autohaus«, sagte Baba und wurde wütend. Und so liefen wir quer durch Berlin. Im kältesten Winter, an den ich mich erinnern kann. Von einem Autohaus zum nächsten. Als wir nach mehreren Stunden endlich unsere Unterkunft wiedergefunden hatten, war ich vollkommen am Ende. Ich legte mich zitternd auf unsere Couch und spürte meine Füße nicht mehr.

Als meine Mum spät nachts wieder nach Hause kam, hatte ich 40 Grad Fieber und dachte, ich müsste sterben.

»Was ist denn mit Dima passiert?«, fragte meine Mutter, als sie mich sah.

»Er hat sich wohl erkältet«, sagte meine Baba und zuckte mit den Schultern. »Wir sind heute ein bisschen durch Berlin gelaufen.«

Meine Mutter traute sich nicht, einen Krankenwagen zu rufen, weil unser Aufenthalt noch nicht geklärt war. Sie saß die nächsten drei Tage an meinem Krankenlager in dem kleinen Wohnzimmer neben ihrem aus Sesseln und Kartons gebauten Bett und pflegte mich gesund. Ich war mir selber nicht ganz sicher, ob ich die erste Woche Deutschland überleben würde.

»Ich weiß, dass gerade alles ganz schlimm für dich ist, mein Schatz. Aber ich verspreche dir, dass es besser werden wird. Dass alles gut werden wird. Dass wir ein schönes Leben hier führen werden.«

Ich nickte. Mir war nicht klar, ob meine Mutter mir oder sich selbst Mut zusprach. Aber es war auch egal. Wir konnten es beide gebrauchen. »Und ich habe noch eine gute Nachricht für dich, Dima. Wir haben einen Platz in einer neuen Unterkunft.«

Ich nickte.

»Sie ist in der Nähe von einer schönen Stadt. Sie heißt Osnabrück.«

Osnabrück. Ich versuchte, mir den Namen einzuprägen.

Als ich wieder auf den Beinen war, machten wir uns auf den Weg nach Bad Rothenfelde, einem kleinen Kurort vor den Toren von Osnabrück. Das Flüchtlingsheim war ein großes Haus in der Natur. Wir waren hier mitten im Nichts. Es war so viel ruhiger als im großen, lauten Berlin. Durch den Schnee wirkte alles wie in einem Märchen. Ich glaubte damals, das wäre so eine Art Winterwunderland, wie ich es aus dem Fernsehen kannte. Aber das Leben in der Unterkunft selber war dann doch nicht so, wie ich es mir erhofft hatte. Dafür war es viel zu beengt. Wir bekamen ein kleines Zimmer mit zwei Stockbetten zugeteilt. Auf dem Flur gab es ein großes Gemeinschaftsbadezimmer mit einer Dusche und einer Toilette für sechs Familien. Es war ziemlich schäbig. Unsere Türen konnten wir nicht abschließen. So etwas wie Privatsphäre gab es nicht. Und jeden Samstag mussten wir alle gemeinsam in die Synagoge fahren. Wir aßen dort jüdisches Sabbatbrot. Challah. Ich habe es gehasst. Ich werde den Geschmack niemals vergessen.

Ich brauchte ein paar Monate, um mich zu akklimatisieren. Das Essen war ungewohnt. Es gab nur Brei und Hühnersuppe. Jeden Tag. Das war fast so ekelhaft wie das Challah-Brot am Samstag. Aber als ich mich an meine neue Heimat gewöhnt hatte, da fing ich an sie zu mögen. Das Heim hatte einen Innenhof, in dem ich mit den anderen Kindern spielte, die hier waren. Alles russische oder ukrainische Juden. Viele waren in meinem Alter. Man verstand sich blind, weil man dasselbe Schicksal hatte. Zumindest mehr oder weniger. In dieser Zeit entwickelten sich einige Freundschaften, die mein Leben lang halten sollten.

Meine Baba erzählte mir jede Nacht vor dem Einschlafen eine Geschichte. Sie kannte unendlich viele Geschichten. Am liebsten hörte ich die aus der Thora. Oder irgendwelche jüdischen Volksmythen. Eine ihrer Geschichten faszinierte mich besonders. Die Geschichte von Moloch.

Moloch war ein alter Gott. Baba erzählte mir, dass die Anhänger seiner Religion glaubten, dass er ihnen ein besseres Leben ermöglichen würde, wenn sie es schafften, ihn gnädig zu stimmen. Und besonders gnädig würde er immer dann werden, wenn man ihm etwas opferte. Etwas, dass einem besonders wichtig war.

Die Menschen bauten eine riesige Statue in der Wüste auf. Sie zeigte einen sitzenden Mann mit ausgestreckten Händen. Doch sein Kopf war nicht menschlich. Moloch hatte den Kopf eines Bullen. Das Innere der Figur war hohl, denn im Inneren brannte ein Feuer, das angeblich niemals erlöschen würde. Die Menschen brachten der überdimensionalen Molochfigur ihre Opfer. Es sollte das geopfert werden, was ihnen am wertvollsten war. Und das wertvollste, was die Menschen besaßen, waren ihre erstgeborenen Kinder. Sie wurden bei lebendigem Leibe verbrannt.

Meine Baba erzählte mir die Geschichte, weil sie dafür stand, dass das Judentum einen humaneren Glauben durchgesetzt hatte. Dass er den Menschen die Zivilisation brachte. Und einen Gott, der keine Opfer verlangte. Für mich hatte die Geschichte aber eine andere Bedeutung. Für mich war die Geschichte eine Geschichte über die Abgründe der Menschen. Wie konnten sie nur bereit sein, etwas zu opfern, was sie liebten? Nur um sich selber ein besseres Leben zu ermöglichen. Ich konnte das nicht begreifen.

Nach drei Monaten bekamen wir ganz offiziell eine Aufenthaltsgenehmigung ausgestellt. Wir würden also in Deutschland bleiben.

Meine Mutter und meine Baba machten einen Sprachkurs im Goethe-Institut, ich bekam einen Platz im Kindergarten und sah, wie meine Freunde aus dem Heim nach und nach wegzogen, weil ihre Eltern richtige Wohnungen bekamen.

»Können wir auch in eine richtige Wohnung ziehen?«, fragte ich meine Mutter.

»Bald, Dima«, sagte sie. »Wenn die Zeit gekommen ist.«

1993 lernte meine Mutter Igor P.[6] kennen. Igor war ein Ex-Soldat. Ein ehemals hohes Tier in der ukrainischen Armee. Und Igor war ein menschgewordenes Geheimnis. Ein verschlossener Mann, der wenig redete. Er hat nie jemandem erzählt, was genau er beim Militär gemacht hatte. Es gab nur jede Menge Gerüchte. Angeblich soll er in einer Eliteeinheit gedient haben, die beste Verbindungen in den Kreml hatte. Es war nicht so ganz von der Hand zu weisen. Immerhin sah Igor nicht aus wie ein einfacher Soldat. Er war ein Charakter. Eine gottverdammte Maschine. Er war groß, durchtrainiert und hatte sich seine Haare zurückgegelt. Er sah aus wie Jean-Claude van Damme in seinen besten Zeiten. Seine Freunde nannten ihn nur den Leytenant. Dabei war der Leytenant auch noch ziemlich intelligent. Er hatte die Militärhochschule mit einem 1,0-Abschluss absolviert und kam aus einem guten Elternhaus. Sein Onkel war in der ukrainischen Regierung und seine Mutter eine hochdekorierte Ärztin. Warum der Leytenant nach Deutschland gekommen war, blieb für immer ein Geheimnis.

Ich mochte den neuen Mann meiner Mutter. Für mich war der Leytenant so etwas wie eine Vaterfigur. Und ich hatte das Gefühl, dass seit dem Tag, an dem er in unser Leben kam, alles besser wurde. Wir zogen endlich weg aus dem Flüchtlingsheim. Wir zogen nach Osnabrück-Eversburg. Ein Stadtteil im Nordwesten der Stadt. Dort hatten wir eine kleine Zwei-Zimmer-Wohnung. Ich schlief bei meiner Mutter im Bett. Ein eigenes Zimmer hatte ich nicht. Aber wenigstens mussten wir uns nicht mehr mit sieben Familien das Badezimmer teilen. Die Ecke, in der wir wohnten, war keine gute Ecke, aber das wusste ich damals noch nicht. Wir wohnten an der Atterstraße, einem Block mit allen möglichen Ausländern. Fast alle unsere Nachbarn waren Libanesen. Familien, die vor dem Bürgerkrieg geflüchtet waren. Sie lebten teilweise mit sechs, sieben, acht Kindern in den kleinen Wohnungen. Luftlinie 200 Meter entfernt lag dann der Zigeunerblock. Von außen war alles schäbig. Die meisten Häuser waren Sozialbauten aus den 1960er-Jahren, um die sich niemand kümmerte. Die nach und nach verfielen.

Aber innen war bei uns alles vom Feinsten. Im Wohnzimmer standen die edelsten Ledermöbel, es lagen teure Teppiche aus, die Schränke waren neu gekauft und wir hatten einen riesigen Röhrenfernseher. Es brachen gute Zeiten für uns an. Statt irgendeiner Matsche und der ewiggleichen Hühnersuppe gingen wir jetzt fast jeden Abend zum Essen in die besten Restaurants der Stadt. Der Leytenant verwöhnte uns. Er schien unnormal viel Geld zu verdienen. Wie er das machte, wusste ich zunächst noch nicht. Erst sehr viel später sollte ich erfahren, dass er ein gottverdammter Drogenbaron war. Weil der Leytenant in Deutschland einen Asylanten-Status hatte, durfte er nicht legal arbeiten. Er vertrieb sich seine Zeit mit illegalem Kartenspiel. Er hatte einen Hang zum Zocken. Eines Nachts verlor er 50.000 DM. Und um seine Schulden zu begleichen, fing er an, Kokain im großen Stil zu verkaufen. Davon bekamen meine Mutter und ich zunächst überhaupt nichts mit. Wir genossen nur die vielen Vorzüge, die sein Lebensstil uns bot.

Unsere Wohnung war immer full house. Wir bekamen beinahe täglich Besuch. Männer in Uniformen. Männer in teuren Anzügen. Männer in schwarzer Kleidung. Der Leytenant bewirtete sie bis spät in die Nacht. Meine Mum und ich mussten draußen bleiben, wenn die Männer im Wohnzimmer etwas besprachen. Wir bekamen nicht viel mit. Erst als ich sehr viel älter war, verstand ich, dass all diese Männer Unterweltgrößen waren. Die meisten von ihnen trugen Tätowierungen.

Sie waren Diebe im Gesetz. Ein Teil der russischen Mafia. Meine Mutter wusste das wohl schon damals. Aber sie hatte kein Problem mit solchen Leuten. Sie kann mit ihnen umgehen. Sie kennt die Werte, die sie verkörpern. In Russland war das soziale Leben ein anderes als in Deutschland. In Russland war es egal, in welcher sozialen Schicht du lebtest, du warst immer mit Verbrechen konfrontiert. Verbrechen waren allgegenwärtig, Verbrechen waren Alltag. Es herrschten andere Zustände. In Russland verkauften sie einem Backsteine auf der Straße. Das war eine begehrte Masche. Irgendeine Person kommt auf dich zu, zeigt dir ihren Stein und bietet dir an, ihn zu kaufen. Wenn du ablehnst, schlägt er dir mit dem Stein so lange in die Fresse, bis du das bescheuerte Ding zu einem unnormal überhöhten Preis kaufst. Standard. Meine Mutter sagte mir später mal, dass man die Menschen nehmen muss, wie sie sind, und wenn die Menschen Verbrecher sind, dann haben sie vielleicht Gründe für das, was sie tun, und es wird jemanden geben, der sie für das richtet, was sie getan haben. »Aber das werden nicht wir sein, Dima. Wenn ein Mensch gut zu dir ist, dann musst du auch gut zu ihm sein.«

Ich habe mir das eingeprägt. Menschen haben Gründe, zu sein, wer sie sind. Und nur weil sich einem die Gründe nicht erschließen, bedeutet es nicht, dass es sie nicht gibt. Sie hatte vollkommen recht.

Der Leytenant hatte eine ganz besondere Angewohnheit. Er stand jeden Tag um Punkt 12 Uhr mittags auf. Zunächst machte ich mir darüber gar keine Gedanken. Aber als mir die anderen Kinder erzählten, dass es merkwürdig wäre, dass mein Stiefvater so lange schlief, weil Erwachsene eigentlich nicht so lange schlafen, sondern morgens früh aufstehen, weil sie ja arbeiten gehen müssten, fragte ich ihn irgendwann einfach mal.

»Sag mal, warum stehst du eigentlich immer um 12 Uhr auf?«
»Weil um 13 Uhr die beste Zeit zum Geldverdienen ist, mein Sohn.«

Diesen Satz werde ich niemals vergessen. Um 13 Uhr fuhr der Leytenant in den Wald und traf sich mit seinen Kollegen, um zu besprechen, was so anstand.

Einmal nahm er mich mit. Ich kletterte in seinen Geländewagen und fuhr mit ihm in einen Wald, der weit außerhalb von Osnabrück lag. Wir fuhren über so einen matschigen Feldweg so tief hinein, wie es nur ging. Irgendwann parkte der Leytenant und lief mit mir durch tiefe Büsche und Sträucher, bis wir auf eine kleine Lichtung kamen. Dort warteten schon fünf andere Männer. Seine Jungs. Sie trugen Lederjacken, adidas-Trainingshosen und Zockerschuhe und hockten sich in einem Kreis zusammen.

»Geh spielen, Dima«, befahl mir der Leytenant. »Wir müssen jetzt Erwachsenensachen besprechen.«

Ich streunerte ein bisschen durch den Wald, bis mich der Leytenant nach einer halben Stunde rief.

»Wir sind fertig, lass uns nach Hause fahren.«

»Was habt ihr besprochen?«

»Geschäfte.«

Der Leytenant war nach wie vor kein Mann der großen Worte. Ich hatte keine Ahnung, was er machte. Ich hatte nicht mal eine Vorstellung davon. Ich bekam nur mit, dass es unserer Familie von Monat zu Monat immer besser ging. Dass wir uns immer neue Sachen leisten konnten. Dass meine Mutter plötzlich glücklich war und die Sorgen, die wir damals hatten, als wir noch gemeinsam in dem kleinen Wohnheim wohnten und uns mit Baba ein Zimmer teilen mussten, so weit entfernt schienen, als wären sie noch aus einem anderen Leben. Manchmal nahm mich der Leytenant mit zum Einkaufen. Ich konnte mir dann alles aussuchen, was ich haben wollte. Ich musste es nur in den Einkaufswagen legen und er bezahlte es.

Ich hatte das Gefühl, dass meine Mutter ihr Versprechen, das sie mir damals gegeben hatte, eingelöst hatte. Ja, es schien wirklich alles besser für uns zu werden in Deutschland. Es fühlte sich teilweise an, als wäre das Leben ein Traum. Alles war so, wie ich es immer haben wollte. Nur hin und wieder bekam der Traum ein paar Risse und die Realität brach herein.

Einmal fand ich auf dem Wohnzimmerboden ein paar Metallkapseln und nahm sie mit in mein Zimmer. Ich hatte keinen Plan, was das für Dinger waren. Ich fing an, mit ihnen zu spielen. Als meine Mutter reinkam, rastete sie komplett aus. Sie nahm mir die kleinen Kapseln weg und schrie Igor an.

»Bist du total verrückt? Wo hat Dima die Patronen her?«

»Beruhig dich«, sagte er nur und machte die Wohnzimmertür zu. Es war eine der Situationen, die ich als Kind überhaupt nicht einschätzen konnte.

Am Abend sah ich dann meine Mutter, wie sie vor ihrem Bett saß und betete. Sie betete sonst nie. Oder zumindest habe ich sie noch nie dabei gesehen.

»Was machst du da, Mama?«

»Dima, komm her zu mir«, sagte meine Mutter und nahm mich in den Arm. »Bitte versprich mir, dass du immer ein guter Junge bleibst. Dass du niemals auf die schiefe Bahn gerätst.«

Ich verstand nicht, was sie hatte. Aber ich sah, dass sie weinte. Daher nickte ich einfach nur.

Meine Mum weinte immer öfter. Es schien, als hätte das gute Leben, das wir führten, einen Preis. Und diesen Preis mussten wir nun immer häufiger zahlen. Es gab zwischen meiner Mum und ihrem Mann schlimme Streitereien. Und sie wurden von Tag zu Tag schlimmer. Einmal kam der Leytenant mit einer Tüte Scampis nach Hause.

»Hier«, sagte er zu meiner Mutter. »Die waren scheiß teuer. Ich bringe heute Abend einen Freund mit. Mach uns die.«

Er drückte ihr die Tüte in die Hand und zog wieder ab. Meine Mutter fügte sich. Sie bereitete das Essen vor. Ich saß an unserem Küchentisch, malte und schaute ihr zu. Als sie die Scampis gerade anbraten wollte, fiel ihr auf, dass sie kein Bratöl hatte. Sie schaute auf die Uhr. Es war schon zu spät. Der Leytenant würde jeden Moment wieder nach Hause kommen. Sie konnte jetzt nicht mehr rausgehen und irgendwas organisieren. Sie fluchte.

»Was ist denn, Mum?«

»Nichts, mal weiter.«

Ich nahm meine Buntstifte und krakelte in irgendeinem Malbuch rum, das sie mir heute gekauft hatte. Dann sah ich schwarzen Rauch aus der Pfanne aufsteigen.

»Mum, alles in Ordnung?«, fragte ich noch einmal.

»Verdammt, verdammt, verdammt. Komm, Dima, geh in dein Zimmer. Ich habe zu tun.«

Meine Mutter war extrem nervös. So hatte ich sie selten gesehen. Sie zitterte richtig. Als ob sie vor irgendwas Angst gehabt hätte. Sie holte die Scampis aus der Pfanne und versuchte mit einem Messer das Schwarze von ihnen abzukratzen. Aber es hatte keinen Sinn. Sie waren komplett verbrannt. Da war nichts mehr zu retten.

Und dann kam der Leytenant nach Hause. Er hatte gute Laune, war offenbar schon ein wenig angetrunken und machte Scherze mit seinem Kumpel, den er mitbrachte.

»Mh, das riecht gut, das riecht gut«, rief er laut und schlug seinem Freund auf die Schulter. »Mein Bruder, freu dich auf die besten Scampis, die du in deinem ganzen Leben gegessen hast.«

Ich sah, wie meine Mutter rot anlief. Das würde nicht gut ausgehen, dachte ich mir. Aber der Leytenant hatte so gute Stimmung, dass er es vielleicht locker nahm. Er saß lustig am Tisch und machte Witze und prahlte, dass bald das beste Essen auf dem Tisch stehen würde, dass man für Geld nur bekommen konnte, und nahm große Züge aus einer Wodka-Flasche. Bis meine Mutter die Scampis brachte. Die schwarzen Scampis.

Es wurde totenstill. Der Leytenant schaute meine Mutter an. Dann die Scampis. Dann wieder meine Mutter.

»Meinst du das ernst?«, fragte er leise. »Meinst du das jetzt wirklich ernst?«

Meine Mutter senkte den Kopf.

»Es tut mir leid«, sagte sie kaum hörbar.

Es herrschte für ein paar Sekunden eine gespenstische Stille im Raum. Es war, als könnte man die Spannung mit der Hand greifen. Dann stand der Leytenant auf, ging in die Küche, holte die Pfanne und baute sich vor meiner Mutter auf.

»Um eine Sache habe ich dich gebeten«, fing er an und man sah eine Ader an seinem Kopf pulsieren. »UM EINE GOTTVERDAMMTE SCHEISS SACHE!«

Er nahm die Pfanne und schmiss sie durch das Wohnzimmer. Die Scheibe eines Schrankes zersplitterte. »Du willst mich wohl komplett verarschen!«, brüllte er meine Mutter an und räumte mit einer Handbewegung den gesamten Esstisch leer. Gläser und Teller fielen runter. »Cyka, bist du denn zu nichts zu gebrauchen? Wie blöd kann man eigentlich sein, blyatj?«

So hatte ich den Leytenant noch nie erlebt. Ich hatte panische Angst. Ich dachte, er würde uns jetzt alle umbringen. Er geriet immer mehr in Rage und fing an, das halbe Wohnzimmer auseinanderzunehmen. Meine Mutter weinte. Ich war wie gelähmt. Es war, als würde sich mir der Hals zuschnüren. Ich hoffte nur, dass es aufhören würde. Dass es einfach enden würde, aber der Leytenant ließ sich nicht mehr beruhigen. Es war, als wäre er nicht mehr er selbst. Er nahm alles auseinander. Irgendwann stellte sich sein Kumpel vor ihn und packte ihn an beiden Schultern. »Igor«, sagte er bestimmt. »Es reicht.«

Der Leytenant strich sich durch die Haare, nahm einen großen Schluck Wodka aus der Flasche und verließ die Wohnung. Er knallte die Tür so laut zu, dass wir aufschreckten. Meine Mutter und ich blieben verängstigt zurück. Was für ein Albtraum.

Das Leben meines Stiefvaters hatte seine Schattenseiten. Und diese Schatten legten sich nach und nach auf unsere Familie. Je größer die Geschäfte des Leytenants wurden, je mehr Geld er mit nach Hause brachte, desto mehr verlor er sich in seinen Geschäften. Desto aggressiver wurde er. Aber das war nicht das einzige Problem. Das Problem war, dass der Leytenant sich immer mehr Feinde machte. Und das sollten wir zu spüren bekommen. Der erste Vorbote kam einem Mittwoch. Meine Mutter hatte mich gerade aus dem Kindergarten abgeholt und machte mir eine Dose Ravioli warm, als es an unserer Tür klopfte. Meine Mutter schien nervös zu sein. Das war sie schon die gesamten letzten Tage. Sie zuckte richtig zusammen, als sie das Klopfen hörte. Sie ging zur Haustür, drei Männer kamen in die Wohnung gestürmt und drückten sie gegen die Wand.

»Keine Sorge«, sagte einer in einem starken russischen Dialekt. »Wir sind Freunde vom Leytenant.«

»Er ist nicht hier …«, sagte meine Mutter.

»Das wissen wir«, antwortete der Mann in ruhigem Ton und zündete sich eine Zigarette an, während er sie weiter gegen die Wand drückte.

»Bitte!«, sagte meine Mutter. »Mein Sohn sitzt in der Küche.«

Als ich hörte, dass irgendwas nicht stimmte, lief ich gleich in den Flur. Als der Typ mich sah, ließ er meine Mum sofort los und kniete sich zu mir runter.

»Keine Sorge, kleiner Freund. Wir sind Geschäftspartner von deinem Papa. Wir müssen hier nur schnell etwas erledigen. Geh doch mal in dein Zimmer.«

Ich schaute Mama an. Sie nickte.

Ich hatte gar keinen Nerv, sie jetzt mit den komischen Typen alleine zu lassen, aber ich verstand auch, dass es der falsche Zeitpunkt war, irgendwie rumzudiskutieren. Also ließ ich sie alleine und ging in mein Zimmer. Ich stellte mich an meine Tür und versuchte zu hören, was sie besprachen.

»Was wollen Sie hier?«, fragte meine Mutter.

»Wir wollen Geld abholen.«

»Ich habe kein Geld.«

»Igor hat Geld.«

»Selbst wenn – ich habe keine Ahnung, wo es ist.«

»Keine Sorge«, sagte der Mann. »Ich weiß es.«

Ich hörte, wie er ins Wohnzimmer ging und irgendwie an unserem Fernsehschrank hantierte. Es hörte sich an, als würde er irgendwas rausbrechen. Aber ich konnte es nicht zuordnen. Dann hörte ich gar nichts mehr. Ich machte mir Sorgen und lief in den Flur. Ich wollte einfach nur checken, ob es meiner Mum gut ging.

Ich sah, wie sie mit den drei Typen im Wohnzimmer stand. Die Unterleiste unseres Fernsehschrankes war herausgerissen. Der Mann, der mit mir gesprochen hatte, hatte ein Bündel bunter Scheine in der Hand und zählte sie durch. Er steckte sich eine Kippe an und zwinkerte mir zu.

»Reicht doch für heute«, sagte er und verabschiedete sich von uns. Dann verließen die Männer unsere Wohnung. Als sie weg waren, brach meine Mutter zusammen. Sie fing an zu weinen. Ich nahm sie in den Arm und versuchte, sie zu trösten. Aber ich wusste nicht, wie. Ich wusste ja nicht mal, was los war.

Der Leytenant kam erst am nächsten Morgen wieder nach Hause. Er sah ziemlich mitgenommen aus. Er trug nur ein Unterhemd, hatte an den Armen blaue Flecken, Kratzer im Gesicht und getrocknetes Blut unter der Nase.

»Verdammt, wo warst du?«, schrie meine Mutter ihn an.

»Lange Geschichte«, sagte er, schmiss sich auf die Couch und schloss die Augen.

Doch meine Mutter ließ sich nicht so leicht abwimmeln. Nicht dieses Mal. »Es reicht!«, schrie sie ihn an. »Da waren Typen in unserer Wohnung! Die haben Geld geholt. Die hatten Messer dabei.« Er zuckte bloß mit den Schultern und machte sich mit den Zähnen eine Flasche Bier auf.

»Verdammt, Igor!«, schrie meine Mutter. »Woher wussten sie, wo du das Geld versteckt hast?«

»Weil ich es ihnen verdammt noch mal gesagt habe!«, schrie er zurück. »Fuck!« Er setzte sich hin und fasste sich an den Kopf. »Die Wichser hatten mich überrumpelt. Fünf Mann auf einen. Die haben mich einen Tag lang gefoltert, Marina. Denkst du, mir macht die Scheiße Spaß, oder was?«

Dann erzählte er ihr, dass er nach einer seiner Wald-Sessions gekidnappt wurde. Offenbar hatten sie ihn verfolgt. Sie prügelten mit Schlagstöcken auf ihn ein. Dann legten sie ihm Handschellen an, packten ihn in den Kofferraum ihres Autos und fuhren los. Er wurde komplett überrascht. Als die Kerle den Kofferraumdeckel wieder öffneten, waren sie in einer Art Lagerhaus. Sie zogen den Leytenant aus dem Auto, setzten ihn auf einen Stuhl und prügelten so lange auf ihn ein, bis er ihnen sagte, wo er sein Geld hatte.

»Allerdings«, sagte er zu meiner Mutter, »habe ich ihnen nicht alles verraten. Das im Schrank war nur eine Reserve«. Er nahm einen Zug von seiner Kippe.

»Haben sie dich gehen lassen, als du ihnen gesagt hast, wo das Geld war?«

»Njet. Natürlich nicht«. Er ließ seine Finger knacken. »Musste mich da selber rausziehen.«

Meine Mutter schaute ihn mit einem fragenden Blick an.

»Hab denen gesagt, dass ich pinkeln muss. Geht halt nicht mit Handschellen. Entweder sie halten mir mein Teil ins Becken oder sie machen die Scheißdinger ab. Sie waren hetero genug, die Handschellen aufzuschließen. Fehler.«

Der Leytenant erzählte nicht genau, was dann passierte, aber er hatte eine Nahkampfausbildung in einer russischen Eliteeinheit absolviert und wusste offenbar, was zu tun war. Er konnte sich befreien und kam dann nach Hause.

Doch es war nicht vorbei. Der Krieg lief im Hintergrund weiter. Ich bekam davon wenig mit. Erst vier Wochen später war mir klar, dass etwas nicht stimmen konnte. Meine Mutter brachte mich morgens in den Kindergarten. Es war ein Novembermorgen. Es war kalt, ich erinnere mich noch, dass es so verdammt kalt war, dass ich meinen Atem sehen konnte. Im Kindergarten lief zunächst alles normal. Nur: Meine Mutter holte mich nicht mehr ab. Die Zeit verging. Und sie kam nicht. Nach und nach wurden alle Kinder von ihren Eltern geholt. Nur ich blieb übrig.

»Hat deine Mama denn irgendwas gesagt?«, fragte die Kindergärtnerin mich.

Ich schüttelte den Kopf. Meine Mutter war immer absolut zuverlässig.

»Können Sie nicht anrufen, dass sie kommen soll?«, fragte ich.

»Das haben wir schon versucht.«

Die Kindergärtnerin nahm mich in den Arm und ich musste echt kämpfen, nicht loszuheulen. Ich habe mir richtig Sorgen gemacht. Es wurde immer später. Irgendwann ging die Sonne unter. Auch wenn die Kindergärtnerin mir das Gefühl geben wollte, dass alles in Ordnung war, merkte ich ihr an, dass auch sie übelst abgefuckt war. Sie konnte mich ja nicht einfach alleine zurücklassen.

Gegen 20 Uhr kam meine Mum dann endlich. Sie war wahnsinnig aufgelöst und setzte sich mit der Kindergärtnerin in ihr Büro und führte ein langes Gespräch. Ich bekam nicht mit, worum es ging. Aber ich machte mir jetzt noch sehr viel mehr Sorgen, als ich es vorher getan hatte.

Als wir nach Hause gingen, fragte ich meine Mutter, was los war. Sie sagte, dass alles in Ordnung wäre. Aber das nahm ich ihr nicht ab. Und ich hatte keine Lust mehr, nichts von dem wissen zu dürfen, was da um mich herum passierte. Es ging doch auch um mich. Es betraf doch auch mein Leben.

»Waren die Männer wieder da, Mama?«

Sie stockte kurz.

»Ja«, sagte sie dann zu mir. »Die Männer waren wieder da.«

»Und wo ist Igor? Kann er sie nicht vertreiben?«

Meine Mutter wollte gerade das Auto aufschließen, hielt aber kurz inne und kam dann zu mir.

»Dima, die Wahrheit ist, dass ich nicht weiß, wo er immer ist. Und er kann uns da auch nicht helfen. Darum müssen wir jetzt die Polizei bitten, dass sie uns hilft. Okay?«

»Okay«, sagte ich. Dann setzte ich mich auf den Rücksitz und schaute aus dem Fenster. Ich verstand nicht, warum mein Stiefdad die bösen Männer nicht einfach verprügelte. In meinem Kopf war er ein Superheld, der das doch könnte.

Meine Mutter sagte es mir nicht, aber ich konnte mir ohnehin denken, was passiert war. Ich versuchte, so viel ich nur konnte, von dem Gespräch mitzubekommen, das die Kripo-Beamten mit ihr führten. Offensichtlich waren die Typen wiedergekommen und hatten meine Mum erneut bedroht. Sie wollten wieder Geld haben.

»Frau Chpakov, wie viel haben Sie denn im Haus?«

»500 DM«, sagte meine Mutter.

»Und wie viel Geld können Sie auftreiben?«

»500 DM«, wiederholte meine Mutter.

»Und diese Männer wollen 20.000?«

Meine Mum nickte.

Die Polizisten guckten sich an. »Keine Sorge«, sagten sie. »Das kriegen wir schon irgendwie hin.«

Kurz darauf kamen die Polizisten zu uns nach Hause. Sie hatten mehrere große Papierstapel mitgebracht. Sie waren auf die Größe von Banknoten zugeschnitten. Vor die Stapel klemmten sie die 50-DM-

Scheine, die meine Mutter zu Hause hatte. Dann packten sie alles in eine große Tasche.

Der Leytenant blieb die ganze Zeit weg. Er wusste, dass meine Mutter die Polizei verständigt hatte. Aber er wollte nicht dabei sein, wenn sie in unsere Wohnung kamen. Ich verstand das nicht. Als die Bündel präpariert waren, schaute meine Mutter auf die Uhr.

»Um 17 Uhr soll ich an der Bushaltestelle sein.«

»Machen Sie sich keine Sorgen«, sagte der Beamte. »Es wird Ihnen nichts passieren.«

Ich sah meiner Mum an, dass sie Angst hatte. Dass es ihr einfach gar nicht gut ging. Sie rauchte sogar. Das machte sie sonst nicht. Ich spürte, dass irgendetwas nicht stimmte. Ich saß auf dem Boden und spielte mit meinen Power-Ranger-Figuren. Neben mir saß eine Polizistin, die wohl auf mich aufpassen sollte. Ich hatte ein richtig mieses Gefühl.

»Mach dir keine Sorgen«, sagte die Polizistin zu mir. »Es wird schon alles gut werden.«

»Aber was denn?«, fragte ich. »Was wird gut werden?«

Dann ging meine Mum zu der Bushaltestelle, an der die Geldübergabe stattfinden sollte. Auf der Bank saß ein kleiner, dicker Südländer.

»Wartest du auf mich?«, fragte sie ihn. Er schaute sie an.

»Ja. Hast du Geld?«

Sie gab ihm die Tasche.

Er nahm sie und stand auf. »Wollen Sie das nicht kontrollieren?«, fragte sie ihn.

»Warum sollte ich? Sie würden uns nicht verarschen.« Er grinste. »Niemand verarscht uns.« Dann ging er gemütlich zu seinem Wagen.

In dem Moment kamen von allen Seiten Autos vorgefahren. Sechs, sieben, acht Wagen. Alle mit Blaulicht. Es war wie im Film. Der Dicke schmiss die Tasche in ein Gebüsch und lief weg. Aber er hatte keine Chance. Die Kripos stiegen aus und schrien, dass er sich auf den Boden legen sollte. Dann verhafteten sie ihn.

Sie verhörten den Kerl stundenlang. Aber er machte keine Aussage. Er wüsste gar nicht, worum es geht, sagte er. Entführung? Kein Plan. Er habe von irgendeinem Typen einen Fuffi dafür bekommen, dass er zu dieser Bushaltestelle geht und eine Sporttasche abholt. Mehr wisse er nicht. Das alte Spiel. Die Polizei hatte nichts gegen ihn in der Hand. Und musste ihn wieder laufen lassen. Für meine Mutter fing der Horror jetzt erst an. Die Geldübergabe hatte nicht geklappt. Der Mittelsmann wurde festgesetzt. Die Leute wussten, dass die Polizei involviert war. Meine Mum war richtig verzweifelt. Was, wenn diese Männer Igor oder sie jetzt umbringen würden? Wenn sie wiederkämen? Wenn sie sich rächten? Am Abend saß sie auf ihrem Bett, hielt mich fest in ihrem Arm und weinte. Sonst versuchte sie es immer vor mir zu verbergen, doch heute gelang ihr das nicht. Sie ließ mich an diesem Abend nicht mehr los und wir schliefen so gemeinsam ein.

Am nächsten Tag packte meine Mutter zwei Taschen. Wir fuhren zu einer Freundin in Hannover. Bei ihr blieben wir für einen Monat. Wir tauchten unter. Doch auch als wir wieder nach Hause kamen, wurde es nicht besser. Meine Mutter konnte monatelang nicht mehr richtig schlafen. Sie musste immer das Licht brennen lassen. Sie hatte Panik, dass diese Leute wiederkommen würden. Aber sie kamen nicht mehr. Wer auch immer sie waren. Was auch immer sie wollten.

Diese Zeiten hinterließen ihre Spuren bei uns. Aber am allermeisten veränderte sich der Leytenant. Er war nicht mehr derselbe Mann, der er einige Monate vorher noch gewesen war. Er war kaum noch wiederzuerkennen. Er war ständig gereizt und aggressiv. Wenn er nach Hause kam, suchte er einen Grund zu streiten. Einen Grund, meine Mum anschreien zu können. Entweder war ihm die Wohnung nicht aufgeräumt genug, der Kühlschrank zu leer oder das Essen passte nicht. Er fand immer etwas. Unser Leben wurde zur Hölle. Eines

Abends kam meine Mutter in mein Zimmer gerannt und zog mich aus dem Bett. »Komm, Dima, zieh dir was an, wir gehen.«

»Was? Wie spät ist es?«

Ich sah aus dem Fenster. Es musste mitten in der Nacht gewesen sein.

»Mama, was ist los?«, fragte ich.

Da hörte ich schon im Hintergrund, wie der Leytenant im Wohnzimmer wütete, und verstand sofort.

»Wir gehen zu Baba, Schatz. Komm beeil dich.«

Ich zog mir schnell meine Sachen an und wir liefen zum Auto. Der Leytenant war ziemlich betrunken und kam uns in seiner Unterwäsche hinterhergerannt.

»Du bleibst hier!«, schrie er meiner Mutter nach. »Du gehst nirgendwo hin.«

Doch meine Mum setzte mich eilig ins Auto und fuhr los.

Meine Baba wohnte gut einen Kilometer von uns entfernt. Es war nicht weit. Wir klingelten sie wach und sie machte meiner Mutter einen Kaffee und mir einen Kakao.

»Ach je, so viel Stress um so eine Zeit«, sagte sie. »Ihr schlaft heute bei mir.«

Doch das brachte auch nichts. Es dauerte keine halbe Stunde, bis es bei meiner Baba an der Tür klingelte. Es war der Leytenant. Sie wollte ihn gar nicht reinlassen, aber er drückte die Tür mit aller Gewalt auf.

»Igor, komm zur Vernunft«, versuchte Baba den Leytenant zu bremsen. Vergeblich. Er war komplett in seinem eigenen Film.

Meine Mutter packte mich und brachte mich ins Schlafzimmer. Sie schloss die Tür ab und rief die Polizei an.

Der Leytenant hämmerte derweil wie ein Geistesgestörter auf die Tür ein.

»Mach auf! Mach auf oder du wirst es bereuen!«

Er war nicht mehr zu bremsen. Baba versuchte, dazwischen zu gehen, aber der Leytenant schlug wie wild um sich – und verpasste ihr dabei versehentlich einen Kinnhaken. Einer alten Frau. Dann trat er die Tür ein und schubste meine Mutter herum. Es war ein Albtraum. Ich versteckte mich irgendwo in einer Ecke des Zimmers. Ich wollte einfach nur, dass es aufhörte. In dem Moment kam die Polizei vorgefahren. Sie nahmen den Leytenant über Nacht mit auf die Wache.

Meine Mutter entschied in dieser Nacht, sich von ihrem Mann zu trennen. Eine Woche später zog er aus. Er hatte mittlerweile so viele Probleme, dass er nicht auch noch eine weitere Baustelle eröffnen und sich mit meiner Mutter anlegen wollte.

Es dauerte nur einen Monat, bis der Leytenant komplett abstürzte. Wenige Wochen, nachdem sich meine Mum von ihm getrennt hatte, nahm die Polizei ihn bei einer Routinekontrolle hoch. Als sie seinen Wagen durchsuchten, fanden sie im Handschuhfach 20 Gramm Koks. Und er machte es noch schlimmer, indem er eine Waffe zog und die Cops bedrohte, dass sie sich verpissen sollen. Er wurde eingebuchtet. Vor Gericht verurteilte man ihn zu einer sechsjährigen Haftstrafe.

Mein Stiefvater war weg. Und mit ihm verloren wir alles, was wir hatten. Ich verstand nicht, warum er uns nicht half. Aber meine Mutter brachte es nicht übers Herz, mir die Wahrheit über ihn zu sagen. Sie erzählte mir stattdessen, dass er im Krankenhaus war.

»Was hat er denn, Mama?«, fragte ich.

»Die Gelbsucht«, log sie.

Für seine Anwälte ging unser letztes Erspartes drauf. Der Tag, an dem der Leytenant in den Knast ging, war der Tag, an dem unser neues Leben begann. Wir verkauften nach und nach alle unsere Geräte. Unseren Fernseher, unsere Teppiche, nur mein Spielzeug ließ mir meine Mutter. Ich war keine sechs Jahre alt und begriff nicht, was da alles passierte. Aber ich spürte, wie meine Mutter litt. Und ich spürte, wie wir alles wieder verloren, was wir einst hatten. Es fehlte an allen Ecken und Enden. Mum nahm jeden Gelegenheitsjob an, den sie bekam. Sie ging morgens früh um 4 Uhr Fenster putzen, nur damit sie irgendwie die Miete bezahlen konnte. Aber es reichte nicht. Immer wieder stellte man uns den Strom ab, weil wir irgendeine Rechnung nicht bezahlt hatten. Das waren dann die Baba-Tage. Die Tage, an denen ich bei Baba wohnen musste. Meine Mutter war völlig am Ende.

An meinem sechsten Geburtstag stellte sie mich vor die Wahl. Entweder ich würde einen neuen Power-Rangers-Roboter bekommen, den ich mir gewünscht hatte, oder wir könnten den Leytenant im »Krankenhaus« besuchen. Denn das Krankenhaus war nicht in Osnabrück, erklärte mir Mama, es wäre eine lange Fahrt und sie hätte nicht genug Geld, um den Tank aufzufüllen *und* mir den Roboter zu kaufen. Schon damals erkannte ich, wie wahnsinnig schwer es ihr fallen musste, mich vor diese Wahl zu stellen.

»Der Roboter ist egal«, sagte ich. »Lass uns Igor besuchen.«

Wir fuhren gemeinsam in das Krankenhaus, das gar nicht so wie die Krankenhäuser aussah, die ich kannte. Ich sah keinen einzigen Arzt. Ich sah nur Polizisten. Das verwirrte mich, aber meine Mutter erklärte mir, dass es sich um ein ganz besonderes Krankenhaus handeln würde. Als wir zum Leytenant geführt wurden, sah das Zimmer von ihm gar nicht so aus, wie die Zimmer von Krankenhäusern in der Regel aussahen. Es gab gar kein Bett. Stattdessen standen viele Tische und Stühle in dem Raum und wir waren auch nicht die Einzigen.

»Denk nicht so viel nach, Kleiner«, sagte der Leytenant. »Und pass mir gut auf deine Mutter auf.«

Ich nickte.

»Wann kommst du denn aus dem Krankenhaus raus?«

»Das kann noch eine Weile dauern. Ist ʼne intensive Behandlung«, sagte er und lächelte meiner Mum zu.

Als wir das Krankenhaus verließen, gingen wir durch eine große Pforte, die von Stacheldraht umrahmt war. Als wir wieder zu Hause waren, hatte sich etwas verändert. Ich hatte mich verändert. Mir war klar geworden, dass ich nun der Mann im Haus war.

Und das, obwohl ich noch ein Kind war. Ich hatte das Gefühl, ich müsste die Lücke irgendwie füllen, die der Leytenant hinterließ.

Ich zog mir die Bettdecke bis zum Kopf und gab mir selbst ein Versprechen: Ab sofort würde ich alles tun, um für die Familie zu sorgen. Ich würde nicht zulassen, dass meine Mum jemals wieder weinen müsste. Dann schloss ich die Augen und schlief ein.

Beth

Es war schon weit nach Mitternacht, aber die Luft war noch warm. Ich saß mit meinen Jungs am Rosenplatz. Ich kratzte mein letztes Geld zusammen. Jeder schmiss ein paar Münzen auf den Asphalt. Artur zählte zusammen. Drei Euro. Baba. Es reichte genau für einen »Blue Istanbul«-Döner. Wir waren fünf Leute, jeder von uns konnte genau zwei Mal beißen. So richtig pennermäßig. Aber das war unser Lifestyle. Ich war 14 Jahre alt, komplett broke und ein geteilter Döner war immer noch besser als überhaupt kein Döner. Wir chillten noch ein wenig gegenüber vom Carree, wo wir immer Billard zockten, als Kröger um die Ecke kam.

»Jungs, Jungs«, schrie er. »Ich muss euch was erzählen. Oh Mann, ihr werdet ausrasten! Es gibt da so 'ne krasse Sache ...« Kröger war richtig aufgedreht.

»Was geht?«, fragte ich ihn.

»Jungs, ich war gerade bei so ein paar Russen in Belm ...«, fing er an.

Belm ist ein Stadtteil in Osnabrück. Der Russen-Stadtteil. Belm war damals so was wie Klein-Moskau. Es gab russische Läden, russische Callshops – und Plattenbauten, in denen nur Russen lebten. Kröger sprang rum wie so ein Irrer.

»Die Jungs da haben mir was beigebracht, das ist so gut. Bruderherz, komm her!« Er umarmte Artur. »Wir können so richtig Para machen.«

Artur war sofort angezeckt. *Para machen* waren zwei absolute Reizworte für ihn.

»Was los, Bruder? Mach nicht so spannend. Komm, erzähl mir!«

»Ja, pass auf: Die haben da so 'ne lustige Nummer abgezogen. Die haben einfach irgendjemanden gebeten, einen Handyvertrag für sie abzuschließen.«

»Und?«

»Und die Handys haben sie dann bei so einem Laden vertickt. Das gibt richtig Cash.«

»Ja, Top-Idee, Bruder«, sagte ich. »Aber wieso sollte jemand Handyverträge für uns abschließen?«

Kröger wurde etwas kleinlauter. »Ja, keine Ahnung. Wir müssten halt ein paar Leute überreden.«

Artur lehnte sich an die Bushaltestelle. Man sah ihm an, dass irgendetwas in ihm arbeitete. Und dann brach es aus ihm raus.

»Abouuuu, Bruder, wir ficken! Ich habe da eine Bombenidee!«

»Hau raus«, sagte ich.

»Morgen! Sag allen Bescheid. Wir brauchen möglichst viele Leute. Bruder, ich verspreche, wir machen richtig Para!«

Er umarmte Kröger und küsste ihn auf die Wange. »Bruder, du hast mir gerade den Abend gerettet.«

Ich hatte keine Vorstellung davon, was Artur plante, aber wenn es darum ging, Geld zu machen, würde ich am Start sein.

Am nächsten Tag versammelten wir uns am Ihrplatz. Unsere engste Clique war da. Fünf, sechs Leute. Alle gerade mal 14–16 Jahre alt. Und alle extrem ausgehungert und heiß drauf, Geld zu verdienen. Artur erklärte uns seinen Plan: Wir sollten irgendwelche Leute auf dem Neumarkt ansprechen und jemanden überreden, mit uns in den O2-Shop zu gehen, um einen Handyvertrag abzuschließen. Wir waren ja selber noch zu jung dafür. Der Deal, den wir den Leuten erzählen würden, war: Wir übernehmen alle Kosten. Sie würden nicht mal Post bekommen, wir würden alles bezahlen. Wir bräuchten sie nur für die Unterschriften. Als Dankeschön würden wir ihnen 50 Euro geben. Die 50 Euro bekamen wir dadurch, dass wir das Handy verkauften. Und wenn wir nicht bezahlen würden, dann könne er ja jederzeit den Vertrag kündigen. So sollten wir ihn locken.

Ich war zunächst skeptisch, ob das funktionieren würde. Wer würde denn so blöd sein und ein paar wildfremden Kids vertrauen und für sie einen Handyvertrag abschließen? Aber aus irgendeinem Grund funktionierte es tatsächlich. Wir fanden einen Typen, der ernsthaft bereit war, das für 50 Euro zu machen. Kein Plan, was ihn veranlasste, uns zu vertrauen.

Wir gingen dann mit ihm in den O2-Shop, schlossen einen Vertrag ab und bekamen ein Handy. Das Handy brachten wir in einen türkischen An- und Verkauf und kassierten Cash dafür. Wahnsinn. Es war ganz einfach. 50 Euro gaben wir dem Kerl, der uns den Vertrag gemacht hatte.

»Hab ich doch gesagt«, freute sich Artur. »Kinderleicht. Und das wiederholen wir einfach noch ein paar Mal.«

Wir sprachen also immer weiter irgendwelche Leute an und es klappte jedes Mal aufs Neue. Wir griffen bei den Verträgen fast immer das Nokia 6230 ab. Eines der ersten Fotohandys auf dem Markt und damals der heiße Scheiß. Wir bekamen grob 500 Euro dafür. 50 Euro reinvestierten wir in die Prämien, die wir den Leuten auszahlten, dafür, dass sie dann neue Verträge machten.

Ich konnte es nicht glauben. Aber die Masche funktionierte. Natürlich zahlten wir nicht eine einzige Rate, die wir versprochen hatten. Wir würden die Leute ja eh nie wieder sehen. Im Schnitt schafften wir es, vier bis acht Handys auf diese Weise abzuziehen. Das waren rund 2000 bis 4000 Euro am Tag.

Sechs Monate lang lief das reibungslos. Wir verdienten richtig gutes Geld. Zum ersten Mal in unserem Leben. Wir haben alles rausgehauen.

Doch irgendwann zog die Nummer nicht mehr. Die Leute ließen sich nicht mehr so leicht belabern. Unsere Masche wurde fame. Und unsere Truppe berüchtigt. Wir saßen nachts am Ihrplatz, jeder mit einem Döner in der Hand, und besprachen, wie es weitergehen sollte. Wir rauchten einen Joint.

»Wir brauchen einen neuen Plan!«, sagte Artur.

»Ja, normal. Es läuft nichts mehr, Bruder. Es wird viel geredet. Unsere Gesichter werden langsam zu bekannt auf den Straßen. Wir dürfen nicht mit den Tüten so breitbeinig über den Neumarkt laufen und jeden Tag vor tausend Augen auf dicke Hose machen.« Die anderen nickten.

»Die Leute fragen sich doch, woher haben diese Pisser so viel Para? Und außerdem: Jeder Schwanz fängt schon an, uns zu kopieren und wird dabei gebumst. Wir wecken schlafende Hunde, die Amcas werden dadurch auch auf uns aufmerksam!«

»Scheiß auf die Bullen«, sagte Artur. Er wollte nichts davon hören.

»Jew, Bruderherz«, sagte er und legte mir die Hand in den Nacken. »Vertrau mir. Du hast keine Ahnung. Wir werden Mütter ficken. Mein jüdischer Kopf ist schlauer als die Amcas«. Er lachte. Dann wurde er ernst.

»Eigentlich ist es doch ganz einfach: Wir brauchen erst einmal nur einen Ausweis. Dann suchen wir uns jemanden, der nur so ähnlich aussieht wie die Person auf dem Passbild. Das Double.«

Die anderen nickten.

»Das Double geht dann mit uns in den Laden, unterschreibt die Handyverträge und der Rest ist komplett Standard.«

»Für die Verträge müssen wir auch Bankkarten vorzeigen«, warf ich ein.

»Wayne«, sagte Artur. »Die Bankkarte kann von irgendwem sein. Das juckt die im Handyshop nicht. Am Ende haftet der Typ mit dem Ausweis. Das ist alles, was die interessiert.«

»Und wie kommen wir an die Ausweise?«

»Das, mein lieber Jew, das ist die große Preisfrage.«

Eine wirkliche Idee hatten wir nicht. Also zogen wir erst einmal planlos durch die Stadt.

Und als wir am späten Abend dann am Pottgraben neben dem Alando entlang liefen, sollte etwas passieren, was das ganze Spiel für immer verändern sollte. Das Alando war die Schnösel-Disco von Osna. Der Laden für die Juristen- und Ärztesöhne, die sich mit Papas goldener Kreditkarte ein paar schöne Nächte machten. Genau der Typ Mensch, der uns dafür verachtete, dass wir nichts hatten. Ich zog an meiner Kippe, als mich Artur heranzog. »Abouuuu, Bruder. Schau mal da. Schau mal vor uns!«

Uns kam ein schmächtiger, blonder Junge entgegen. Blaues Hemd, Chinos, weiße Segelschuhe. Typ: Opfer.

»Ja und?«

»Das ist Schicksal, Bruderherz. Irgendjemand hat ihn uns gebracht. Der Junge ist vom Himmel gefallen!«

Ich schaute ihn fragend an. Kein Plan, was er meinte.

»Abou, Gott hat ihn uns geschickt! Brüder«, rief er zu den anderen, »kommt und spielt mit.«

Keiner von uns checkte, was Artur vorhatte.

Er atmete einmal tief durch und lief dann auf den schmächtigen Jungen zu. Dabei fragte er uns in lautem, aggressiven Tonfall: »Der da? War's der Junge?«

»Ja, der war das, safe!«, sagte einer von uns, noch immer ohne zu wissen, was Artur plante.

Er packte sich den Typen und drückte ihn gegen die Wand.

»Hey, was soll das?«

»Du Pisser!«, schrie Artur ihn an. »Tu nicht so!«

»Was denn? Was wollt ihr von mir?«

»Was wir wollen? Deine Mutter ficken wollen wir, du Hund. Glaubst wohl, ganz krass zu sein, was?«

»Nein, nein, ich bin nicht krass … ich … Was … was habe ich euch denn getan?«

Der Junge war vielleicht 18 oder 19 Jahre alt und zitterte wie ein Mädchen.

»Du Hund. Du hast gestern meinen kleinen Bruder geschlagen. Junge, was ist los mit dir? Mein Bruder ist 12, hast du keine Ehre?«

»Was denn für einen Bruder? Ich habe niemandem etwas getan. Ich habe noch nie jemanden geschlagen. Wirklich nicht.« Der Kerl war kurz davor loszuheulen. »Bitte … bitte! Ihr verwechselt mich.«

»Verwechseln wir den?«, schrie Artur uns an. »Das ist er doch, oder etwa nicht?«

»Klar ist er das«, bestätigten wir.

»Jungs, ich schwöre, ich schwöre, ihr verwechselt mich! Ich habe niemandem etwas getan.«

»Du bist ein ekelhafter Lügner, Max! Und du wirst jetzt Todesschläge bekommen«, schrie Artur und kam ihm noch ein bisschen näher.

»Max? Ich bin nicht Max. Ihr verwechselt mich. Ich bin Florian.«

»Lüg nicht!«

»Ich schwöre es! Mein Name ist Florian G.«

»Beweis es. Zeig Ausweis!«, forderte Artur.

Florian zog nervös sein Portemonnaie aus der Tasche und fuchtelte seinen Ausweis raus. »Hier. Seht ihr? Florian! Nicht Max!«

Wir reichten den Ausweis rum und ich verstand jetzt, was Artur abzog.

»Okay, der heißt echt Florian«, sagte ich.

»Kann ein Fake sein«, warf Shababone ein.

»Was denn für ein Fake? Das ist mein Ausweis, wie soll ich den denn faken?«

»Ey, du Opfer, wenn du kleine Kinder verprügelst, traue ich dir auch zu, dass du Ausweise fälschst, okay?«

»Du zitterst ja, Florian«, sagte ich.

»Was soll ich denn machen? Ihr glaubt mir ja eh nicht.«

»Zeig mal Bankkarte«, sagte Bruder Leo.

Florian war so am Ende, dass er mit gesenktem Kopf auch noch seine Bankkarte aus dem Portemonnaie holte und sie uns gab.

»Da seht ihr es. Florian G. Das bin ich. Glaubt ihr mir jetzt endlich?«

Artur nahm die Karte und steckte sie ein.

»Okay, na gut, dann war das vielleicht 'ne Verwechslung. Haste Glück gehabt, Florian. Okay, ciao, ne?«

Und dann zogen wir ab.

»Ey«, sagte Bruder Leo. »Schaut.« Er zeigte auf Florian, der, so schnell er konnte, Richtung Polizeistation lief, die gut 500 Meter entfernt lag.

»Scheiß drauf«, lachte Artur. »Ist wayne.« Und dann machten wir uns auf den Weg. Mit einem fremden Ausweis und einer Bankkarte in der Tasche, die uns ganze Welten öffnete.

An diesem Abend war unsere neue Masche geboren. Der Florian. Liebevoll benannt nach unserem Patient Zero.[7]

Von nun an suchten wir uns regelmäßig neue Florians. Wir sprachen sie an. In der Stadt. Nach der Disco. Vor der Schule. Überall. Wir hatten nur noch eine Sache im Kopf: Ausweise. Und mit jedem neuen Ausweis machten wir so richtig Cash. Zunächst liefen wir alle Handyläden in Osnabrück ab. Vodafone. O2. E-Plus. Wir machten auf den jeweiligen Ausweis-Florian pro Laden ein paar Verträge und kassierten Handys ab. Dann gingen wir zu Saturn und Media Markt, wo wir Laptops auf Ratenzahlung kauften.

Und die Florians zahlten. Am Ende eines normalen Tages hatten wir 4 Laptops und 10 Handys. Alles originalverpackt. Wir verkauften die Ware an unsere An- und Verkaufshops. Und machten grob zehn Mille am Tag.

Wir zogen das monatelang erfolgreich durch.

Und die Sache sprach sich rum. Die Straße wurde wach. Mit der Zeit kamen immer mehr Leute auf uns zu, die sich unserer Crew anschließen wollten. Wir setzten uns zusammen und überlegten, wie wir damit umgehen sollten.

»Lass machen«, sagte Artur. »Lass alle mitmachen. Easy. Je mehr Ausweise, desto mehr Geld.«

Ich hingegen versuchte das auszubremsen. »Artur, Alter. Je mehr Leute involviert sind, desto leichter passieren Fehler. Wir müssen jetzt echt aufpassen. Wir können es uns nicht leisten, dass irgendwas schief läuft.«

Kröger war auch skeptisch. »Bruder, die Nummer wird zu groß.«

»Scheiß drauf!«, schrie Artur. »Wir ziehen das durch. Wir machen das so firmenähnlich. Wir sind die Chefs und die anderen die Angestellten. Die einen bringen die Ausweise. Die anderen suchen die Doubles. Und die dritte Gruppe geht in die Läden. Alles easy.«

Die Sache wurde immer größer, immer organisierter. Und immer skrupelloser. Der Teil, der Gruppe, der für die Ausweise zuständig war, wurde überhaupt nicht mehr von uns kontrolliert. Artur war es egal. Hauptsache, sie brachten Persos ran. Wo sie die herhatten, wie sie die den Leuten abnahmen, war ihm egal. Was jetzt noch so alles passierte – das wussten wir nicht. Die Aufgaben wurden verteilt. Fragen wurden nicht gestellt. Und am Ende gehörten rund 50 Leute zu unserer Gruppe. Unter ihnen auch einige Mädchen.

Artur wurde immer gieriger. Es war, als wäre er nicht mehr er selbst. Als wäre er von irgendwas besessen.

In dieser Zeit war ich kaum noch in der Schule. Fehlte teilweise wochenlang. Und das zeigte sich auch an meinen Noten, die immer schlechter wurden. Dabei hatte ich einen richtig guten Start hingelegt. Nach der Orientierungsstufe kam ich auf das Gymnasium und schrieb nur Einser und Zweier. Nur in Deutsch schwächelte ich etwas. Da bekam ich eine Drei. Die Schule war mir damals noch wichtig, weil mir meine Baba eingeredet hatte, dass aus mir nur etwas werden kann, wenn ich studieren würde. Sie selber war ja promovierte Ärztin, hatte einen doppelten Doktortitel und arbeitete im Marienhospital in

Osnabrück. Für sie war Bildung das Allerwichtigste. Ich strengte mich nur an, weil ich wusste, dass es ihr so viel bedeutete. Aber selber hatte ich überhaupt keine konkreten Ziele für meine Zukunft. Ich sagte, dass ich Arzt werden wollte, aber bloß um meiner Baba gerecht zu werden. In Wahrheit wollte ich einfach nur, dass meine Familie und ich genug Geld hatten, um zu überleben. Ich wollte nie wieder in einer Wohnung ohne Strom sitzen. Ich wollte, dass meine Mum nie wieder leiden musste. Wie ich das erreichte, war mir egal. Und als wir mit dem Florian anfingen, blendete ich auch aus, wie asozial es eigentlich war, irgendwelche Leute abzuziehen. Ich schob das schlechte Gewissen einfach weg. Der Zweck heiligte die Mittel. Als wir mit dem Florian anfingen, merkte ich aber auch, dass ich die Schule nicht brauchte, um Geld verdienen zu können. Ich merkte, dass es andere Wege gab. Und ich war bereit, diese Wege zu gehen. Ich war so versessen darauf, meine Familie aus der Scheiße zu ziehen, dass mir alles andere egal wurde. Die Schule war fürs Erste abgeschrieben. Und die Lehrer schrieben mich ab.

Nach und nach wurde ich zu einem zwanghaften Schulschwänzer. Und irgendwann hatte ich das Schulschwänzen so verinnerlicht, dass ich nicht mehr bloß schwänzte, um irgendetwas anderes zu machen, ich schwänzte einfach um des Schwänzens Willen. Teilweise fuhr ich stundenlang im Bus rum, bloß um mein Scheißklassenzimmer nicht von innen sehen zu müssen. Das hatte Konsequenzen. Zwei Wochen vor Ende des Schuljahrs war klar, dass ich nicht bloß hängenbleiben würde – ich musste ganz runter von der Schule. Ich wäre nicht für das Gymnasium gemacht, hieß es. Dabei hatte ich einen IQ-Test machen müssen. Ich bestand mit einer Punktzahl von 131.

In der Pause stand ich in der Raucherecke und erzählte den Jungs die Neuigkeiten.

»Und was hast du jetzt vor?«

»Kein Plan«, sagte ich und dachte nach. »Jetzt, wo eh alles egal ist, kann ich ja ein paar Schoten ziehen.«

»Mach den Timmy!«, schlug jemand vor.

Die anderen lachten. Sie kannten das Spiel schon. Nur noch nicht auf offizieller Ebene.

»Ach komm, das bringt der eh nicht«, sagte einer.

»Wetten doch?«, sagte ich herausfordernd.

Und so machte ich den Timmy. Timmy war der behinderte Junge aus South Park, der nicht sprechen, sondern bloß seinen Namen brüllen konnte. Immer wenn man mich rannahm, schrie ich also wie ein Verrückter »Timmy« durch die Klasse. Frau Römer, meine Mathelehrerin, war schon nach fünf Minuten übelst abgefuckt.

»Dimitri, lass das bleiben!«, ermahnte sie mich.

»Timmy!«

Die Klasse lachte sich kaputt. Frau Römer wurde knallrot.

»Das ist nicht lustig!« – »Timmy!«

»Wie alt bist du eigentlich, Dimitri?« – »Timmy!«

»Es reicht!« – »Timmy!«

»Dimiti!« – »Timmy!«

»Dimitri Chpakov, noch einmal und …« – »TIMMY!«

»ES REICHT!« – »T-I-M-M-Y!«

Und dann war sie so getriggert, dass sie mich fragte, ob ich »behindert« sei, was erst recht dazu führte, dass die gesamte Klasse durchdrehte.

»Das ist aber nicht politisch korrekt, Frau Römer«, rief mein Kumpel Daniel in den Raum. Daniel war mein Nachbar und seit Kindheitstagen mein engster Kumpel. Unsere Mathelehrerin lief wütend aus dem Raum und kam zehn Minuten später mit dem Schuldirektor wieder. Er zog mich aus der Klasse und machte mir eine Ansage.

Das war zwar nicht sonderlich angenehm, aber immer noch besser, als die Fresse von Frau Römer sehen zu müssen.

Die Nummer kam bei den Jungs gut an. Nach der Schule klopften mir die anderen auf die Schulter.

»Übelste Schote, Dima!«

»War erst der Anfang«, sagte ich.

Meine gesamte Schulzeit habe ich als extrem nervig empfunden. Gerade bei einigen Lehrern, die ganz offenbar Spaß dran hatten, mich klein zu halten. Ich war sicher kein angenehmer Schüler. Und jede Strafe, die ich bekam, weil ich Mist gebaut hatte, war eine gerechte Strafe. Aber es gab auch Lehrer wie Frau Römer oder Frau Pott, die mich einfach nur runtermachten, weil ich einen schlechten Ruf hatte. Sie stellten mich unter Generalverdacht. Und das war nicht fair. Im Englischunterricht von Frau Pott konnte ich nichts reißen. Egal, was ich anstellte. Und ich fand, dass die Zeit gekommen war, ihr das zurückzuzahlen. Also machten wir aus meinen letzten Tagen auf der Schule einen Countdown der Eskalation. Die Lehrer wurden ab jetzt aufs Übelste von mir geknechtet. Payback.

Am letzten Tag eskalierte ich dann komplett. Und das hatte ich mir für meine Klassenlehrerin aufgehoben. Als die Alte in die Klasse kam, nahm ich den gelben Tafelschwamm, machte ihn nass und schmiss ihn nach ihr.

»Spinnst du?«, fragte sie und ging einen Schritt zur Seite.

Ich hob den Schwamm auf und schmiss ihn wieder nach ihr. Meine Klassenlehrerin wurde richtig panisch. Sie fing an, um das Lehrerpult zu laufen, um dem Schwamm auszuweichen. Die Klasse wusste nicht, ob sie lachen oder weinen sollte. Aber ich zog eiskalt durch und jagte sie mit dem Schwamm durch den gesamten Klassenraum.

Das ging ein paar Minuten so. Und sie ließ es einfach mit sich machen.

Irgendwann war die Stunde vorbei.

Ich war der Superhero.

Ich sollte die Schule nie wieder von innen sehen.

Bevor ich auf die Realschule runterwechselte, wollte ich meine Ferien eigentlich in vollen Zügen genießen. Aber das gelang nicht. Die ganze

Florian-Sache wurde immer größer. Es war ein richtiger Kopffick. Wir verdienten mittlerweile jede Menge Geld. Und nichts davon haben wir jemals sinnvoll investiert oder gespart. Alles ging für Discotheken, Casinos, Drogen, Klamotten oder anderen Quatsch drauf. Oft sind wir mit 10 bis 15 Mann im »Pentagon« eingeritten und taten so, als wären wir die Könige in dem Laden. Dabei war ich gerade mal 15 Jahre alt. Die anderen Jungs nur ein wenig älter. Wir haben alles, was wir gehabt haben, verlebt und niemand war so gut darin, das Geld zu verleben wie Artur. Irgendwann nannten ihn alle nur noch Las Vegas. Weil er einfach alles, was er hatte, wieder verzockte. Weil Artur jetzt Las Vegas war, wollte ich namenstechnisch nicht nachstehen. Und nannte mich von diesem Zeitpunkt an Sun Diego. Das passte auch zu meinem Sunnyboy-Image, das ich hatte.

Als ich mit Vegas an einem Abend durch die City lief, um neue K-Swiss-Schuhe zu kaufen, kamen uns zwei Typen entgegen, die uns ganz komisch anstarrten.

»Yo, was geht denn bei denen?« Vegas fühlte sich zu dieser Zeit wie ein König.

»Gibt's Problem, oder was?«, griff er die beiden an.

Die Typen kamen auf uns zu.

»Ey … bist du … Digga, bist du dieser Las Vegas?«

Vegas und ich schauten uns an.

Die beiden Typen wurden immer euphorischer. »Klar ist er das, ich bin mir ganz sicher.«

»Kennen wir uns?«, fragte Vegas ohne einen Hauch Skepsis.

»Nein, Mann, aber wir kennen dich. Du bist doch der Typ, der mit dieser Ausweis-Sache Cash macht?«

Ich gab Vegas ein Zeichen, dass er bloß die Klappe halten soll. Bloß nicht noch mehr Aufmerksamkeit auf diese Sache ziehen. Aber er war auf einem ganz eigenen Film.

»Ja, Mann, der bin ich!«, strahlte er die Jungs an. Er genoss es, dass er einen Ruf hatte. Er genoss, dass er fame war.

»Wer seid ihr, wo kommt ihr her? Und was habt ihr alles über mich gehört?«

Die beiden stellten sich vor und erzählten, dass sie aus Essen kamen.

»Krass, Essen. Dann bin ich wohl schon über die Stadtgrenzen hinaus bekannt«, lachte Vegas.

»Bruder, du bist nicht bekannt, du bist Legende. Können wir vielleicht ein Foto mit dir machen?"

»Klar«, sagte Vegas und wollte mich mit vor die Kamera ziehen. Ich lehnte ab. Dann ließ er mich das Foto mit den beiden machen. Vegas schwebte auf Wolke sieben.

»Ey, Bruder«, sagte der eine etwas leiser zu Vegas. »Du bist doch Geschäftsmann? Ich hab da ein paar Vorschläge und Ideen. Vielleicht kommen wir da zusammen? Vielleicht können wir in Essen gemeinsam was starten?«

Vegas hatte Dollarzeichen in den Augen. »Yallah, ich bin dabei!«, rief er, legte den Jungs die Arme um die Schultern und fing an, irgendwelche Geschäfte zu planen. Ich kapierte nicht, wie er so naiv sein konnte. Und ich verstand nicht, welche Ausmaße unsere kleine Betrugsmasche angenommen hatte, wenn man schon außerhalb der Stadt über uns redete. Obwohl wir nur ein paar junge Kleinkriminelle waren, die keinen Bock mehr hatten, sich zu viert einen Döner zu teilen.

Ich hatte ein richtig mieses Gefühl. Und es sollte sich noch rausstellen, dass meine Sorgen nicht unbegründet waren.

Doch zunächst lief alles ganz problemlos weiter. Es ging für uns immer weiter bergauf. Wir konnten unser Glück selber nicht glauben. Irgendwann kam ein Araber zu uns, der ein Angebot machen wollte. Er hatte eine kleine, rote Obsttüte in der Hand und schmiss sie uns rüber.

»Was ist das?«, fragte ich.

Vegas öffnete die Plastiktüte. »Cüüüüs«, rief er aus. »Das sind aber ganz schön viele IDs, die du uns hier bringst.«

»100 Stück«, sagte der Araber. »Hab gehört, ihr könnt so was gebrauchen?«

Vegas hatte jetzt so viele Dollarzeichen in den Augen, dass sie beinahe explodierten.

»Ey, ey, ey ... langsam«, mischte sich Shababone ein. »Woher wissen wir denn, dass sie sauber sind?«

»Sind sauber«, sagte der Araber und grinste.

»Sehen sauber aus«, bestätigte Vegas.

Ich nahm ihn beiseite. »Bruder, du wirst immer unvorsichtiger.«

»Jew, ich weiß genau, was ich tue. Mach dir mal keinen Kopf.« Dann zog er random drei Ausweise aus der Tüte.

»Wir testen sie«, sagte er dem Araber. »Komm heute Abend wieder. 23 Uhr am Ihrplatz.«

Vegas rief ein paar von unseren neuen Leuten zusammen und schickte sie los, die Persos zu testen. Sie kamen nach ein paar Stunden mit einer Tüte voller originalverpackter Handys wieder.

»Ich raste aus, Bruder. Ich raste aus! Es funktioniert wirklich! 100 Persos! Wir sind reich, wir sind reich, wir sind reich. Wir haben ausgesorgt, Bruderherz!«

Wir trafen uns am Abend mit dem Araber und kauften ihm alle Ausweise für ein paar Tausender ab. Unser Geschäft explodierte. Wir waren mittlerweile so gut und so organisiert, dass wir an umsatzstarken Tagen mit rund 45 Riesen nach Hause gingen. Es war ein Selbstläufer. Selbst die Handyshop-Mitarbeiter wussten irgendwann Bescheid. Wir kamen in die Läden, legten die Ausweise auf den Tisch und gingen dann Kaffee trinken, während sie alles fertig machten. Dann kamen wir zurück und nahmen bloß noch die Handys mit. Es war einfach ein System, von dem alle irgendwie profitierten. Wir. Die Handyshop-Besitzer, die ihre Provision einstrichen und denen es egal war, ob irgendwelche Verträge später wieder gekündigt würden oder nicht. Und die An-und-Verkauf-Ladenbesitzer, die sich mit unseren originalverpackten Handys und Laptops eine goldene Nase verdienten. Wir haben von den Jungs teilweise sogar Vorschüsse bekommen, weil sie wussten, dass wir immer gute Ware am Start hatten. Wir waren Könige. Wir liefen nicht mehr nur durch die Stadt, wir schwebten fünf Zentimeter über dem Boden. Osnabrück gehörte uns. Nein, die ganze Scheißwelt gehörte uns!

Zu dieser Zeit verstanden wir aber auch, dass uns das System irgendwann einfach auf die Füße fallen musste. Osnabrück war eine kleine Stadt. Die Leute sprachen über uns. Und wir hatten mittlerweile einen Ruf, weit über die Stadtgrenze hinaus. Also expandierten wir. Wir schickten unsere Läufer mit den Persos nun auch in andere Städte. Erst ins nähere Umfeld, in Städte wie Bielefeld und Münster, und später auch in Städte weit außerhalb unseres Kreises. Berlin, Hamburg, Frankfurt. Zu dieser Zeit verloren wir irgendwann den Überblick. Wer wirklich noch für uns arbeitete, wer sich absetzte, wer von wo irgendwelche Ausweise zockte und was er damit machte, war absolut nicht mehr kontrollierbar. Die ersten Kids wurden auch schon erwischt und landeten im Jugendarrest. Das waren zwar keine Leute aus unserem unmittelbaren Umfeld, aber es wurde einfach viel zu krass.

Wir rutschten immer weiter ab. Eine Zeitlang hing ich intensiver mit meinem Kumpel Kurde ab, der auch zum Florian-Gründerteam gehörte. Als wir gemeinsam auf dem Ihrplatz saßen und ein bisschen quatschten, kam ein Mädchen zu uns. Sie war etwas älter als wir, hieß Mia und schlug uns vor, unsere Nutte zu werden.

»Was geht?«, fragte ich. »Bist du noch ganz sauber?«

»Ich meine es Ernst«, sagte sie. »Ich will für Geld ficken. Aber ich brauche ein paar Leute, die auf mich aufpassen.« Die Kleine war total kaputt.

Ich schaute Kurde an. »Komplett Sünde«, sagte er.

»Ich mache es doch sowieso«, sagte Mia. »Ich will halt nur, dass jeder weiß, dass ich zu eurer Clique gehöre, damit mir nichts passiert.«

Alter. Das nahm einfach zu krasse Züge an. »Ey, Dima, lass uns das dann vielleicht doch machen«, sagte Kurde. »Wir tun ihr ja einen

Gefallen. Wir passen auf sie auf. Wir tun was Gutes, wie Schutzengel oder so.«

»Bro, das ist komplett daneben.«

»Ach komm, wir sind halt so Bodyguards dann. Ist doch keine Arbeit.« Offensichtlich konnte sich Kurde gut mit dieser Rolle anfreunden.

»Scheiß drauf«, sagte ich und stimmte zu. Und von dem Tag an war Mia so etwas wie unsere Nutte. Während sie in irgendwelchen Dealer-Wohnungen mit irgendwelchen Typen rummachte, passten wir auf, dass nichts eskalierte. Das Geld, das sie uns dafür gab, wanderte in unsere Gangkasse. Ich nahm mir davon keinen Cent.

Als wir Mia einmal auf eine Hausparty begleiteten, kam Vegas zu mir. »Bock auf eine Rundo Mundo?«

Das war sein Slangbegriff für Ecstasy. »Lass stecken, Bro.«

»Komm schon, Dima. Stell dich nicht so an.«

»Lass stecken«, winkte ich ab. Ich hatte keinen Bock auf diese Chemiescheiße.

Ich griff mir eine offene Flasche Bier, nahm einen großen Schluck und unterhielt mich weiter mit Kurde.

»Es ist ganz schön warm hier, kann das sein?«, fragte ich ihn.

»Ganz normal«, sagte er, aber es fühlte sich für mich nicht normal an. In den letzten Minuten war es richtig heiß geworden. Ich fing an zu schwitzen.

»Alles okay, Dima?«

»Bro, ich glaube, ich habe …« Mir war schwindelig. »Ich glaube, ich habe mir irgendwas eingefangen. Ich …« Das Sprechen fiel mir auf einmal schwer. Als wäre meine Zunge betäubt. Ich verlor die Orientierung und sackte kurz ein. Kurde und Vegas kamen und griffen mir von hinten unter die Arme. Ich schaute sie an, sah, dass sich ihre Lippen bewegten. Dass sie mir irgendwas erzählten. Aber ich verstand es nicht. Ihre Stimmen waren so seltsam verzerrt. Ich hörte nur noch Bässe. Alles zog in Zeitlupe an mir vorbei. Die Jungs legten mich auf das Sofa. Kurde brachte mir ein Glas Wasser. Während ich auf der

Fotogalerie
#NOFILTER

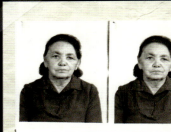

Uroma Sofja Goldberg

Mutter, Großvater und Baba N.

Baba N.

Urgroßvater Michail Goldberg

Meine Mutter im Musikkonservatorium in Russland

Die Hochzeit meiner Eltern

Hallo Deutschland: Kurzzeitige Unterkunft vor der Einquartierung im Flüchtlingsheim

Meine Mutter angekommen am Flüchtlingsheim

Mutter und ich im Flüchtlingsheim

Meine Mutter, Onkel und ich

Beim Familienausflug

5. Klasse: Jugendherberge

Meine Mutter in der Synagoge

5. Klasse: Jugendherberge mit der Kindergarten-Löwengruppe

Rubbenbruchsee in Osnabrück

3. Klasse: Red-Nick Carter

Kindergarten-Abschlussfoto

Grundschule Eversburg (Ich hatte Feinde, haha!)

Das erste Selfie mit 15 Jahren

*Bei meiner Mutter in der Küche:
Sunny feat. Gorbatschow*

*Easy Platz #1 bei KTOsexy.de
Tzhehe!*

Daniel, Hikki, Stas, ich, Jeffrey und Squirty bei einem Kollegah-Gig in Osnabrooklyn

Kurz vor Klapse, Bro ...

Peace out, Rabbit!

»Se böddls kiep ...

... Pöppin!«

Bossaura-Tour (2011)

Backstage: Bossaura-Tour

Lektion No.1: Mikrofon halten xD

Nach dem Falk-Interview stehen Kollegah und ich vor einem Geschäft mit Karotten

Moneyrain Entertainment Vol.1 Soldiers Edt. feat. Squirty

Erste Logo-Entwürfe für Moneyrain

»Kille Rap, in den Adern Adrenalin ...«

»Ich will Blut sehen wie ein fucking Vampire!!«

Videoblog vor dem Schießstand in
Wallenhorst/Osnabrück

Mit Squirty und Tugrul Abi

On the Road mit Daniel.
Erster BBM-Sweater!

BBM-Represent!

Wir schaukeln das Ding schon, mein Junge!

JBB Qualifikation – Die Geburt von SpongeBOZZ

JBB Runde 1 vs. Ahmed

JBB Runde 2 vs. Greeen/Winnin

JBB Finale Hinrunde vs. Gio

JBB Finale Rückrunde vs. Gio

JBB Kingfinale Hinrunde vs. 4Tune

JBB Kingfinale Rückrunde vs. 4Tune

JBB Kampfansage

JBB Kingfinale vs. Gio

SUN DIEGO THEORIEN

Schwarze-Chucks-Theorie

Bart-Theorie

»Se böddls kiep pöppin!«-Theorie

Hautpigment-Theorie

Mimik-Theorie

SPONGEBOZZ ist SUN DIEGO !!! 2016 - Die Akte SpongeBozz GELÖST!!! - MONEYRAI!
311.733 Aufrufe

0:15 / 14:56

Identitäts-Theorie

BBM-WEAR! (bbm-store.de)

Planktonweed Making-of: Drugs!

Indoor-Plantage

More Drugs!

Pizza Planktonweed

A.C.A.B.

Kleinkrimineller

No Cooperacion Con La Policia

Rock, rock, rock, rock, rock tha microphone!

A.C.A.B. Lambo oder Nix!

Mit Baba N. und meiner Mutter

Nas und Nel, meine Familie

Smoke till I die!

»Say Hello To My Little Friend!«

ART
FROM
THE
BOTTO

STARTED
FROM
THE
BOTTOM

Behind the Scenes beim Videodreh »SFTB«

Behind the Scenes: Gerüstbau

Behind the Scenes: Gerüstbau

Behind the Scenes: Performance

Behind the Scenes: Performance

Salah Saado und Emilio Albo

YBM-Videodreh: Hava Nagila

Pat

Sunnyminati

»Spongi ist der einzig wahre Ghettostar...«

Much more drugs!

START
FROM
THE
BOTTO

A.C.A.B. 2

»Vom meistgehassten Mann, zu eim' gemachten Schwamm!«

Jüdische Gene

I'm the King!

Rooz-Interview

Alles Vorbei!

Digital Drama

Scenzah

Juri

Sticky49

La Familia! Salah Saado, Ali Alzein, Rabia Elmasrie, Dib Akil, Manuel Campa

Pat

Tag-Team: SpongeBOZZ Gunshot und Patrick Bang

Salah Saado: Ein Mann, ein Wort

Q-Seng und Daniel

Akay

Jörg

Daniel Zlotin

Payback #forsundiego

Behind the Scenes: Payback #forsundiego

LEIDEN
MOVES
KICKEN
BLA
WAYNE

Leiden, Moves, Kicken, Bla, Wayne

Couch lag, sah ich, wie die Party weiterlief. Ich sah es merkwürdig verschwommen. Alles wirkte nur noch hohl. Und dann sah ich einen Mann, den ich noch nie zuvor gesehen hatte. Er war bestimmt zwei Meter groß, hatte eine spitze Nase, einen langen, dünnen Bart und trug einen krassen Pelzmantel. Was war das für ein Kerl, dachte ich mir. Er war viel älter, als die anderen Jungs auf der Party. Er stand in einer Ecke des Raumes. Bewegte sich nicht. Er stand nur da und starrte. Irgendwie machte der Kerl mich unruhig. Ich dachte noch …

»Ey, was ist denn mit dem hier los? Mach mal Platz!«

Mia schubste mich von der Couch. »Lass den, der hat wohl das Rundo Mundo nicht so gut vertragen«, sagte Vegas. Mia schüttete mir ein bisschen Wasser ins Gesicht. Auf einen Schlag wurde ich wieder etwas klarer und der Verzerrungsfilter, der in meinem Kopf lag, verschwand.

»Was geht mit dir? Verträgst du keine Drogen mehr?«

»Was für Drogen, ich habe doch gar nichts genommen.«

»Du hast dir eine offene Bierflasche genommen«, sagte Kurde. »Da hat Vegas überall Mollys reingemacht.«

Fuuuck. Ich richtete mich langsam auf und schaute mich um. Ich guckte, wo der Mann mit dem Pelz war. Aber ich sah ihn nicht mehr.

Ich zog mich nach und nach zurück. Wir hatten von Anfang eine Art Gangkasse. Vegas verwaltete alles bei sich und jeder konnte sich das Geld nehmen, das er gerade für irgendwas brauchte. Wir rechneten nichts einzeln ab. Wir verließen uns aufeinander. Aber irgendwann kam der Tag, an dem ich mir kein Geld mehr aus der Kasse nahm. Ich wollte das nicht mehr. Ich hatte das Gefühl, dass aus unserer Freundschaft ein Geschäft geworden war. Und ich wollte nicht, dass meine Brüder denken, ich würde nur mit ihnen rumhängen, weil ich scharf auf unser Cash war. Verdammt, ich wollte Geld machen. Aber unsere Freundschaft war mir heilig. Und ich sah, wie die Scheine Vegas korrumpierten. Wie sie ihn veränderten. Wie er nach und nach völlig den Halt verlor und immer größenwahnsinniger wurde. Wenn ich in seine Augen schaute, hatte ich mittlerweile das Gefühl, dass sie komplett leer waren.

Er merkte einfach, dass er nichts zu befürchten hatte, und das machte ihn selbstsicher. Er dachte: Unsere Masche ist zehntausend Mal gutgegangen. Also würde sie auch die nächsten Male wieder gutgehen.

Ein paar Wochen später fuhr ich mit Vegas nach Essen, weil er sich dort mit den beiden Typen treffen wollte, die ihm ein Geschäft vorgeschlagen hatten. Nachdem er alles mit ihnen bequatscht hatte, liefen wir noch ein wenig durch die Innenstadt. Irgendwann zog er mich zu sich. »Chica blanca, Bruder.« Das war unser Code für eine Frau, die wir als Double benutzen konnten, eine Frau, die Ähnlichkeit zu einer Person auf einem der Ausweise hatte. Er zog ein paar Persos aus seiner Jackentasche, sortierte sie durch wie ein Kartenspiel, zog den passenden raus und hielt ihn mir unter die Nase. »Passt?«

»Ja, passt schon«, sagte ich. »Aber Bruder, wollen wir das jetzt hier wirklich durchziehen? Dafür haben wir doch Leute?«

»Ah, komm, komm«, sagte er. »Ist doch schnell gemacht, Jew.«

Für uns war die Nummer mittlerweile so zur Routine geworden, dass wir eine Betrugsmasche mal ebenso nebenbei durchzogen. Als würden wir in der Mittagspause schnell einen Cheeseburger bei McDonald's snacken. Wir sprachen das Mädchen an, sie war eine Punkerin und sah so aus, als könnte sie ein bisschen Cash gebrauchen.

»Wollen wir das echt noch mal durchziehen?«, fragte ich Vegas erneut leise.

»Kein Problem«, wischte er meine Bedenken weg und erklärte dem Mädchen, was sie zu tun habe.

Dann gingen wir zusammen in den nächsten Handyshop, den wir finden konnten, und schlossen die Verträge ab. Das Problem war nur, dass die Punk-Bitch nicht die Hellste war. Als wir bezahlt hatten, fragte sie vor dem Kassierer, wie wir das Geld »denn jetzt aufteilen« würden.

»Psccccht«, fauchte ich sie an. »Bist du dumm im Kopf?«

»Wieso?«, fragte sie.

Vegas zuckte mit den Schultern.

»Bruder, es reicht, lass uns abhauen«, flüsterte ich ihm zu.

»Chill!«

»Nein, dieses Mal nicht. Das haben alle hier mitbekommen«, flüsterte ich. »Die rufen die Amcas. Wir müssen weg.«

Vegas blieb cool wie so ein scheiß Eisberg, aber ich zog ihn aus dem Laden.

»Mann, Jew, verhalt dich mal nicht wie so eine Pussy. Es passiert schon nichts.«

»Alter, hast du nicht gesehen, wie die alle geguckt haben? Die haben safe Verdacht geschöpft.«

»Die können Verdacht schöpfen, so viel sie wollen.«

»Lass gut sein, Mann«, versuchte ich abzuwiegeln.

Er winkte ab. »Okay, vergiss die Scheiße. Komm jetzt mit, ich muss noch zum Friseur. Heute Abend ist Party. Muss mir noch Strähnchen machen.«

»Schwule Strähnchenscheiße, lass uns doch einfach abhauen hier!«

Vegas schüttelte nur den Kopf und ging zum Friseurladen, der auf der anderen Straßenseite lag. Ich biss mir auf die Lippen und folgte ihm. »Dumme Scheiße«, fluchte ich. Während er sich seelenruhig frisieren ließ, beobachtete ich durch die raumgroße Fensterscheibe am Eingang, wie zwei Polizeiwagen vor den Handyshop fuhren.

»Fuck!«, sagte ich leise mehr zu mir selbst. »Ich wusste es.«

Nach ein paar Minuten kamen zwei weitere Wagen.

»Bruder, wir haben ein Problem«, sagte ich und sprang auf.

»Was, Problem? Chill. Wir haben nichts gemacht. Als würden die wegen uns da ankommen.«

»Alter, bist du blind? Natürlich sind die wegen uns da.«

»Jew, verdammt noch mal, jetzt chill!«, sagte Vegas wütend. »Was ist denn los mit dir? Du hast dich verändert, Junge!«

Ich war fassungslos. Als er fertig war, zahlte er, gab dem Friseur einen Fuffi Trinkgeld und spazierte seelenruhig aus dem Laden. Ich hatte übelst Puls.

Wir gingen ganz gemütlich über den Marktplatz. Ich schaute zu Boden und zog mir die Kapuze über. Vegas stolzierte wie ein König über die Straßen.

»Das sind sie«, hörte ich jemanden rufen. In dem Moment kamen schon sechs Cops auf uns zugelaufen.

»Fuck!« Flucht hatte keinen Sinn. »Stehen bleiben«, schrien sie. »Hände über den Kopf.«

Sie legten uns Handschellen an. Und das alles mitten auf dem Markplatz. Die Leute schauten uns an, als wären wir Terroristen. Dann führten uns die Cops zu ihren Wagen ab, fuhren uns auf die Polizeistation und sperrten uns erst einmal wortlos in verschiedene Zellen. Ich schob übelst Kopfkino. Es kam mir vor, als säße ich Stunden allein dort rum.

Irgendwann kamen zwei Polizisten und schlossen meine Zelle auf.

»Mitkommen«, sagten sie in hartem Ton und zogen mich an meinem Arm aus der Zelle. »Was passiert jetzt?«, fragte ich.

Doch sie führten mich nur wortlos in einen kleinen Raum.

Drei Stühle, ein Tisch. Dann fingen sie an, mich zu verhören.

»Du kommst aus Osnabrück?«, fragte mich einer der Typen.

»Ja.«

»Und was hast du hier in Essen gemacht?«

»Bisschen spazieren gegangen.«

»Willst du uns verarschen?«

»Nee, wieso?«

»Du bist nach Essen gekommen, um spazieren zu gehen?«

»Klar, Mann. Hier kann man auch gut shoppen und so.«

»Scheinst ja viel Geld zu haben, wenn du so viele Kilometer zu uns runterkommst, nur um ein bisschen zu shoppen.«

»Easy, habe mein Taschengeld gut gespart.«

Ich war übelst aufgeregt, machte aber auf cool.

»Du warst vorhin in einem Handyshop. Wolltest du da ein Handy kaufen von deinem Taschengeld?«

»Nee, haben da nur ein bisschen was geguckt.«

Das scheiß Verhör dauerte bestimmt eine gute Stunde. Ich habe denen irgendeinen Mist erzählt. Aber es wurde klar, dass die offenbar ganz genau wussten, wer wir waren. Und was wir machten. Wahrscheinlich hatten die schon seit Monaten irgendwelche Akten über uns angelegt. Als die beiden Typen merkten, dass sie von mir keine brauchbare Aussage bekommen würden, beendeten sie das Verhör.

»Okay, wir schicken ihn nach Hause«, sagte einer der beiden Cops.

»Keine Chance«, sagte der andere und tippte auf ein Blatt Papier. »Der Junge kommt erst einmal in PG.«

Polizeigewahrsam.

Und dann wurde es richtig eklig. Sie brachten mich in ein Gebäude, das von innen aussah, wie ich mir eine Psychiatrie vorstellte. Alles war steril. Die Wände waren weiß und grau gestrichen und es stank nach Linoleum. Die Polizisten führten mich einen langen Gang runter, links und rechts waren schwere Türen. Man hörte, wie die Leute von innen gegen die Türen schlugen und irgendwas schrien.

»Muss ich echt hier rein?«, fragte ich. »Ich bin doch erst 15.«

Der Polizist schubste mich weiter. Dann schloss er eine der schweren Metalltüren auf.

»Rein da«, sagte er.

Die Zelle war wirklich ekelhaft. Ein kleiner Raum, gefühlt nicht größer als eine Sportmatratze.

Ich war mega aufgeregt. Ich lief in der kleinen Zelle herum wie ein Tiger in seinem Käfig. Scheiße, scheiße, scheiße. Das kann es doch nicht gewesen sein. Scheiße, was passiert jetzt? Ich setzte mich auf das harte Holzbrett und vergrub mein Gesicht in meinen Händen. Komm schon, Dima, sprach ich mir zu. Bleib ruhig. Es ist noch nichts passiert. Du weißt nicht, was sie gegen dich in der Hand haben. Das wird schon irgendwie werden. Ich durfte jetzt bloß nicht die Nerven verlieren. Doch mich machte diese Zelle wahnsinnig. Und dann war da noch dieses Geräusch. Plopp. Plopp. Plopp. Irgendwas tropfte da. Ich schaute mich um. Und dann sah ich, dass es tatsächlich von der Decke tropfte. Es kam mir vor, als würde es immer lauter werden. Es machte mich wahnsinnig. Plopp. Plopp. Nachdem ich es einmal wahrgenommen hatte, konnte ich das scheiß Tropfen nicht mehr überhören. Plopp. Plopp. Plopp. Das war richtiger Psychoterror. Plopp.

Plopp.

Plopp.

»Dieses abgefuckte Tropfen!«, schrie ich und trat gegen das Brett, das an der Wand hing.

»Jew?«, hörte ich eine Stimme.

»Vegas?«

Konnte das sein?

»Jew, hörst du mich?«

»Ja, Mann!«

Vegas musste in der Zelle direkt neben mir sitzen. Ich sah einen kleinen Riss in der Wand. Ich kniete mich hin. Und tatsächlich. Es funktioniere.

»Du Wichser«, schrie ich ihn durch die Wand an. »Schau, was uns die ganze Scheiße gebracht hat. Schau, wo wir gelandet sind.«

»Bruderherz, mach dir keine Sorgen«, sagte er. »Es wird alles gut werden. Wir werden hier rauskommen.«

Nach einigen Stunden wurde meine Zelle dann aufgeschlossen. Meine Mutter kam, um mich abzuholen. Die Bullen hatten gegen mich nicht genug in der Hand. Und ich war auch noch zu jung, als dass man mir wirklich etwas Schlimmes anhaben konnte. Wir verließen das Gefängnis durch eine riesige Pforte.

Auf der Rückfahrt nach Hause sprach meine Mutter kein Wort mit mir. Ich hatte erwartet, dass sie mich anschreit. Und mir Vorwürfe machte.

Aber nichts. Sie tat einfach gar nichts. Ich schaute aus dem Fenster. Die Stadt war komplett tot.

»Willst du gar nichts sagen?«, fragte ich meine Mutter.

»Ich kann dir schon lange nichts mehr sagen.« Sie wirkte nicht böse. Sie war einfach leer. Sie drehte sich weg von mir. Es brach mir das Herz. So hatte ich meine Mutter schon lange nicht mehr gesehen. Ich schämte mich. Nicht für die Dinge, die ich getan habe. Sondern dafür, dass ich meine Mutter verletzte. Und je mehr ich über die ganze Sache nachdachte, desto sinnloser erschien sie mir. Warum machte ich bei der Scheiße eigentlich mit? Ich hatte doch nichts davon. Ich hatte nicht einmal Geld zurückgelegt. Es war, als würde mich irgendeine dunkle Seite in mir dazu verleiten, diesen Mist mitzumachen. Und ich nahm mir vor, diese dunkle Seite künftig zu unterdrücken. Es klappte nur noch nicht so richtig.

Vegas und ich kamen zwar raus. Aber der Florian lief weiter. Und er zerstörte nach und nach unsere Freundschaft. Je mehr Geld reinkam, desto mehr stritten wir uns. Aus den Jungs, die ihre letzten drei Euro zusammenkratzen mussten, um sich zu viert einen Döner zu teilen, wurde eine Gang von Kriminellen. Damals ging es uns noch darum, Billard zu zocken, gemeinsam Spaß zu haben und das Beste aus der Scheiße zu machen, die unser Leben war. Heute ging es nur noch um das große Geld. Vegas fragte mich sogar allen Ernstes, ob wir nicht den Ausweis von meiner Baba nehmen könnten, um etwas zu drehen. Spätestens in diesem Moment hatte ich den Glauben in unsere Freundschaft verloren.

Es zeichnete sich eine richtige Endzeitstimmung ab. Mit Vegas wollte ich am liebsten gar nichts mehr zu tun haben. Ich sah, was der Florian aus ihm machte. Trotzdem riefen mich die Jungs eines Tages an und baten mich, für ein größeres Ding noch einmal am Start zu sein. Ich wusste nicht genau was sie planten, aber es sollte wohl den Florian toppen. Aus alter Verbundenheit sagte ich zu. Auch, wenn mir eigentlich nicht mehr danach war. Wir trafen uns am Hauptbahnhof Osnabrück.

»Gut, dass du mal wieder dabei bist«, begrüßte mich Vegas. Ich nickte ihm kühl zu. »Was ist denn der Plan?«

»Lass Dich überraschen, Jew.« Er grinste. »Der Zug kommt in einer halben Stunde. Lasst noch eine Runde zocken gehen. Als wir wieder aus dem Casino herauskamen, wurden wir plötzlich umringt.

»Was ist hier los?«, fragte Vegas.

»Zugriff«, rief jemand und die Zivilbeamten sprangen auf uns zu, drückten uns auf den Boden und legten uns Handschellen an.

In den nächsten Tagen wurden nach und nach alle Jungs unserer Clique hochgenommen. Die Polizei griff jetzt hart durch. Gegen alle von uns wurde ermittelt. Doch niemand machte eine Aussage. Am Ende lautete die Anklage: räuberische Erpressung in Kombination mit Bandenkriminalität. Es gab einen Schadenswert in Höhe von 3,5 Millionen Euro.[6] Vegas, der Älteste von uns, wurde als Kopf der Geschichte wahrgenommen. Er wanderte für vier Jahre in den Knast. Ich kam mit 400 Sozialstunden davon. Ich leistete sie im Osnabrücker Zoo ab.

Ich saß in meinem Zimmer und dachte über die letzten Monate nach. Was hatte mich nur getrieben, so zu werden?

Mein ganzes Leben war ein Kreislauf aus Scheiße. Und ich wusste nicht, wie ich damit umgehen sollte. Es staute sich so wahnsinnig viel Wut und Trauer in mir und ich wusste weder, wo das herkam, noch, wie ich damit umgehen könnte. Mich machte die ganze Welt depressiv. Es fuckte mich alles ab. Alles, was mich umgab, war trostlos. Mein bester Freund wanderte in den Knast. Ich war mit 15 Jahren schon vorbestraft und versaute mir gerade auch noch meine Realschulkarriere. Ich wurde richtig depressiv von der ganzen Scheiße und fand einfach kein Ventil, um den Mist loszuwerden, der meine Seele belastete. Bis mein Kumpel Steffen mir ganz nebenbei etwas näherbrachte, das alles für immer verändern sollte. Steffen war ein Klassenkamerad von mir. Er hatte mit der ganzen Kleinkriminellenscheiße nichts zu tun.

Wir waren gerade auf dem Basketballplatz und warfen ein paar Körbe. »Ey, Dima«, sagte er und passte mir den Ball rüber. »Lass mal rappen.«

»Rappen?«

Ich konnte mit Hip-Hop nicht wirklich viel anfangen. US-Rap feierte ich. Biggies »Hypnotize« hatte ich rauf und runter gehört. »Letter 2 My Unborn« von 2Pac lief ständig im Radio. Ich fand das vom Klang her cool, hatte mich aber nicht näher mit den Lyrics beschäftigt. US-Rap war für mich melodisch. Es war nett zum Nebenbeihören. Aber Deutschrap war Absturz. Fettes Brot, Die Fantastischen Vier, das existierte gar nicht in meiner Welt. Das Einzige, was ich noch feiern konnte, war Kool Savas, weil der einfach durch seine dreiste Art provozierte. Das war schon fresh. Aber ich stand eben mehr auf melodische Mucke.

»Also?«, fragte Steffen. »Was meinst du?«

»Was rappen? Das ist doch schwul«, sagte ich. »Deutschrap ist nicht meins.«

»Ne, Bruder, da gibt es richtig geile Sachen. Man muss sie nur kennen. Schon mal was von der RBA gehört?«

»Ne.«

Die RBA war die Reim-Battle-Liga. Battles hatten in der Hip-Hop-Kultur eine ganz besondere Bedeutung. Es war ein lyrisches Kräftemessen. Es war der Ursprung der gesamten Kultur. Zwei Künstler trafen aufeinander und traten gegeneinander an, indem sie versuchten, sich lyrisch zu übertrumpfen. Während die echten Realkeeper der Szene noch mit Rucksack auf dem Rücken und zusammengesparter Bahn-Card quer durch das Land fuhren, um solche Battles auf Jams live zu sehen, brachte die RBA das Format einfach ins Internet. Die RBA verpasste der Kultur somit ein Update – auch wenn viele zunächst nichts davon wissen wollten.

»Und bei dieser RBA gibt es einen Typen, der ist überkrass«, sagte Steffen. »Den musst du dir anhören. Der nennt sich Prince Scenzah.«

»Ich geb's mir«, sagte ich und warf noch einen Korb. Ich dachte nicht weiter darüber nach. Als ich am Abend dann zu Hause war und den Computer anschmiss, hörte ich aber tatsächlich mal rein. Und war sofort übelst geflasht. Prince Scenzah. Fuck. Dieser Typ fickte Mütter. Er zerstörte seine Gegner komplett. Und er war gleichzeitig unfassbar melodiös. Damit konnte ich wirklich was anfangen. Zum ersten Mal in meinem Leben war ich von Deutschrap richtig begeistert. Ich hatte keine Ahnung, wer dieser Prince Scenzah war. Aber für mich war er von dem Tag an Gott. Und ich wusste: Das, was er machte, wollte ich auch machen. Harte Punchlines kombiniert mit melodiöser Musik.

Ich rief Steffen an. »Yo, Bruder, ich hab diesen Prinz-Typ gehört. Das ist üüüüüberkrass. Wie kann man bei der RBA mitmachen?«

»Ich komme morgen vorbei. Dann zeig ich's dir.«

Ich legte mich ins Bett und dachte darüber nach. Rappen. Vielleicht wäre das ja wirklich eine Möglichkeit. Ich hatte schon immer übelst Bock gehabt, Musik zu machen. Aber im Gegensatz zu meiner Mutter war ich einfach zu unmusikalisch. Ich konnte weder singen, noch ein Instrument spielen. Meine Mum versuchte mir mal Klavierspielen beizubringen. Es war eine Katastrophe. Irgendwann brachte sie mir eine E-Gitarre mit. Auch das habe ich nicht hinbekommen. In bester Rockstarmanier habe ich sie dann einfach kaputtgeschlagen. Aber Rap? Warum eigentlich nicht? Vielleicht würde ich das ja hinkriegen.

Am nächsten Tag kam Steffen bei meiner Baba vorbei. Ich wohnte mittlerweile hauptsächlich bei ihr. Das bot sich an. Meine Mutter war irgendwann in das Versicherungsbusiness eingestiegen und kaum noch zu Hause. Außerdem lag Babas Wohnung direkt neben meiner

Schule. Ich pennte bei ihr auf der Couch und im Wohnzimmer stand auch mein Computer. Steffen setzte sich zu mir und schmiss mir eine Capri-Sonne rüber.

»Also«, fing er an. »Wenn du bei der RBA mitmachen willst, musst du zunächst was einrappen. Auf so einen 30-Sekunden-Beat. Das lädst du hoch. Eine Jury hört sich das an und schätzt dich ein.«

»Was heißt das? Die schätzt mich ein.«

»Es gibt drei Klassen. Entry, Advanced und Headz. Je nachdem, wie gut du bist, ist das dann eben die Klasse, in der du dich battlen kannst.«

»Und wer genau entscheidet das?«

»Na, eine Jury eben. Das sind alles selber Rapper. Die machen das alles so hobbymäßig. Wenn du in einer der Klassen eingeordnet wirst, bekommst du Punkte. 300 bei Entry. 500 bei Advanced. Wenn du richtig gut bist, kannst du dich zu den Headz hocharbeiten.«

»Okay, peile.«

»Du kannst im Forum dann andere Mitglieder herausfordern, die einen ähnlichen Punktestand haben wie du. Alles, was sich in deinem 60-Punkte-Radius befindet. Und dann battlet ihr euch. Dem Verlierer werden 50 Punkte abgezogen. Dem Gewinner 25 Punkte angerechnet.«

»Okay«, sagte ich. »Und wie rappe ich dieses Probeding ein?«

Steffen erklärte mir alles. Er zeigte mir, wie ich einen kostenlosen Beat aus dem Internet runterladen konnte. Wie ich mit meinem Headset darüber rappte und die Tonspur dann auf die Voicespur klebte. Es war vollkommen basic. Ich checkte sofort, wie es geht. Dann setzte ich mich hin und schrieb einen kurzen Text. Es war der erste Text, den ich jemals geschrieben hatte. Ich brauchte vielleicht eine halbe Stunde. Andere Rapper in der RBA haben davor jahrelang in Foren geübt. Ich machte das aus dem Bauch heraus. Dann rappte ich ihn ein und meldete mich auf dem RBA-Portal an. Für mich war das wie eine Pforte in eine neue Welt.

»Dikka, ich brauche einen Nickname, was nehme ich da?«, fragte ich Steffen und starrte auf den Bildschirm.

»Kein Plan.«

Ich schaute mich in meinem Zimmer um. Dann sah ich auf dem Schreibtisch die Capri-Sonne.

»Scheiß drauf«, sagte ich und tippte schnell meinen Nickname ein: »capri_sonne«. Ich lud meinen Song hoch und machte den Computer aus.

»Komm, lass Basketball spielen.«

Ein paar Tage später hatte ich eine Mail in meinem Postfach. Ich wurde instant als advanced eingestuft. Mega nice. Ich war gut drauf und wurde auch direkt für ein erstes Battle angefragt. Der Typ nannte sich dirtyJaxx und lud seine Runde an Weihnachten hoch. Zwei Tage später, am 26. Dezember 2004, konterte ich mit meinem allerersten eigenen Track. Der Typ war allerdings megawhack. Ich nahm ihn gar nicht wirklich ernst. Also rappte ich nur irgendeinen Schrott ein. Das Battle wurde dann auch nicht gewertet. Mein erstes *richtiges* Battle hatte ich ein paar Wochen später. Und zwar gegen einen Typen, der sich Munition nannte.

> Du hast nichts Besseres zu tun, als Stefan Raab zu dissen /
> Und deine Mum wird heute genommen, so wie ein Bahnhofsflittchen /
> Deine Punches sind gefährlich, so wie ein Taschenmesser /
> Ich hau mit Aschenbecher, bis du stirbst, du Affenrapper /
> Und dieses Battle wird ein leichtes, Kid /
> Ich erschieße dich und nehme deine Leiche mit /
> Du magst deine Schwester, sie ist doch deine Princess /
> Denn bei dieser Liebe kommst du doch zum Inzest

Es lief so, dass der Herausforderer seine Runde vorbereitete. Der Gegner hatte dann 48 Stunden Zeit für die Rückrunde, die er auf demselben Beat aufzeichnete. In der dritten Runde konnte dann der Herausgeforderte den Beat vorgeben. Die Jury vergab Punkte und begründete ihr Urteil. Flow cool, Punchlines innovativ, hier und da einmal verhaspelt, dies fehlt, das fehlt, aber alles extrem konstruktiv. Das hat mir wahnsinnig geholfen.

Ich war von Anfang an ziemlich stark, benutzte Doppelreime und hatte sofort gecheckt, worauf es technisch ankommt.

Aber ich versuchte trotzdem, mich von Battle zu Battle zu steigern.

Immer wieder hörte ich mir die Sachen von diesem Prince Scenzah an und ließ mich von ihm inspirieren. Er zeigte mir, dass ein stinknormaler Typ rappen konnte. Aber für mich war er eben kein stinknormaler Typ. Er war in der Hall of Fame, der RBA. Er hatte Heldenstatus. In der Hall of Fame zu sein, das war für mich, als wäre er ein Veteran, als hätte er im Krieg ein Bein verloren oder so.

Für mich gab es bei der RBA zwei Elemente, die mir wichtig waren. Zum einen war das der Entertainment-Faktor. Abgesehen vom Rappen selber, machte es mir genauso viel Spaß, die Leute im Forum zu provozieren und anzupöbeln. Das war der ultimative Trash-Talk. Ich habe das geliebt. Es hatte für mich richtige Showelemente. Da waren zwei Charaktere, die sich gegenseitig beleidigten, und jeder wusste, dass es irgendwann zu einem Battle kommen würde.

Die Großen Namen bei der RBA haben das natürlich noch eine Nummer intensiver als ich gemacht. Die haben sich vorher bei ICQ abgesprochen und sich dann öffentlichkeitswirksam gegenseitig herausgefordert. Die richtig großen Battles waren teilweise Wochen vorher angekündigt. Da entstand dann ein richtiger Hype.

Da ich noch nicht zu dieser Elite gehörte, versuchte ich, meine Bekanntheit mit einer guten Portion Asozialität zu kompensieren. Ich ging als Ausgleich einfach unter die Gürtellinie. Eigentlich hätte ich für meine Sprüche in dem Forum schon mehrfach gebannt werden müssen, aber ich war ganz cool mit den Admins und die drückten ein Auge zu.

Die andere Sache, die mich faszinierte, war die Technik. Ich habe diese Mehrfach-Reimketten so übelst gefeiert. Und je besser die Technik war, desto mieser konnte man seinen Gegner demütigen. Dazu gehörten neben guten Flows für mich auch ein sauberer Doubletime. Rapper, die Doubletimes konnten, waren das Nonplusultra. Ich fing an, mich so richtig intensiv mit der Musik zu befassen. Hörte Twista, Bone Thugs-N-Harmony oder Tech N9ne und Busta Rhymes. Nein, ich hörte sie nicht nur, ich studierte sie.

Ich feierte diesen Style, den sie hatten, übelst ab. Und außer mir gab es in der RBA nur eine Person, die das ähnlich sah. Ein Battlerapper, der sich zum selben Zeitpunkt wie ich angemeldet hatte und noch genauso unbekannt und hungrig war. Der Kerl nannte sich derkollegah und man hörte seinem Rap an, dass er auf demselben Film war wie ich. Er war wohl schon ein bisschen älter und mir technisch auch etwas überlegen. Er hatte seinen Stil schon gefunden, während ich meinen noch suchte. Ich feierte den Typen. Und er feierte mich. Irgendwann connecteten wir uns über ICQ. Wir schrieben uns hin und her und erkannten schnell, dass wir komplett auf einer Wellenlinie lagen. Wir hatten exakt dieselben musikalischen Vorlieben. Und wir konnten uns leidenschaftlich streiten. Zum Beispiel über die Frage, wer der beste Doubletimer war. Wir waren uns einig, dass Twista der cleanste war, aber seine Stimme hatte kein Game. Dafür waren Busta und Tech mehr Gangsta und Bone Thugs-N-Harmony hatten am meisten Swag. Derkollegah hieß im echten Leben Felix, wohnte irgendwo in einem kleinen Kaff namens Friedberg, von dem ich noch nie was gehört hatte, und wurde nach und nach zu einem echten Freund. Wir schrieben uns täglich und berieten uns dabei. Gaben uns gegenseitig Lines. Wir waren wie zwei verliebte Fotzen.

Irgendwann gab Kolle mir seine Nummer und ich rief ihn an.

»Ey, Kollegah«, sagte ich. »Im Internet heißt es immer, dass du so ein krasser Rapper bist. Aber ich wollte mal testen, ob du *wirklich* so krass bist, wie alle sagen. Gib mir mal einen Reim auf siamesische Zwillinge.«

»Italienische Drillinge.«

Okay, dachte ich. Der Typ ist echt ein Motherfucker. Daraus entwickelte sich ein Spiel. Wir gaben uns random lange, mehrsilbige Nomenwörter vor und der andere musste einen Reim darauf finden. Wenn wir heute so arbeiten würden wie damals, könnten wir in einer Woche drei Alben machen.

Das war die beste Schule meines Lebens.

Ich lebte zwei Leben. Einmal das Draußen-Leben. Mit 50 Mann am Stromkasten hocken und rumhängen. Mit 100 Leuten am Basketballplatz an der Schule ein paar Körbe werfen. Und dann gab es das Online-Leben. Man lernte Leute aus der RBA kennen, unterhielt sich per Teamspeak, zockte zusammen irgendwelche Games. Die Freundschaften, die man über das Internet schloss, waren andere Freundschaften. Diese Freundschaften aus dem Internet basierten auf demselben Interesse, das man hatte. Durch ihre Anonymität wurden sie dann noch intensiver. Es war ein bisschen wie bei den Anonymen Alkoholikern. Man konnte einfach reden und sich gegenseitig Dinge anvertrauen, ohne Angst haben zu müssen, dass es gegen einen verwendet wurde. Man kannte ja nur seine Nicknames. So ein Kontakt hat einen hohen Wert. Irgendwann entwickelten sich diese Freundschaften ins echte Leben. Und umgekehrt wirkten sich auch die Dinge, die in meinem echten Leben passierten, auf mein Internetrap-Leben aus. Und irgendwann verzahnten sich diese beiden Welten.

Als ich eines Abends gerade auf dem Weg zu Steffen war, um bei ihm etwas einzurappen, kamen mir auf der Atterstraße zwei besoffene Junkie-Russen entgegen. Richtig abfuckte Typen. Einen kannte ich aus der Nachbarschaft. Iwan. Er war vielleicht Mitte 20. Die beiden liefen mit freiem Oberkörper und einer Flasche Wodka durch die Gegend und waren auf Stress aus.

»Bleib mal stehen, Kleiner«, rief mir der eine zu und versperrte mir den Weg.

»Na, Dimitri, alles klar bei dir?«, fragte mich Iwan. »Wo willste denn hin um diese Zeit?«

»Ja, alles cool. Bin noch verabredet.«

In dem Moment zog sein Kumpel eine Magnum aus seiner Jeans und fuchtelte mit dem Ding vor meiner Nase rum.

»Ey, kennst du den?«, fragte er. »Soll ich dem in den Kopf reinschießen?«

Iwan fing an zu lachen. Alter. Die beiden standen unangenehm nah vor meiner Nase.

»Und was habt ihr noch so vor?«, fragte Iwan weiter, während mir sein Junkie-Kollege die Waffe ins Gesicht hielt. Ich war 15 Jahre alt und hatte keine Ahnung, ob das Ding geladen war oder nicht. Ich hatte auch keine Angst davor, dass er mich wirklich erschießen wollte, denn ich glaubte nicht, dass er das vorhatte. Ich hatte Angst davor, dass er so auf Stoff war, dass er mich einfach aus Versehen erschoss. Ich ignorierte den Waffen-Typ und versuchte, möglichst cool zu bleiben. Ich redete so normal wie möglich mit Iwan weiter. Erzählte ihm belangloses Zeug. Dass ich heute Basketballspielen war. Das ich jetzt rappe. Irgendwas, um die Situation zu normalisieren. Bei besoffenen Russen kann man eigentlich nur alles falsch machen. Ist man zu nett und demütig, heißt es: »Was scheißt du dich ein wie so eine Fotze?«

Macht man eine Ansage, heißt es: »Was bist du so frech? Hast du kein Respekt, du Fotze?«

Ich hatte übelsten Puls, ließ es mir aber nicht anmerken. Nach zehn Minuten torkelten sie weiter. Ich ging hoch zu Steffen und hielt aus dem Fenster Ausschau nach den beiden, da kamen schon zwei Streifenwagen. Die Polizisten stiegen aus und verhafteten die Jungs.

»Was ist da unten los?«, fragte Steffen.

»Nur scheiße«, sagte ich, ging ans Mic und battlete irgendeinen Internettypen so hart, wie ich konnte.

Ich hatte das Gefühl, Osnabrück war ein Dschungel. Es galten hier ganz eigene Regeln und Gesetze. Fressen oder gefressen werden. Kriminalität war zumindest in meinem Leben allgegenwärtig. Ständig suchten irgendwelche Leute Stress und versuchten, einen abzuziehen. Vielleicht war das ein Kreislauf aus miesem Karma, das uns alle in einen Abgrund zog. Ich musste an die Erzählung meiner Baba denken. An Moloch. Daran, dass Leute das opferten, was sie liebten, nur um einen Vorteil zu gewinnen. Die Musik war für mich eine Möglichkeit, diesen Kreislauf für einen Moment auszublenden. Und irgendwann wurde die Musik für mich eine Art Perspektive. Ich sah, dass sie einem Chancen bot. Kollegah erzählte mir, dass er ein Label gefunden hatte, dass ihn unter Vertrag nahm. Kollegahmade Records. Er arbeitete gerade an seinem ersten Album.

Die Jungs, die in der RBA Welle machten, fingen alle nach und nach an, sich als erfolgreiche Künstler durchzusetzen. Kollegah, K.I.Z., JAW, Cro, Casper, Trailerpark. Mit einigen hatte ich über Teamspeak Kontakt, mit anderen hatte ich nichts zu tun. Aber man kannte sich zumindest vom Lesen. Zu sehen, dass sie durchzogen, motivierte mich. Aber am meisten bewunderte ich noch immer Scenzah. Seine melodischen Hooks waren das, was ich erreichen wollte. Ich sprang über meinen Schatten und schrieb ihn im Forum an. Er gehörte zu den Headz-Leuten. Zu der Elite. Die Typen waren abgehoben, die reagierten eigentlich nie, wenn irgendein Noname sie anquatschte. Aber Scenzah antwortete mir. Er sagte, dass er meine Runden feierte und dass ich jede Menge Potenzial hatte. Er gab mir ein paar Tipps und versprach mir ein Feature. Das war für mich der größte aller Momente.

Nachdem ich mein Feature mit Scenzah bekam, wollte ich mich auch langsam aus der RBA verabschieden und neue Songs machen. Ich hatte das Gefühl, dass ich mich in der RBA genug bewiesen hatte und mich jetzt von dem Stuff emanzipieren müsste. Dass ich jetzt *richtige Musik* machen müsste. Richtige Songs. Ich nannte mich jetzt nicht mehr capri_sonne, sondern Sun Diego. Meinen ersten richtigen Track nach der RBA habe ich im Forum von Rappers.in hochgeladen. »Sie wollen Sun Diego«. Ein treibender Beat, krasse Punchlines und ein sauberer Doubletime-Part. Der Song ging richtig ab. Und löste auch gleich eine erste Debatte aus. Die einen feierten ihn ab, die anderen sahen in mir nur eine Kollegah-Kopie. Wie auch immer, der Song stieg auf Platz 1 bei Rappers.in ein. Da gab es Charts, die sich danach berechneten, welcher Song am meisten geklickt wurde. Ich hielt mich mehrere Wochen auf der Spitzenposition, was ziemlich praktisch war, weil der Erstplatzierte immer ein Highlight auf der Startseite bekam. Dadurch vervielfachte sich meine Reichweite. Sunny bekam fame im Internet. Ich fing plötzlich an, die Sache ernst zu nehmen. Ich baute mir bei meiner Baba für mein kleines Mikrofon einen Poppschutz aus einem Teesieb und einer ihrer Strumpfhosen, die ich drüberzog.

Vieles von dem, was ich damals aufnahm, war ziemlich melancholisch. Ich hatte eine depressive Seite, die ich mit diesen Songs verarbeitet habe. Diese Seite habe ich noch immer. Nur ist sie heute nicht mehr Teil meiner Musik. Ich hab sehr oft Nervosität und Kotzgefühl, bin mega unzufrieden mit allem. Mich berühren die Dinge, die ich sehe und die mich umgeben. Damals habe ich ein Anime gesehen. Elfenlied. Das hat meinen Kopf gefickt. Es ging um ein Mädchen, dass verstoßen wurde. Das war krass emotional. Ich habe direkt einen Song darüber gemacht. Über dieses Mädchen, das man einfach nur beschützen will. Ich habe keine depressiven Phasen, ich habe eine depressive Grundstimmung. Ich schrieb Songs wie »Meine Gegend«

oder »Bessere Tage«, in denen ich das Leben in meiner Hood reflektierte.

Und dann gab es noch meine Lovesongs. Für einige davon schäme ich mich heute. Doch ich habe sie gemacht, weil ich dachte, dass ich solche Songs machen müsste. Es gab nur einen Track, den ich wirklich komplett ernst meinte. Damals war ich mit einem Mädchen zusammen. Es war so eine richtig schlimme On-off-Beziehung. Das hat mir Kraft geraubt. Als es mit ihr zu Ende ging, hat sie krass meinen Kopf gefickt. Meine Mutter konnte mich nicht leiden sehen, also hat sie mir vom Arzt Antidepressiva besorgt. Ich nahm sie eine Woche lang. Das war die krasseste Erfahrung überhaupt. Nachdem ich die Tabletten nahm, war ich auf einen Schlag komplett gefühlsbetäubt. Es war, als würde ich innerlich komplett absterben. Ich habe in dieser Zeit den Song »Wahrheit« geschrieben:

Tag eins und sie tut so, als ob sie mich hasst
Sie redet so, als hätte ich dafür nicht viel gemacht
Tag zwei und ich frage mich, »Was mach' ich falsch?«
Ich denk', sie liebt mich nicht mehr, dieser Hass ist kalt
Tag drei, ich versuche, es zu realisieren
Ich wollte nie dieses Mädchen verlier'n
Tag vier, ich hab' mein Lächeln verlor'n
Was bleibt schon übrig? Letztendlich nur Zorn
Tag fünf, ich guck' dumm in der Gegend rum
Und ich peil' irgendwann, dass es nicht geht mit uns
Tag sechs und ich hasse mich dafür
Ich tu vor dir, als würde es mich kalt lassen, dass ich frier'
Tag sieben und ich will nicht überlegen
Alle seh'n, dass es mich fickt und ich muss drüber reden
Eine Woche geht vorbei, ich sah, dass es mit uns nicht ging
Und ich spielte dann mit dem Gedanken, mich umzubring'n

Kollegah wollte mit mir ein Feature machen. Es brauchte ein wenig Anlauf. Sein Label funkte ihm ständig dazwischen, irgendwas ging da nicht klar. Das war im Vorfeld ein riesiger Kampf. Also sagte er, dass er auf irgendwelche Ansagen scheißt, und wir es einfach trotzdem zusammen aufnehmen würden. Er schickte mir den Beat von »Showtime 1«. Ich rappte innerhalb von drei Tagen meinen Part ein, schickte die Spuren an Kolle zurück und der mischte alles ab.

»Bosshaft!«, sagte er, als er mir den fertigen Song rüberspielte. »Den kann man raushauen.«

Aber ich war nicht wirklich glücklich damit. Ich hatte das Gefühl, ich war noch nicht gut genug. War noch nicht so richtig on point. Ich merkte einfach, dass Kolle weiter war.

»Du bist doch krank, das ist ein Wahnsinnspart«, hielt er mir vor.

»Ne, Mann, ich fühle mich noch nicht ready dafür.« Und so cancelte ich mein erstes Kollegah-Feature.

Danach habe ich ihn nie wieder nach einem Feature gefragt. Es war mir unangenehm. Aber wir hielten weiter Kontakt und blieben einfach Freunde.

Eines Tages zog Sergej bei uns ein. Meine Baba und ich hatten ihn aufgenommen, weil er zu Hause rausgeflogen war. Sergej war wahnsinnig gut darin, Ärger anzuziehen. Er war ein richtiger Stressmagnet. Ständig wurde er in irgendeine Schlägerei verwickelt, andauernd hatte er Probleme in der Schule und konnte es nicht lassen, weiter diese Diebstahlnummern abzuziehen.

Sergej kannte ich schon seit Ewigkeiten. Wir waren von Kindheit an Nachbarn gewesen. Er war einer meiner besten Freunde. Sergej war bestimmt nicht die hellste Leuchte, die in Osna strahlte, aber er war der loyalste Mensch, den ich kannte. Sergej war wirklich ein Bruder. Ein paar Wochen vorher waren wir in der Disko. Nur wir beide, ganz unspektakulär. Und da war diese Gruppe von Kanaken, die mich die ganze Zeit blöd anstarrte. Sie machten nichts. Sie sagten nichts. Sie starrten bloß. Vielleicht sechs oder sieben Typen. Als Sergej das bemerkte, stellte er seinen Drink ab, sprang in die Gruppe rein und schlug immer weiter auf einen der Typen ein. Der Abend endete nicht gut für uns. Wir kamen mit blauen Flecken nach Hause, aber Sergej war das egal, selbst wenn man ihn abgestochen hätte, wäre es ihm egal gewesen. Wer einen Bruder blöd anmacht, der kassiert. So dachte er. Auch wenn ihm klar war, dass er fett aufs Maul bekommen würde. Und bei den ganzen Florian-Nummern war er auch in der ersten Reihe mit dabei gewesen.

Seine Eltern hatten irgendwann genug davon. Es gab einen großen Streit. Dann flog er zu Hause raus und stand noch am selben Nachmittag vor meiner Tür. Für mich war es Ehrensache, dass er bei uns einziehen konnte. Meine Oma war nicht so begeistert, aber sie zog mit. Zumindest am Anfang. Irgendwann hatte sie allerdings genug von dem Jungen und Sergej und ich zogen gemeinsam bei meiner Mutter ein.

Ich weiß nicht, warum alle so ein großes Problem mit ihm hatten. Sergej war kein schwieriger Typ. Er fiel niemandem zur Last. Er lag einfach nur den ganzen Tag auf der Couch und pennte. Aber er nervte meine Mutter zu Tode.

Dennoch ließ sie ihn bei sich wohnen. Bis sie Ärger mit seinen Eltern bekam. Sie wollten unbedingt, dass Sergej wieder zurück nach Hause kam.

»Was soll ich denn machen?«, fragte meine Mutter.

»Werfen Sie ihn raus«, sagte Sergejs Mutter. »Das wird ihm eine Lektion sein und er wird dann wieder zu uns zurückkommen.« Und so schmiss meine Mum meinen besten Freund raus. Als ich eines Tages von der Schule zurückkam, stand er vor meiner Haustür und hielt seine Tasche in der Hand.

»Was machst du hier draußen?«

»Deine Mum hat mich rausgeworfen.«

»Red kein' Scheiß!«

»Doch, ich schwöre, Mann.«

»Was hast du denn gemacht?«, fragte ich ihn.

»Nichts! Ich habe nur geschlafen.«

»Okay, chill, ich rede mit ihr.«

Ich ging in die Wohnung, wo meine Mutter gerade den Abwasch machte. »Mama, warum hast du Sergej rausgeworfen?«

»Dima, ich diskutiere das nicht. Sergejs Mutter hat mich angerufen. Außerdem hat er sich hier wochenlang durchgefressen wie so ein Schmarotzer. Es reicht. Der kommt nicht mehr in meine Wohnung. Er soll zurück zu seinen Eltern gehen.«

»Das geht nicht, Mama, das haben wir dir doch erklärt.«

»So ein Quatsch! Natürlich geht das. Er geht zu seinen Eltern. Klingelt. Entschuldigt sich. Gut ist.«

Es hatte keinen Sinn. Wenn meine Mutter sich einmal etwas in den Kopf gesetzt hatte, dann war sie davon nicht mehr abzubringen. Ich musste jetzt Konsequenzen ziehen. Ich versuchte es mit einer letzten Drohung. Entweder er blieb oder ich ging. Meine Mutter würde niemals zulassen, dass ich einfach gehe. Dass ich obdachlos bin, auf der Straße leben muss. Sie würde Sergej wieder aufnehmen. Auch wenn es ihr schwerfiel. Da war ich mir ganz sicher.

»Mama, wenn Sergej geht, dann gehe ich auch.«

Ich schaute sie mit festem Blick an. Sie spülte weiter die Teller, zuckte nur mit den Schultern und sagte dann: »Gute Reise.«

»Gute Reise?«

»Pack dir eine Jacke ein.«

Verdammt.

Ich ging in mein Zimmer und packte meine Sporttasche zusammen. Dann ging ich runter zu Sergej.

»Und? Kann ich wieder bei euch einziehen?«

»Nein, Bro. Sorry. Aber keine Sorge, ich bleibe bei dir. Wir stehen das irgendwie zusammen durch.«

»Hat deine Mutter dich jetzt auch rausgeworfen, Dima?«

»Irgendwie schon.«

Die erste Nacht schliefen wir bei mir im Hausflur. Es war ekelhaft. Aber ich wusste nicht, wo wir sonst hingehen sollten.

Die nächsten Tage waren nicht besser. Aber wir waren beide zu stolz, um einfach wieder nach Hause zu gehen. Also beschlossen wir, für eine gewisse Zeit auf der Straße zu wohnen. Wir schliefen nachts im Eingangsbereich von der Sparkasse wie die letzten Penner. Tagsüber, wenn keiner zu Hause war, duschten wir schnell bei mir zu Hause und machten uns da etwas zu essen. Wir kauften uns ein paar Schnitzel und Kroketten bei dem Edeka-Markt bei mir um die Ecke und verzogen uns dann wieder. Ich wollte nicht, dass meine Mum mitbekam, dass wir überhaupt dagewesen waren. Wir waren mit der Florian-Nummer komplett durch, aber irgendwas mussten wir machen, um an Geld zu kommen. Also zogen wir ein paar kleinere Trickbetrügereien ab. Wir bestellten Kreditkarten im Internet. Die hatten alle einen 400-Euro-Verfügungsrahmen, den wir abschöpften. Danach warfen wir die Karten weg und glichen den Dispo einfach nicht mehr aus. Das verschaffte uns ein bisschen Spielraum. Dennoch war es eine verdammt eklige Zeit. Von meiner Realschule hatte ich mich mittlerweile komplett verabschiedet.

Bis wir Tobias kennenlernten. Tobias war ein bisschen älter als wir, er war ein Typ von der Straße. Ein richtiger Gangster. Er saß die letzten paar Monate im Knast und war gerade wieder frisch draußen. Er kam vorbei, als wir mit ein paar Jungs an der Tischtennisplatte unserer alten Schule saßen.

Wir kamen ins Gespräch. Wir sprachen über Musik.

»Du rappst?«, fragte er.

»Yupp.«

»Bruder, es gibt so einen Rapper hier in Osna, der nennt sich Sun Diego oder so, kennst du den?«

Ich nickte. Kraass. Es war das erste Mal, dass mich jemand auf der Straße erkannte. Oder zumindest das erste Mal, dass jemand auf der Straße Sunny kannte. Bisher hatte ich nur im Internet Feedback bekommen.

»Alter, der ist überkrass. Weißt du, wer der Junge ist?«

Sergej zog sich seine Jacke zu. »Mann, das IST Sunny.«

»Kein Joke?«

»Kein Joke, Bro.«

»Cüüüs«, rief Tobias aus und umarmte mich. »Wie krass ist das denn? Bruder, du glaubst gar nicht, wie du mir mit deiner Musik geholfen hast.«

»Laber!« Ich hatte schon ein Gefühl dafür, dass ich ganz gut war, aber dass ich jemandem mit meiner Musik geholfen hätte, das hielt ich doch für extrem übertrieben.

»Im Ernst. Ich habe im Knast diesen einen Song rauf und runter gehört. Wahrheit. Das hat mir übelst Kraft gegeben. Das klingt jetzt vielleicht schwul oder so, aber ich hatte damals echt den Gedanken, mich umzubringen, und der Song hat mich ernsthaft berührt.«

»Krass, Mann. Danke.«

Das war für mich wirklich das größte Kompliment, was ich seit Jahren gehört hatte. »Was macht ihr heute noch, Jungs?«, fragte mich Tobias.

»Nix, Mann. Wir hustlen gerade so ein bisschen, um durchzukommen.«

»Wieso durchkommen?«

Ich schaute Sergej an. Er nickte. »Wir wohnen gerade so ein bisschen auf der Straße. Wir sind zu Hause rausgeflogen.«

»Und wo schlaft ihr?«

»Mal hier, mal da.«

»Jungs, das ist scheiße! Ich habe 'ne kleine Bude. Da könnt ihr wohnen. Gar kein Ding.«

»Ne, Mann, das geht doch nicht«, sagte ich. »Wir kennen uns gerade seit 10 Minuten.«

»Scheiß drauf. Kommt mit, Jungs.«

Er führte uns durch eine große Pforte in seinen kleinen Hauseingang und schließlich in seine kleine Bude. Und von diesem Tag an wohnten wir bei Tobi. Es war nicht wirklich eine richtige Wohnung. Es war mehr so eine Art Crack-Höhle. Ein kleines Zimmer, in dem er seinen Stoff bunkerte, den er in Osna vertickte. Da standen einfach Pakete voller Gras an der Wand. Im Zimmer setzte sich eine süßliche

Cannabis-Wolke fest, es standen ein paar abgewetzte Sofas und ein zerkratzter Tisch rum.

Ständig gingen irgendwelche Dealer ein und aus. Einer von ihnen hieß Hikmet. Er war eine üble Anabol-Kante und die erste Quelle in Osna, was Testo anging.

»Yo, nenn mich Hikki oder Sticky.«

»Sticky. Gefällt mir.«

Sticky und ich kamen ins Gespräch und stellten fest, dass wir dieselben Leute kannten. Wir bewegten uns in denselben Kreisen, waren uns aber nie begegnet. Sticky war einfach ein guter Typ. Ich verstand mich baba mit ihm. Wir beide wurden nach und nach zu richtigen Brüdern. Wir sprachen über alles, was uns so in den Kopf kam. Und irgendwann sprachen wir über Musik. Es stellte sich heraus, dass er selber auch rappte. Als er mir das sagte, wuchs er mir noch mehr ans Herz. Wir spielten uns gegenseitig unsere Sachen vor. Sticky war gut. Er war verdammt gut. Er konnte nicht bloß rappen, er konnte auch singen. Das war ein absolutes Alleinstellungsmerkmal. Sein Rappername war Mad Mania. Oder Mad M.

Nach drei Monaten bei Tobi stellte man in der Wohnung den Strom ab. Tobi hatte seine Rechnungen nicht bezahlt. Ab diesem Moment wurde unser Straßenpennerlifestyle noch viel schlimmer als vorher. Meine Mutter und meine Baba waren beide richtig sauer auf mich. Sie riefen ständig an, um mich zu überreden, wieder nach Hause zu kommen. Aber ich wollte meinen Bruder nicht alleine lassen.

»Er soll einfach auch nach Hause gehen.«

»Das geht nicht, Baba. Seine Eltern lassen ihn nicht.«

»Natürlich lassen sie ihn.«

Wir schliefen weiter in Tobis stromloser Crack-Höhle. Aber einmal am Tag gingen wir zu meiner Baba, um dort zu duschen und ein bisschen zu chillen, wenn sie gerade nicht zu Hause war. Ich schmiss den Computer an und surfte auf MySpace rum. Auf der Seite von Sergej war ein Foto von ihm und ein paar Leuten verlinkt.

»Ey«, rief ich ihn rüber. »Wer ist das Mädchen?«

»Meine Cousine.«

»Sieht aus wie ein Pferd.«

»Bist du blöd?«

»Was?«

»Das ist meine Cousine, wie redest du?«

»Bro, das war ein Joke!«

»Das ist nicht lustig!«

»Dann nimm dir doch deine Cousine und reite mit ihr aus meiner Bude, wenn du meinen Humor nicht peilst.«

Ich weiß nicht, was in Sergej gefahren war, wir machten dauernd solche Witze. Aber dieses Mal war er irgendwie überempfindlich und gab mir eine Backpfeife. Darauf reagierte wiederum ich wieder empfindlich. Mich im Haus meiner Baba zu schlagen, ging gar nicht. Ich ging auf Sergej los und verpasste ihm ein paar Fäuste.

Vielleicht hatte sich bei uns beiden einfach zu viel aufgestaut in den letzten Monaten.

»Mann, Dima, es reicht«, sagte er und zog seine Jacke an.

»Wo gehst du hin?«

»Nach Hause.«

»Ich dachte, du kannst nicht mehr zurück?«

Er zuckte mit den Schultern. Ab dem Tag an wohnten wir beide wieder zu Hause. Ich war ganz froh, dass die Straßenzeit vorbei war.

Dennoch hielten wir den Kontakt zu Tobi und Hikmet und chillten mit ihnen in der Crack-Höhle. Sergej und ich hatten uns schnell wieder vertragen. Und planten schon bald unsere nächste große Nummer.

Die Sonne war schon untergegangen. Wir saßen am Stromkasten vor unserer ehemaligen Schule und überlegten, ob wir das wirklich durchziehen sollten.

»Meinst du, wir kriegen das hin, Dima?«

»Ich verwette meinen Arsch drauf«, sagte ich, zog an meiner Kippe und pustete den Rauch in die Dunkelheit. Es war noch angenehm warm. Der Sommer war in seinen letzten Zügen. Der Duft von gemähtem Gras lag in der Luft. Ich schaute in die Dunkelheit. Sergej schüttelte den Kopf.

»Verrückte Sache.«

Sergej, Sticky und ich hatten einen Plan. Wir wollten Gras kaufen. Gras war eine gute Sache. Nicht nur, dass mich das Kiffen angenehm betäubte, ich erkannte auch die weiteren Möglichkeiten, die der Shit bot. Einen Teil würden wir behalten, den anderen Teil weiterverticken. Und damit ganz ordentlich Geld verdienen. Sticky hatte uns versprochen, das Zeug zu verticken. Alles war ganz easy. Es gab nur ein Problem: Um das Weed zu besorgen, brauchten wir Kapital. Und Sergej und ich waren broke as fuck. Aber wer Geld machen will, muss ja irgendwie starten.

An dem Abend auf dem Stromkasten kam uns dann irgendwann eine ziemlich gute Idee. Wir hatten in den letzten Wochen immer mal wieder gemeinsam mit meinem Kindheitskumpel Daniel Autos aufgebrochen. Wenn wir Glück hatten, lag ein Portemonnaie mit ein paar Euro drin. Wir haben den Kick gesucht. Und konnten das Geld gebrauchen. Mit den ersten aufgebrochenen Autos hatten wir aber nicht bloß das System verstanden, wir hatten auch gecheckt, dass wir ziemlich begabt darin waren, verschlossene Dinge zu öffnen. Und wenn wir das bei einem Auto hinbekamen, würde das dann nicht auch mit anderen Türen gehen?

»Wie spät?«, fragte Sergej.

»Zu früh«, antwortete ich.

»Wollen wir jetzt?«, drängte er ein paar Minuten später wieder.

Ich nahm einen letzten Zug von meiner Marlboro, schnippte die Kippe weg und sprang von dem Stromkasten.

»Ja, Mann. Auf geht's.«

Wir zogen uns die Kapuzen von unseren Hoodies tief ins Gesicht und machten uns auf den Weg zum Edeka. Es war kurz vor 23 Uhr. Wir liefen einmal um das Gebäude, um sicherzugehen, dass niemand in der Nähe war, dann stellten wir uns vor die Schiebetür und schauten uns an.

»Wenn das klappt …«, sagte Sergej.

»Das wird es«, sagte ich siegessicher und zog mir die Kapuze noch ein wenig tiefer ins Gesicht. Wir waren die letzten vier Tage täglich im Edeka gewesen und haben diese scheiß Tür wortwörtlich studiert. Es musste einfach klappen. Ich zog einen Schraubenzieher raus und rammte ihn zwischen die beiden Glasscheiben. Ich drückte ihn so stark wie ich konnte zur Seite um die Tür wenige Millimeter aufzuhebeln, während Sergej versuchte, seine Finger in den Spalt zu bekommen.

»Hab's!«, sagte er. Ich packte den Schraubenzieher weg und steckte meine Hände ebenfalls zwischen die Schiebetür.

»Okay«, sagte ich. »Auf mein Kommando.« Sergej nickte.

»Eins, zwei und …« Ziehen.

»Eins, zwei und …« Ziehen.

Es klappte. Es klappte tatsächlich. Wir konnten die Schiebetüren einfach mit Gewalt aufschieben. Es gab kein Zahnrad, das brach. Nichts.

Als die Tür offen war, gingen wir in den Laden. Offenbar wurde ein Bewegungsmelder aktiviert und ein Alarm ausgelöst. Im Edeka hörte man es nur relativ schwach, als wir uns dem Ausgang näherten, merkten wir, wie unglaublich laut er war.

»Scheiße, weg hier.«

»Warte.« Ich zeigte auf das Werkzeug, das am Boden lag. »Das müssen wir noch mitnehmen.«

»Dima, scheiß drauf.«

»Ne, ne«, sagte ich und sammelte hastig das Zeug ein. »Alles klar. Ins Gebüsch.«

Wir gingen in ein kleines Waldstück, das auf der anderen Straßenseite lag, und beobachteten von dort aus, was nun passierte. Sergej hatte eine Stoppuhr dabei und stoppte die Zeit.

Nach genau 8 Minuten und 42 Sekunden kam ein schwarzes Auto mit Blaulicht vorgefahren. Zwei Männer stiegen aus und liefen in den Laden rein.

Acht Minuten. Keine schlechte Quote. Aber für uns wäre das machbar.

»Meinst du echt, wir kriegen das hin, Dima?«

»Ganz sicher. Komm, lass uns nach Hause gehen.«

Der Plan stand. Und ich war fest entschlossen ihn komplett durchzuziehen. Wir wollten uns noch ein paar Tage Zeit lassen, es sollte ja auch nicht zu auffällig sein. Der Edeka-Markt, den wir uns für unseren ersten richtigen Einbruch aussuchten, war ein Markt, der direkt bei mir um die Ecke lag. Ich kannte ihn in- uns auswendig. Es war eine Art Heimspiel. Und dieses Heimspiel sollte perfekt laufen, also planten wir alles komplett durch.

Wir trugen zwei Schichten Klamotten. Weiße, dünne Sweater unter schwarzen Hoodies. Es sollte um Mitternacht passieren. Wir zogen uns beide vorher mehrere Dosen Red Bull rein. Je später es wurde, desto aufgeregter waren wir. Um ein Gefühl für die Lage zu bekommen, liefen wir ein paar Runden durch die Hood. Wir umkreisten den Laden. Einmal. Zweimal. Dreimal. »Komm, wir ziehen das jetzt durch«, sagte ich.

Sergej nickte. Wir zogen uns die Skimasken über und näherten uns dem Laden. Mein Pulsschlag stieg. Wieder weiteten wir den Schlitz zwischen den Schiebetüren mit unserem Schraubenzieher und schoben sie dann einfach auf. Es war ganz leicht. Ich verstand nicht, warum noch nie jemand vor uns auf diese Idee gekommen war. Als die Tür offen war, ging der Alarm nicht los. Sergej schaute mich fragend an.

»Wahrscheinlich stiller Alarm.«

Wir liefen in den Laden. Die Kasse beachteten wir gar nicht. Uns war klar, dass es dort nichts zu holen gab, dass das Geld entweder in einem Tresor oder sonst wo verstaut wurde. Wir hatten andere Pläne.

Sergej brach das Gitter von dem Tabakstand auf. Ich hielt die Sporttasche hin und Sergej räumte mit einem Handstreich die kompletten
Kippenschachteln ein. Dann gingen wir zum Alk-Regal und steckten
die teuersten Flaschen ein. Jimmy, Jacky, Absolut. Das ganze dauerte
30 Sekunden.

»Lass uns abhauen«, drängte Sergej.

»Chill, wir haben noch Zeit.«

Ich ging zu den Lebensmitteln, griff mir eine Packung Chio Chips
und eine Dose Käsedip, zog weiter zu den Kühlschränken und griff
mir ein paar Dosen Red Bull ab.

»Komm jetzt, Dima. Wir müssen echt los.«

Der stille Alarm war übelster Kopffick.

»Sofort«, sagte ich, während ich noch durch die Regale streifte.
»Komm mal mit deiner Sporttasche rüber.«

»Was willst du denn noch?«

»Tasche auf.«

Sergej hielt seinen zweiten Rucksack auf und ich schmiss palletten-
weise Haarpflegeprodukte rein. Alle möglichen Gele und Sprays.
Dann nickten wir uns zu und liefen Richtung Ausgang.

Vor der Tür hielt ich kurz an, vergewisserte mich, wo die Sicher-
heitskamera war und machte einen Moonwalk aus dem Laden.

Dann liefen wir, so schnell wir konnten, in ein gegenüberliegendes
Gebüsch und beobachteten, was passierte. Wir waren wirklich schnell.

»3 Minuten, 20 Sekunden«, flüsterte mir Sergej zu, der die Zeit
gestoppt hatte.

»Nice.«

Es verging noch eine Weile, bis ein schwarzer BMW vorfuhr. Er
bremste vor dem Laden ab. Ein Mann stieg aus, lief in den Laden, kam
nach ein paar Sekunden wieder raus und der BMW fuhr mit Höchst-
geschwindigkeit und Blaulicht Richtung Autobahn. Wahrscheinlich
dachten die, wir wären schon längst über alle Berge. Perfekt.

»Komm, lass trotzdem schnell weg hier. Sind gleich bestimmt jede
Menge Bullen am Start«, sagte ich.

»Warte.« Sergej hielt mich an meinem Ärmel fest. »Sag mir vorher noch, warum du das gemacht hast.«

»Warum ich was gemacht habe?«

»Das mit dem Moonwalk.«

Ich grinste. »Einfach nur, damit ich später damit angeben kann.«

Dann liefen wir querfeldein durch Büsche und Hinterhäuser in einen Wald, der in der Gegend lag, schmissen dort unsere Pullover und Skimasken weg und gingen dann in aller Seelenruhe zu meiner Baba nach Hause. Es lief perfekt. Außer, dass ich meine Maglite im Wald verloren hatte. Darüber ärgerte ich mich noch wochenlang.

In meinem Zimmer stellten wir die Beute auf.

Wir hatten 20 Flaschen hochprozentigen Alk. Etwa 300 Zigarettenpackungen. Vier Dosen Red Bull, eine Packung Chio Chips, einen Käsedip – und 40 Tuben Haargel sowie 20 verschiedene Haarsprayflaschen.

Das war unser Startkapital. Die nächsten Tage verbrachten wir damit, aus dem Zeug irgendwie Geld zu machen. Den Alk und die Kippen bekamen wir in unserem Freundeskreis und auf der Straße problemlos verkauft. Das war alles easy. Wir holten locker 1200 Euro raus, von denen wir uns wiederum Weed kaufen wollten, um es dann weiterzuverticken. Das einzige Problem, das wir hatten, war das Haarzeugs. Das wollte uns natürlich niemand abkaufen und meine Baba schimpfte, dass die Berge von Haargel ihre Schränke verstopften.

Sticky organisierte das Weed. Und so fingen wir an, ein bisschen Ot zu verticken. Aber tatsächlich fand ich es viel spannender, mit Sticky einfach rumzuhängen und Musik zu machen. Wir waren beide auf genau dem gleichen Film. Er verstand exakt, was ich machen wollte. Wir saßen tagelang bei meiner Baba und nahmen Tracks auf oder probierten einfach nur ein paar Sachen aus. Oder wir chillten bei Tobi in der Höhle, kifften und schrieben gemeinsam Texte.

Je mehr ich aufnahm, desto intensiver befasste ich mich auch mit den audiotechnischen Aspekten. Irgendwann wurde ich zu einem richtigen Technikfetischisten. Ich spielte mit Effekten rum, experimentierte mit neuen Plug-ins und entdeckte dabei ein paar Songs von T-Pain, die mich an alte Cher-Songs erinnerten – und für mich alles verändern sollten. Auf diesen Tracks spielte er mit einem Effekt, der die Stimme verzerrte. Autotune. Im Prinzip wird Autotune benutzt, um die Tonhöhen zu korrigieren. Auf diese Weise klingt selbst schiefer Gesang harmonisch. Da ich selber nicht professionell singen konnte, aber auf melodiöse Hooks stand, war die Entdeckung von Autotune eine Offenbarung für mich. 2006 veröffentlichte ich meinen allerersten Track, in dem ich Autotune einsetzte. Er hieß »Ich bring mich um«. Das war ein Beat von Fabolous. Ich habe die Hookmelodie adaptiert und nachgesungen. Da sie extrem hoch war und ich die Töne nicht perfekt treffen konnte, setzte ich den Autotune-Effekt drauf. Und es funktionierte. Der Song klang auf einmal komplett melodisch und stimmig. Baba! Für die Parts rappte ich irgendeine kranke Psycho-Lovestory ein. Von einem Kerl, der seine Freundin wegklatscht, weil er sie so sehr liebt.

Für mich war das einfach nur ein Übungstrack, aber da ich mit dem Ergebnis halbwegs zufrieden war, stellte ich ihn online. Ich habe ihn einfach so rausgeknallt. Aus Spaß. Ich hatte keine Ahnung, dass er im Internet so eine Welle machen würde, dass er so rumgeht. Ich habe übelst viele Resonanzen bekommen. Über MySpace, über YouTube, es gab Kommentare, Threads in Foren, Feedback von anderen Rappern und einige Feature-Anfragen. Über MySpace schrieb mir ein Typ, der kurz davor stand, sein allererstes Album zu veröffentlichen. Marteria. Damals nannte er sich noch Marsimoto. Ich antwortete ihm nicht. Ich machte Features nur mit Leuten, die ich schon länger kannte, und Marteria kannte ich überhaupt nicht. Features waren meinen Freunden oder meinen Internetfreunden vorbehalten. Gefühlt ein halbes Jahr später erschien dann Marterias Debüt-Album

»Halloziehnation« über Four Music. Er veröffentlichte eine Single, in der er die halbe Deutschrap-Szene disste. Der Song hieß »Todesliste« und wurde extrem gehyped. Das war der Grundstein seiner Karriere. Heute ist Marteria einer der erfolgreichsten deutschen Rapper überhaupt. Es ehrt mich, dass er mich damals angefragt hatte. Auch wenn ich nie geantwortet habe.

Ich war mit meinen 17 Jahren damals noch ziemlich jung und wusste nicht, was ich treibe. Hätte ich gewusst, was ich mache, hätte ich viel mehr Zeug gefiltert. Ich hätte meine Tracks nicht einfach so verbreitet, da sie eigentlich nicht für die Öffentlichkeit bestimmt waren. Für vieles von dem Zeug schäme ich mich heute. Mit den Jahren fing ich an, Autotune immer intensiver zu nutzen. Und mein Style veränderte sich. Musik wurde für mich zu einer Realitätsflucht. Ich machte Musik, um eine neue Welt zu erschaffen. Um etwas zu schaffen, was größer ist als das Leben. Kunst ist für mich etwas, dass über dem Leben stehen muss. Bei Filmen stehe ich nicht auf Reality-Zeugs. Ich mag Thriller. Ich mag Fantasy. Der Look, die Umgebung. Es soll einen in eine andere Welt mitnehmen. Das war auch mein Anspruch an meine Musik. So nahm ich dann einen Song wie »Paradies« auf. Ich hatte mir da einen Urlaub auf Hawaii zusammenfantasiert. Einfach um dieser dreckigen Realität zu entkommen. Das letzte Mal war ich mit 11 im Urlaub. Mit meiner Baba auf Malle. Seitdem nie wieder. Ich saß also bei meiner Baba im Zimmer und rappte meine Fantasien eines besseren Lebens in mein selbstgebautes Mikrofon.

Eines Tages kündigte Sticky mir an, einen Freund aus seiner alten Crew mitbringen zu wollen.

»Dima, der Typ ist echt in Ordnung«, fing er an. »Aaaaber er ist nicht so Fan von deiner Mukke. Nur damit du vorbereitet bist.«

»Okay. Easy.«

»Er ist mehr so Oldschool drauf, weißt du?«

»Peile.«

Ich konnte mir ziemlich genau vorstellen, was er meinte. Ich kannte die Leute seiner Crew. Das waren alles klassische Backpacker. Die waren noch auf dem alten Deutschrap-Film hängengeblieben. Sie trugen weite Baggys, überlange Shirts und traten vor vier Kids in den Jugendzentren in der Umgebung auf. Sie rappten über soziale Missstände und so ein Zeugs. Darum wunderte es mich auch nicht, dass sie mit mir nichts anfangen konnten. Ich wollte mit meiner Musik unterhalten, protzen und gleichzeitig einen Sound prägen, den man in die Clubs bringen konnte. Das war mein Anspruch. Für diese Typen war das alles fremd. Ich wusste genau, was sie dachten: Wie, der lädt seine Lieder nur im Internet hoch? Wie, der rappt über Champagner und Luxusmarken?

Aber sollten sie doch denken, was sie wollten. Ich war auf meinem ganz eigenen Film.

Am Nachmittag kam dann Sticky mit seinem Kumpel. Er sah aus wie ein Michelinmännchen mit Wasserkopf. Typischer Stoffer.

»Hi«, sagte er und streckte mir die Hand entgegen. »Ich bin Squirty.«

»Sunny.«

»Bruder, ich weiß, wer du bist! Du kannst dir nicht vorstellen, wie sehr ich dich feier!«

Ich schaute Sticky an. Er zuckte nur mit den Schultern. Von diesem Tag an chillte auch Squirty regelmäßig mit uns.

Ich schickte einige meiner Autotune-Songs auch an Kollegah. Er feierte den neuen Style.

»Bruder, so etwas gab es noch nicht in Deutschland. Das ist richtig gut«, schrieb er mir zurück. Er war so heiß auf diesen Sound, dass er mich fragte, ob ich ihm eine Autotune-Hook machen könnte. Ich dachte an unser gescheitertes Feature zurück. Das war mir damals einfach richtig unangenehm. Aber ich hatte das Gefühl, ich war mittlerweile ein gutes Stück weitergekommen. Ich dachte, ich wäre jetzt so weit. Und sagte zu. Kolle schickte mir ein paar Spuren, die er schon aufgenommen hatte. Der Song hieß »Bodyguard«. Er wurde 2008 auf einer CD veröffentlicht, die dem JUICE-Magazin beilag. Der Track war eine Ankündigung auf sein zweites Soloalbum »Kollegah«. Nachdem der Track rauskam, wollte Kolle, dass ich auch auf dem Album vertreten bin. Entweder mit einer Hook oder zumindest mit einer Bridge. Wieder zeichneten wir etwas auf. Aber wieder fühlte es sich für mich noch nicht gut genug an.

»Bro, ich muss noch üben und besser werden«, sagte ich ihm.

Ich empfand meine Technik schon als gut. Aber die delivery gefiel mir nicht. Ich dachte, ich muss noch männlicher werden von der Stimme her. Erwachsener.

Kolle war so genervt von allem, dass er mich irgendwann zu einem richtigen Feature drängte. Er sagte, ich wäre so weit, ob ich es selber anerkennen würde oder nicht. Und dann veröffentlichten wir den Song »G's sterben jung«.

Den Beat hatte ich organisiert. Ich hatte damals einen Jungen am Start, der so ein bisschen mein Schützling war, was die Produktionen angeht. Er hieß B-Case. Wir lernten uns im Internet kennen und er hatte ein gutes Gespür dafür, was ich haben wollte. Er konnte meine Ideen perfekt umsetzen. Wir haben den Beat dann gemeinsam gebaut, ich brachte die Hookidee mit und zeigte das Fragment dann Kollegah. Der hat das gefeiert und einen Baba-Part geschrieben, dann habe ich einen Baba-Part geschrieben und schon war das Ding fertig. Das ging ganz locker. Wir haben einfach alles über ICQ abgesprochen. Jeder hat seinen Scheiß gemacht, wir haben uns die Spuren hin- und hergeschickt und am Ende hab ich den Song komplett fertig abgemischt. Er erschien auf Chronik 2, dem zweiten Labelsampler von Kollegahmade Records. Es wäre heute kaum noch möglich, so zu arbeiten, wie wir damals gearbeitet haben. Sich einfach über das Internet zu featuren. Heute ist es wertvoller, sich im Studio zu treffen und die Zusammenarbeit mit Fotos und Videos zu dokumentieren, damit man sie auf seinen Social-Media-Kanälen ausschlachten kann. Für die Fans ist das auch tatsächlich interessanter, mit manchen Rappern kann eine gemeinsame Textsession sicherlich auch sinnvoll sein. In meinen Augen ist das aber nicht wirklich nötig.

Im selben Jahr traf ich dann aber Kollegah tatsächlich zum ersten Mal im real life. Er war auf »Mittelfinger Hoch«-Tour. Es gab ein Date in Osnabrück und er lud mich ein. Wir hatten uns zwar noch nie gesehen, aber wir kannten uns ja schon jahrelang übers Internet. So dauerte das Kennenlernen wenige Sekunden.

»Du bist also der Sunny.«

»Du bist also der Kolle.«

Wir chillten zusammen backstage. Casper, der damals noch bei Kollegahmade unter Vertrag war, hatte gerade seinen Auftritt. Er kam nassgeschwitzt von der Bühne, erkannte mich, nahm mich in den Arm und erzählte mir, wie sehr er meinen Autotune-Style feiern würde.

Dann bequatschte mich Kolle, dass ich mit ihm auf die Bühne kommen solle.

»Bruder, lass uns »G's sterben jung« performen! Die Leute werden das unnormal feiern.«

»Ich weiß nicht«, sagte ich. Ich hatte krasses Lampenfieber.

»Komm schon«, sagte er.

»Ja, Bro, komm, lass uns hier mal ein bisschen representen«, sagte Squirty, der auch dabei war. Die beiden überredeten mich. Ich nahm einen Schluck Jacky aus der Flasche und ging dann auf die Bühne. Was für ein krasses Gefühl. 500 Menschen, die direkt vor einem stehen und dich anfeuern. Als mein Part kam, merkte ich, dass mein Mikrofon viel zu leise eingestellt war. Ich musste richtig laut schreien. Aber das schien die Leute nicht groß zu stören. Sie feierten meinen Part brutal.

Squirty stand auch auf der Bühne und hampelte ein bisschen rum. Er lief von einer Seite zur anderen und animierte das Publikum, als wäre er ein Pausenclown. Ich habe nicht verstanden, warum er das machte. Warum er sich unbedingt mit auf die Bühne stellen wollte. Aber das war zu einer Zeit, in der ich Squirty an sich noch nicht verstanden hatte. Nach der Show gingen wir mit Kolle noch ins Virage, um ein bisschen zu feiern. Es sollte vorerst unsere letzte Begegnung sein. Wir stritten uns. Ich hatte ihm bei seinem Album »Kollegah« ein wenig mit den Hooks geholfen und ihm zwei Beatmaker vermittelt. Ich hatte mir erhofft, dass auf diese Weise ein wenig Geld rumkommen würde. Ich wusste nicht, dass Kolle damals selbst so gut wie nichts mit seinen Alben verdiente. Und war darauf ein paar Jahre eingeschnappt. Er versicherte mir zwar immer wieder, dass wir beide eines Tages gemeinsam ein Album machen würden, aber das hielt ich für leeres Geschwätz.

Gimel

Bisher hatten wir zum Musikmachen immer mein Zimmer bei meiner Baba genutzt. Jetzt zogen wir mit dem Studio bei meiner Mutter ein. Das war bequemer. Meine Mutter hatte ein freies Zimmer in der Wohnung, für das sie keine Verwendung hatte. Ich kaufte ein besseres Equipment von dem Weed-Geld, das ich mit Sticky damals verdient hatte.

Ich hatte immer eine Vision von meinem Sound gehabt. Von der Art und dem Style, wie ich meine Musik produziere. Es gibt eine klassische Blaupause, an der sich die meisten Rapper orientieren: eine einzelne Tonspur für den Rap. Auf die Reime legen sie eine zweite Spur, damit sie kräftiger rüberkommen. Dann gibt es vier Zeilen Hook und diese vier Zeilen werden zwei Mal wiederholt. Mir war das zu langweilig. Ich hatte zehn, fünfzehn, manchmal zwanzig Spuren, die ich übereinanderlegte. Alles musste bombastisch klingen. Ich wollte mehrere Spuren nur mit Adlibs haben. Ich wollte eine extrem melodiöse Hook hinbekommen. Ich wollte, dass man meine Songs analysieren konnte, sie Ebene für Ebene entdecken konnte. Ich wollte, dass die Leute jedem einzelnen Song anhörten, dass wir uns Mühe dafür gegeben hatten. Dass wir unser Herzblut, unsere Leidenschaft da reinsteckten. Ich orientierte mich am amerikanischen Sound. Ich sah, dass Deutschrap etwas fehlte, und ich wollte Deutschrap das geben, was mir fehlte. Ich schämte mich richtig dafür, wie simpel das war. Ich hatte eine Vision.

Die Love-Tracks habe ich irgendwann selber als zu gay empfunden. Der Battlerap war für mich vorerst auch durch. Blieb also nur noch das Playerding. Ich wurde da auch ziemlich von US-Rap beeinflusst. Anfang der 2000er philosophierte ein Ray J darüber, welchen Einfluss hochpreisige Designertaschen auf die Paarungsbereitschaft irgendwelcher Club-Bitches hatte – und ich habe das sofort gecheckt. So fing ich an, das exzessive Aufzählen von Markennamen in meinen Rap zu integrieren. Es wurde nach und nach zu meinem Markenzeichen.

Playarap war für mich der realste way to go. Weil ich immer über das rappen wollte, was mich beschäftigte. Und Reichtum und Luxus beschäftigten mich. Ich war meilenweit davon entfernt, mir auch nur einen Gürtel leisten zu können. Aber in meinen Songs baute ich mir eine Welt auf, die für mich perfekt war. Und nach und nach versuchte ich, diese Welt durch meine Songs real werden zu lassen. Irgendwann kam in den Medien der Begriff »Imagerap« auf, der sehr abwertend gemeint war. Ich konnte das nicht verstehen, denn zum einen ging es natürlich um Entertainment, zum anderen versuchte ich ja gerade durch meine Musik das zu werden, was ich in meiner Musik ankündigte. Wenn ein Kind davon träumt, Astronaut zu werden, dann träumt es das für sich. Ich habe meine Träume der Welt erzählt. Für mich war das mega authentisch. Nur eben vom Ende des Traumes her gedacht.

Sticky und ich nannten unsere Crew Geldregen. Später wurde es in Moneyrain umbenannt. Weil es darum ging. Um Geld. Um Luxus. Um Reichtum. Das war der rote Faden unserer Tracks. Sticky hat das alles sofort gecheckt. Er war auf demselben Film. Er war stark auf dieser R'n'B-Schiene und fühlte somit genau, wo ich hinwollte. Squirty hingegen zeigten wir eine ganz neue Welt. Der hatte davor nur so Backpack-Sachen gerappt. Aber er fand schnell Geschmack an der Playerscheiße, die ich brachte. Als ich ihm zum ersten Mal eine meiner Autotune-Hooks zeigte, rastete er fast aus.

»Bruuder«, sagte er. »Das musst du mir zeigen. Ich will genau diesen Sound haben!«

Squirty hing jetzt beinahe täglich bei mir zu Hause ab. Ich konnte nicht wirklich glauben, dass er mich früher einmal schlecht geredet haben sollte. Dafür war er einfach viel zu bemüht. Er hatte ein Auto, einen kleinen schrottigen Honda Accord, und fuhr mich damit überall rum. Er lobte meinen Sound in den Himmel und bettelte mich regelrecht an, ihm auch ein paar Autotune-Hooks zu machen. Squirty und ich nahmen in meinem heimischen, improvisierten Studio unzählige Übungstracks auf. Zum Beispiel den Song »I'm so Hood« von Sean P. Wir sangen die Hook nach, setzten Autotune drauf und schrieben jeweils einen Rap-Part dazu. Der Fokus lag immer auf der Hook, dann auf den Strophen. Die Hook war das Zentrum. Wir schrieben auch Songs komplett selbst, wie »Brenn den Club ab«.

Nur eine Sache fand ich merkwürdig. Sticky kam irgendwann immer seltener vorbei. Wenn ich ihn ansprach, was denn los sei, wiegelte er nur ab. Und irgendwann kam er gar nicht mehr. Er schrieb mir auch nicht mehr. Er war einfach raus. Ich kapierte das nicht. Sticky und ich zogen doch gerade straight unser Ding durch. Was hatte er bloß?

Als ich gerade mit Squirty zusammensaß, um etwas aufzunehmen, fragte ich ihn, ob er Näheres wüsste. »Was ist denn mit Sticky los? Der lässt sich kaum noch blicken.«

»Wundert mich jetzt nicht«, sagte er kryptisch.

»Was meinst du?«

»Hast du es denn nicht gemerkt, Dima? Der Typ ist ein kompletter Laberkopf.«

»Hö?«

»Sticky macht einen auf dicken Macker. Aber da steckt nix dahinter.«

»Was laberst du da für einen Scheiß? Sticky ist unser Bruder, Mann. Und der hat mir schon mehr als einmal geholfen.«

»Aach, Bruder. Glaub mir, wir sind Russen. Kanaken labern immer nur. Der hat noch nie im großen Stil was vertickt. Der macht sich wichtiger, als er ist.«

»Das ist doch Quatsch, klar hat der vertickt.« Keiner wusste das besser als Squirty, der bei ihm Testo kaufte, um nicht mehr so lappenhaft auszusehen, wie er früher noch aussah.

»Dima, sei nicht blind. Der Typ ist ein übler Kiffer«, lenkte er plötzlich das Thema um. »Der wird uns ein Megastein im Weg sein. Der ist voll unproduktiv. Der wird uns nur ficken und verarschen.« Squirty redete sich immer mehr in Rage. »Guck, das ist ein Türke. Ich bin ein Russe, du kannst mir da vertrauen, Bruder. Ich würde dich niemals belügen. Warum sollte ich dir Scheiße erzählen? Ich hab mir immer gedacht, dass Sticky uns hängen lässt. Und jetzt ist es so gekommen. Er ist ein Penner. Vergiss ihn. Wir müssen durchziehen. Wir beide. Du und ich. Wir sind Moneyrain.«

So ging das über Wochen. Squirty redete Sticky runter. Ich wunderte mich, warum er auf einmal so anti war. Aber nach und nach zeigten Squirtys Geschichten Wirkung. Wie ein Gift, das er mir verabreichte und das nach und nach meinen Kopf benebelte. Vielleicht hatte er ja recht? Vielleicht hatte Sticky wirklich gar keinen Bock mehr auf uns? Immerhin war er seit Wochen nicht mehr dagewesen. Hatte nicht mehr angerufen. Sich nicht mehr gemeldet. Ich hatte keinen Hass auf den Jungen, war aber enttäuscht von seinem Verhalten. Ich dachte, man wäre cool miteinander.

»Typisch Kiffer«, hetzte Squirty weiter. »Auf solche Leute kannst du dich im Leben nicht verlassen.«

Was ich zu diesem Zeitpunkt nicht wusste: Sticky hatte seine Gründe, nicht mehr zu kommen. Squirty hatte sich nämlich vor ein paar Wochen alleine mit ihm getroffen und ihm erzählt, dass er gemeinsam mit mir entschieden habe, dass wir Sticky nicht mehr bei Moneyrain haben wollten.

»Du kiffst zu viel«, hatte er ihm an den Kopf geworfen.

»Bruder, warum zu viel? Ich habe doch von Anfang an genauso viel gekifft, wie ich jetzt kiffe. Ich habe noch nie unbekifft irgendwas aufgenommen. Wir haben zusammen live gespielt und ich war bekifft.« Squirty hatte nur den Kopf geschüttelt.

»Dima will dich auch nicht mehr im Team haben, es tut mir echt leid. Es passt halt nicht.«

Später sagte mir Sticky, dass er nicht mehr gekommen ist, weil er Rücksicht auf uns nehmen wollte. Er hatte Angst, Schuld daran zu haben, dass wir keinen Erfolg bekommen. Er hatte ein goldenes Herz. Und wurde von einer Fotze geopfert.

Squirty und ich zogen derweil weiter durch. Zumindest bildete ich mir ein, dass wir weiter durchziehen würden. Und statt Sticky kamen nun andere Leute. Unser neues Kinderzimmerstudio war jeden Tag voll. Jeden Tag kamen Menschen vorbei, die mit mir zusammen irgendwas aufnehmen wollten. Am Anfang fand ich das noch ganz cool, weil ich das Gefühl hatte, dass die Leute auch wegen mir kamen. Dass sie etwas mit meiner musikalischen Vision anfangen konnten. Ich brauchte eine Zeit, bis ich erkannte, dass sie sich bei mir nur eingenistet hatten, um von meinem Talent und meiner Infrastruktur zu profitieren. Aber selbst da dachte ich mir: Scheiß drauf, sei ein guter Kerl. Du hast ein Studio. Und da sind Leute, die was aufnehmen wollen. Vielleicht bekommst du irgendwann mal die gesammelten Karma-Punkte ausgezahlt. Doch es wurde schlimmer und schlimmer.

Es gab mehrere Leute, die jeden Tag nur bei meiner Mutter in der Wohnung rumgammelten. Kaum einer von denen hat mir jemals irgendwas dafür bezahlt. Und ich hätte es mies gefunden, irgendwen abzukassieren. Ich war also selber schuld. Nach und nach war ich mit den meisten Leuten warm geworden und hätte so oder so von denen kein Geld nehmen können. Wir hatten zu viel erlebt. Es gab nur einen Typen, der von Anfang an wirklich immer fair war.

Tugrul. Ein Freund von Squirty. Tugrul und ich freundeten uns an. Er sah, wie ich zu der damaligen Zeit litt und griff mir unter die Arme. Einfach so. Ohne dass ich das jemals von ihm verlangt hätte. Er brachte mir jeden Abend McDonald's-Tüten und Marlboro-Schachteln vorbei. Er klaute Geld bei seinem Vater aus der Kasse, um mich zu versorgen. Und er tat das nicht, weil er sich was von mir erhoffte. Sondern einfach, weil er mich mochte. Er lag oft einfach bei mir auf der Couch, um mir Gesellschaft zu leisten. Er war der Inbegriff eines Bruders.

Ansonsten lief alles ziemlich mies in meinem »Studio«. Ich war wahnsinnig frustriert. Ich hatte das Gefühl, ich kam nicht voran. Ich nahm für so viele Leute auf, dass ich kaum noch Zeit hatte, meine eigenen Songs zu recorden. Und aus falschem Pflichtgefühl verdiente ich nicht mal Geld damit. Im Gegenteil, ich zahlte noch drauf.

In dieser Zeit gab es nur eine Person, die mir wirklich gute Laune machte. Ich hatte mich auf einer russischen Seite angemeldet. Ktosxy. de. Das war eine Art soziales Netzwerk für die russische Community in Deutschland. Dort lernte ich am 19. Oktober 2008 Nas kennen. Ich nannte mich »RichSunny«. Sie nannte sich »cocaiina«. Sie war eine der wenigen Nutzer, die zu genauso abnormalen Zeiten online waren wie ich.

Irgendwann schrieb ich sie an. »Yo, warum bist du denn eigentlich immer zu so behinderten Zeiten online?«

Sie antwortete, dass sie gerade ihre Lehre als Kosmetikerin abgebrochen hätte. Sie kam mit ihrer Chefin nicht klar. Nas war die einzige Person, die immer am Start war, während alle anderen gepennt haben. Das verband uns. Und so freundeten wir uns an. Wir quatschten über alle möglichen banalen Alltagsdinge. Sie wusste zunächst gar nicht, dass ich rappe. Irgendwann fingen wir an zu telefonieren. Und schließlich merkten wir beide, dass da mehr zwischen uns war. Ich hatte mich wirklich in sie verliebt.

Wir beschlossen, dass es an der Zeit war, dass wir uns endlich einmal treffen sollten. Sie wohnte einige Kilometer von Osnabrück entfernt.

Am 31. Juli 2009 haben wir uns dann das erste Mal im echten Leben gesehen. Meine Mutter fuhr mich zu ihr. Ich blieb für zwei Wochen. Während Nas und ich uns noch einmal ganz neu kennenlernten, connecteten sich unsere Mütter. Sie schmiedeten schon Heiratspläne für uns. Nas und ich kamen zusammen, obwohl es sich schon länger so angefühlt hatte, als wären wir bereits zusammen gewesen. Irgendwann zog sie bei meiner Mutter mit ein.

Zu der Zeit begann ich mit den Arbeiten an meinem ersten eigenen Tape: Bounce 2009. Es war schon alles groß geplant. Ich hatte mich mit 16bars connectet. 16bars war eine Online-Plattform für »Hip-Hop-Journalismus«. Nein, sie war *die* Plattform für Hip-Hop-Journalismus schlechthin. Sie hatte ein Monopol. Wenn man etwas im Deutschrap werden wollte, dann kam man an den Jungs nicht vorbei. Sie kannten meine Sachen und fanden mein Sound wohl ganz ordentlich. Sie versprachen, mir mein Tape zu pushen. Ich nahm das nicht sonderlich ernst. Mir ging es um Musik und nicht um Promo. Ich war mit den Aufnahmen fast fertig, hatte schon gut 80 Prozent des Tapes im Kasten, als mir plötzlich die Festplatte abschmierte. Von dem kompletten Tape hat am Ende des Tages nur ein einziger Song überlebt. »Bounce 2009«, das sollte das Intro werden. Ich habe den Track dann auf YouTube hochgeladen und mir gesagt, dass es so nicht weitergehen kann. Wenn ich wirklich Musik machen wollte, dann müsste es alles professioneller werden. Ich lud alle Songs hoch, die ich noch auf der Festplatte übrig hatte, und beschloss, noch mal einen Neustart hinzulegen.

Ich besprach mich mit Stas. Stas kannte ich aus der Nachbarschaft. Schon seit Jahren. Wir kamen beide aus musikalischen Familien, unsere Mütter waren befreundet und haben gemeinsam auf Hochzeiten gespielt. Das Musikding hat uns verbunden. Wir mochten uns, waren bis dahin aber nie wirklich befreundet. Stas selber war kein Musiker und wollte lieber hinter den Kulissen bleiben. Aber er interessierte sich für diese ganzen Technik-Sachen. Irgendwann entwickelten wir einen Plan, ein Studio aufzubauen und dort nicht bloß unsere eigenen Sachen aufzunehmen, sondern auch andere Leute zu recorden, um so ein bisschen Cash zu machen. Bei einem professionellen Studio hätte ich keine Skrupel, Geld dafür zu nehmen, dass die Leute bei mir ihre Sachen aufnehmen konnten.

Squirty war begeistert. Er versprach, sich an unserem Studio zu beteiligen. »Und wenn das Ding fertig ist«, sagte er, »dann nehmen wir da unsere erste richtige Platte auf und starten damit komplett durch!«

Aber um ein richtiges Studio hochzuziehen, brauchten wir Cash. Viel Cash. Ich wollte, dass unser Studio ordentlich ausgestattet ist. Ich wollte geiles Equipment haben. Ich war ein richtiger Qualitätsfetischist. Ich wusste, dass ein gutes Mikrofon seine 2700 Euro kostete, ein PC zum Aufnehmen seine 1500 Euro. Dazu kämen noch Schalldämmung, Gesangskabine und all so ein Zeug. Am Ende brauchten wir etwa 15.000 Euro. Da ich meine Schule abgebrochen hatte, hatte ich weder einen Job noch die Aussicht, irgendeinen guten Job zu bekommen. Ich hatte gar nichts. Außer der Musik. Irgendwann dachte ich mir: Scheiß drauf. Ich muss jetzt irgendwas reißen. Ich hatte weder Bock, mich groß zu bewerben, noch wollte ich wieder irgendwas Kriminelles drehen. Ich war jetzt älter und strafmündiger. Außerdem konnte ich es meiner Mutter nicht noch einmal antun. Weil ich also nicht wusste, was ich sonst machen sollte, ging ich mit Stas zum Bau. Wir machten uns selbstständig als Bauhilfsarbeiter. So konnten wir verschiedene Jobs annehmen.

Unsere erste Anfrage bekamen wir schnell. Der Bauleiter hieß Herr Sprengel und er sagte mir, dass er einen Job für mich hätte. Vorausgesetzt, ich würde mich gut anstellen. Er wollte, dass ich einen Probetag machte. Ich war einverstanden. Als ich beschloss, auf den Bau zu gehen, hatte ich alles bedacht bis auf eine Sache: Es war Dezember. Und es war verdammt kalt.

Bei -10° Celsius musste ich also vor seinen Augen anfangen, Steine zu pflastern. Ohne Betonmischer. Das heißt, ich musste diesen Speis selber mit einer Schaufel zusammenmischen. Das war eine richtig ekelhafte Arbeit. Ich musste wortwörtlich auf den Knien arbeiten. Meine Arme sind komplett abgefallen. Und dieser Bastard von Sprengel war dazu noch so ein richtiger Sadist, dem es offensichtlich sehr viel Spaß machte, uns zu schikanieren.

Er kam alle paar Stunden aus seinem dämlichen Baucontainer und schaute uns eine Weile zu.

»Na ihr kleinen Pussys?«, fragte er. »Ist euch kalt?«

»Einfach ignorieren«, flüsterte mir einer der Arbeiter zu, der schon länger hier war. »Das gehört dazu. Es macht ihm Freude. Danach haut er wieder ab. Er braucht diese fünf Minuten Quälerei.«

Ich schaute Sprengel an.

»Dima, wie gefällt dir die Arbeit?«

»Sehr gut«, log ich.

»Dir ist bestimmt kalt, oder?«

»Sag einfach ja«, flüsterte mir Stas zu. »Dann kann er seinen Spruch machen und wieder abziehen.«

»Ja, mir ist kalt, Herr Sprengel.«

»Da gibt es einen guten Trick: Härter arbeiten. Hahaha.« Er lachte und ging dann wieder in seinen Container.

Nach zwölf Stunden war ich komplett tot. Ich schleppte mich mit letzter Kraft nach Hause und legte mich in mein Bett. Meine Augen fielen sofort zu und ich schlief ein.

»Dima.«

Ich träumte irgendwas von Beton und …

»Dima! Dima, wach auf!«

Ich brauchte ein paar Sekunden – öffnete meine Augen und sah Squirty vor mir.

»Was ist los? Wie spät ist es?«

»22 Uhr, warum pennst du denn schon?«

»Dikka, ich war arbeiten, lass mich schlafen!«, sagte ich, legte mich wieder ins Bett und drehte mich auf die Seite.

»Bruder, wach auf, bitte.«

»Alter, ich bin tot! Was ist denn?«

»Kannst du mit mir bitte eine Spur aufnehmen?«

»Verschwinde!«, schrie ich ihn an und schmiss ein Kissen nach ihm.

»Maaann, Junge«, sagte Squirty beleidigt. »Das zeigt mal wieder, wie du für deine Brüder da bist.«

Ich war zu müde, um mich noch über so etwas zu ärgern. Ich schlief einfach ein.

Am nächsten Morgen stand ich um Punkt 6 Uhr wieder auf der Matte.

»Was steht heute an?«, fragte ich.

»Dasselbe wie gestern. Steine pflastern«, sagte Sprengel mit einem breiten Grinsen. »Heute ist es angenehm kalt. Da macht es besonders viel Spaß.«

Das ging noch eine Woche so. Aber ab dann wurde es besser. Dann wechselte ich den Bauherren.

Ich bekam nur noch coole Aufgaben. Ich durfte mit großen Geräten hantieren. Mit Presslufthämmern die Straßen aufreißen, mit Baggern rumfahren. Das war schon fun. Aber ich war mir auch für nichts zu schade. Ich habe alles gemacht, was anstand. Habe irgendwelche 600 Kilogramm schweren Fensterelemente mit den anderen Jungs durch die Gegend geschleppt und war jeden Morgen um Punkt 6 Uhr am Start. Manchmal sogar schon um 5 Uhr. In der Schulzeit hatte ich nicht einmal den Ansatz einer solchen Disziplin. Aber dieses Mal war es etwas anderes. Dieses Mal wusste ich, wofür ich die Scheiße machte. Ich wollte mein Studio. Ich wollte meine Musik machen. Ich wollte meine Vision umsetzen. Und ich wusste, dass ich jeden Tag mit

150, 200 Euro Cash nach Hause ging. Das war mir alle Strapazen der Welt wert.

Aber wir waren auch ein Baba-Team. Ich war immer mit denselben Jungs eingeteilt. Alles Russen. Wir arbeiteten alle selbstständig. Die Jungs waren cool. Wir hatten einen Oldtimer am Start. Wowa. Der war 75, aber er war von allen der Witzigste. Der hat immer die geilsten Sprüche gerissen. Wenn du ihm seine Hand gegeben hast, hat er sie an seinen Schritt gezogen und gesagt: »Hand näher zum Herzen, Bruder.«

Einmal fuhren wir gemeinsam nach Düsseldorf. Auf Montage. Da nahmen wir eine Wohnung innerhalb von nur einer Woche auseinander und zogen sie wieder komplett neu hoch. Das war das Allerbeste. Es fühlte sich an wie eine Klassenfahrt. Ich sah aber auch das Potenzial, was man da alles verdienen konnte. Da gab es Natursteinleger, die haben 120 Euro die Stunde genommen und sind mit 900 Euro am Tag nach Hause gegangen. Ich war selber überrascht, was da alles zu holen war. Einer der Russen aus meinem Team erklärte mir die goldene Regel: »Es kommt nicht darauf an, was du kannst. Es kommt darauf an, was du den Leuten verkaufst.« Und er hatte völlig recht. Auf dem Bau musste man gar nichts können. Am Ende des Tages war alles Improvisation. Es musste nur gut aussehen. Also fing ich irgendwann an, mich als Maler auszugeben. Was konnte daran schon so schwer sein, ein paar Wände zu streichen? Ich heuerte dann bei ein paar reichen Säcken an und freshte zu einem überteuerten Stundensatz deren Häuser auf. Ich hatte ein Händchen für die schicken Sachen, für die man Fingerspitzengefühl brauchte. Und für die Sachen, die man einfach besonders gut kaputt kloppen konnte.

Ich steckte jeden Cent, den ich verdiente, in unser Projekt. Ich gönnte mir von dem Geld rein gar nichts. Nach eineinhalb Jahren waren wir fertig. Stas und ich hatten unser eigenes Studio. Ein hochmodernes Ding mitten im Osnabrücker Gewerbegebiet. Und das hatten wir uns komplett alleine erarbeitet. Sajebijs. Wir kauften uns ein Neumann-Mikrofon. Ein Universal Audio Pre-Amp, einen AD/

DA-Wandler von Apogee, eine Art Soundkarte, einen iMac und ein Mikrofonvorverstärker. Ich hatte das Gefühl, alles war auf einem guten Weg. Ich hatte das Gefühl, wir professionalisierten uns.

Als wir fertig waren und das Studio stand, drängte mich Squirty, meinen Job beim Bau aufzugeben.

»Bruder, du kannst nicht mehr zum Bau gehen«, sagte er. »Das macht dich völlig kaputt.«

»Ach was«, tat ich ab. »Um meine Gesundheit musst du dir keine Sorgen machen.«

Er legte seinen Arm um meine Schulter.

»Nee, darum geht es ja nicht. Du bist ein tougher Kerl, das weiß ich ja. Aber nach den Schichten bist du immer voll müde. Da kannst du dich dann gar nicht mehr so richtig auf unsere Musik konzentrieren.«

»Alter, ist das jetzt dein Ernst?«

»Maaann, Diego«, sagte er. »Ich meine es doch nur gut mit dir. Ich will, dass du deine Talente für uns richtig einsetzt.«

»Bro, ich kann nicht einfach aufhören zu arbeiten, ich muss auch irgendwie über die Runden kommen. Das Studio kostet auch Miete …«

»Keine Sorge«, sagte Squirty. »Darum kümmere ich mich ab sofort.«

»Du? Du hast bisher noch keinen Cent in das Studio gesteckt.«

»Ich weiß. Und das war scheiße. Es war alles sehr knapp bei mir, das hatte ich dir ja erklärt. Aber ich bin mittlerweile in meinem Betrieb übernommen worden. Ich habe jetzt eine Festanstellung und verdiene 1800 im Monat.«

»Eeeecht? Gratuliere. Warum hast du uns das nicht erzählt? Wie lange denn schon?«, fragte ich komplett ohne Hintergedanken.

Aber Squirty wich sofort aus.

»Ach, ähm, weiß ich erst seit gestern. Oder vorgestern. Kein Plan. Ist ja auch egal. Auf jeden Fall verspreche ich dir, dass ich ab sofort jeden Monat deinen Kühlschrank mit 100 Euro vollmache.«

Wir sprachen mit Stas und überlegten hin und her.

»Wenn du, Squirty, jeden Monat 100 Euro investierst, du, Dima, dich um die Musik kümmerst und ein paar Leute aufnimmst, dann sollte genug Geld drin sein«, rechnete Stas vor. »Und ich gehe dann einfach weiter zum Bau und zahle dadurch alles, was an laufenden Kosten noch offen ist.«

Wir schauten uns an und nickten. Das klang nach einem Deal. Stas war gelernter Gas-Wasser-Installateur. Im Gegensatz zu mir und meinem Improvisationstalent konnte er also wirklich ein bisschen was.

Stas blieb also weiter auf dem Bau und übernahm die offenen Kosten, damit ich im Studio bleiben und Kunden aufnehmen konnte. Auf diese Weise kam zumindest ein bisschen Geld rein. Es kamen und gingen die verrücktesten Figuren. Die meisten waren Kleinkünstler. Leute, die auf Hochzeiten oder kleineren Veranstaltungen sangen. Die brauchten für ihre Internetseite ein kleines Repertoire. Da gab es dann einen Fuffi pro Song. Den nahmen wir in 10 Minuten auf. Ich brauchte noch mal 10 Minuten, um irgendwelche Mastereffekte draufzuballern, und der Song war nach 20 Minuten fertig. Abends arbeiteten wir dann an unseren eigenen Sachen. Squirty und ich planten ein gemeinsames Kollabo-Album. Wir nannten es das Moneyrain Entertainment Volume 1. Das sollte eine komplette Eigenproduktion sein, nicht mehr so zusammengeklaute Amibeats. Wir nahmen bereits die ersten Songs auf und wollten Mitte des Jahres fertig sein, da passierte etwas Unerwartetes.

Wir hingen zu dieser Zeit viel mit dem Brate rum. Squirty hatte ihn mir vorgestellt. »Dima, der Typ ist voll der gefährliche Messerstecher. Ein echter Junge von der Straße. Aber gerade und korrekt. Nicht so, wie die Leute, die vorher bei dir waren. Die Typen, die dich in deinem Studio nur ausgenutzt haben.« Ich kam gut mit dem Brate klar. Ich mochte ihn. Er hing von morgens bis abends in irgendwelchen Cafés und Spielos rum und man konnte mit ihm über alles Mögliche sprechen. Aber seit einigen Wochen hatte der Brate nur ein einziges Thema. »Geldgier Omerbegobitch«. Geldgier war der Chef von Kollegahmade Records und er wollte sich unbedingt mit mir treffen. Mir war schon klar, worum es ging, und das war kein Vertrag. Ich hatte ja ein paar Meinungsverschiedenheiten mit Kollegah gehabt. Kolle und ich hatten allerdings von Anfang an immer mal wieder solche On-off-Geschichten, ich hatte nie allzu viel drauf gegeben und irgendwelche Diskussionen immer schnell vergessen. Geldgier quatschte also den Brate voll, dass er sich mit mir treffen wollte, damit ich mich mit Kollegah wieder vertrage, und der Brate quatschte wiederum mich voll, dass Geldgier ihn vollquatschen würde. Irgendwann nervte es mich so sehr, dass ich nach einigen Monaten Therapie zustimmte.

Geldgier kam nach Osnabrück. Wir trafen uns bei einem Italiener direkt am Hauptbahnhof. Ich hatte ihn noch nie gesehen, aber einige Storys über ihn von Kolle gehört. Geldgier war auf jeden Fall ein sehr spezieller Typ. Er war fast zwei Meter groß, kam mit Jogginghose und Hoodie in den Laden und fing sofort an, auf mich einzureden.

»Hör mal, Dima, kannst du dich mit Kollegah nicht zusammensetzen und das irgendwie gerade biegen? Ist doch lächerlich. Ihr seid erwachsen.«

»Ja, Mann, schon klar, aber ich verstehe nicht so wirklich, warum es dich so interessiert.«

»Weil es hier auch ums Geschäft geht.«

»Um welches Geschäft denn?«

»Kolles neues Album. Er sagte mir, dass er wieder mit dir zusammenarbeiten will.«

»Ey, lass gut sein«, winkte ich ab.

Ich dachte daran, dass ich bei Kolle nie einen Cent für meine Arbeit gesehen hatte. Ich wusste mittlerweile auch, dass Kolle hart am strugglen war, aber ich hatte keinen Bock, ein ganzes Album für lau zu produzieren.

»Mach dir keine Gedanken«, sagte Geldgier, als könnte er meine Gedanken lesen. »Es wird Geld fließen. Dafür werde ich sorgen.«

»Was erwartest du denn von mir?«

»Ich will, dass du das Album aufwertest. Dich um die Produktionen kümmerst. Das ganze Soundbild aufpolierst. Wir brauchen einfach einen neuen, einen frischen kreativen Input.«

Es ehrte mich schon, von Kollegahmade Records angefragt zu werden, ein Album mitzuproduzieren. Und dann auch noch ein Kollegah-Album. Wir diskutierten hin und her. Irgendwann stimmte ich zu und versprach Geldgier, dass ich mich mit Kollegah treffen würde.

»Aber ey«, sagte Geldgier, als er mir gerade die Hand geben wollte. »Mach mal nicht diese schwule Autotune-Scheiße. Das geht gar nicht. Lieber so bombastische Chor-Beats. Nicht so poppig.«

»Alles klar«, sagte ich. Ich nahm Geldgier gar nicht ernst.

Am selben Abend hatte Kollegah einen Auftritt in Osnabrück. Im Güterbahnhof. Er schrieb mir eine SMS, dass er jetzt da wäre, und ich fuhr vorbei. Es war früher Nachmittag und wir standen draußen vor der Location auf einer Sandfläche und sprachen uns aus.

Dann gaben wir uns die Hand.

»Bruder, ich bin froh, dass wir alles geklärt haben«, sagte er und umarmte mich. »Ich freue mich auf das Projekt. Wir werden abreißen.«

Später bekam ich einen Anruf von dem Brate.

»Na, mein Bester. Ich habe gehört, dass mit Kollegah alles gut gelaufen ist?«

»Ja, schauen wir mal«, sagte ich. »Sieht aber ganz gut aus.«

»Sehr, sehr gut. Guck mal, mein Freund. Ich habe dir diesen Gefallen sehr gerne getan.«

»Okay«, sagte ich gedehnt.

»Also, wenn bei der Sache was rumkommt, wenn da Geld fließt, dann sei doch so gut und denk auch an mich. Ganz bescheiden. Wenn 10.000 Euro fließen, gib mir 1000. Unter Freunden.«

Ich stutzte kurz. Was sollte denn diese merkwürdige Ansage? Der Brate hat Geldgier an meinen Tisch gebracht und Geldgier wollte etwas von mir, nicht ich von ihm. Wieso fragte er nicht ihn nach einer Provision?

»Versteh das nicht falsch«, sagte der Brate. »Es ist nur so, ich war immer für meine Brüder da und ich würde für jeden meiner Brüder durchs Feuer gehen. Aber in der Vergangenheit war es oft so, dass ich dafür viel zu oft gefickt wurde.«

Ich mochte den Brate. Und für mich war eigentlich klar, dass ich sowieso mein Geld mit meinen Brüdern teilen würde. Das hatte ich in der Vergangenheit immer gemacht. So bin ich aufgewachsen. Ich fand es einfach merkwürdig, dass er mich dazu aufforderte. Noch dazu mit einer konkreten Zahl.

»Klar, Bruder«, sagte ich um das Thema einfach abzuhaken. »Natürlich denke ich an dich.« Ich wusste nicht, wie sehr mich dieser Satz noch verfolgen sollte.

Ich traf mich mit Squirty und Stas, um die Sache zu besprechen. Immerhin hatten wir geplant, mit unserem Moneyrain-Tape richtig Gas zu geben. Jetzt kam uns ein Großprojekt dazwischen. Ich wusste nicht, wie die beiden darauf reagieren würden.

»Bruuuuuuder, dein Ernst?«, schrie Squirty und sprang wie ein Behinderter durch das Studio. »Kollegah, wie krass, Mann!« Er rastete richtig aus.

»Jetzt werden wir alle berühmt!«, freute er sich. »Der wird uns alle so richtig berühmt machen.«

»Squirty, chill«, versuchte ich ihn zu bremsen. »Das ist Kolles Album und nicht meins. Ich helfe nur dabei.«

»Mann, Dima, immer dieses Negative. Ist ja kaum zu ertragen. Du musst auf jeden Fall mit Kolle sprechen und mir ein Feature klarmachen. Und es wäre nice, wenn du mir bei meinen Featureparts helfen würdest …«

»Digga!«

Doch Squirty war nicht mehr zu bremsen. Er verschickte schon wie wild SMS, um die gute Nachricht zu verbreiten. Er schien zumindest einverstanden zu sein, dass wir das Moneyrain-Tape hintanstellten.

Und für Stas war es im Prinzip auch cool. Eigentlich war es Stas ziemlich egal, was genau wir machten. Hauptsache, es kam etwas Geld rein.

Knapp zwei Wochen nach unserem ersten Treffen kam Kolle zu mir ins Studio zu einer ersten Session. Wir wollten einen Probelauf machen. Erst einmal miteinander warm werden. Bevor wir anfingen, brachten wir uns gegenseitig auf den neuesten Stand. Kolle zeigte mir sein letztes Album und die Textskizzen, die er schon vorbereitet hatte. Ich zeigte ihm, was wir mit Moneyrain gerade planten. Als ich ihm meine neuesten Autotune-Sachen vorspielte, glänzten seine Augen.

»Bruder, das ist Wahnsinn. Das ist DER Sound.«

»Ja, Mann«, sagte ich. »Das ist die Zukunft.« Ich hatte noch Geldgiers Worte im Hinterkopf. »Bloß kein Autotune.« Scheiß drauf, dachten wir uns.

Squirty und ich hatten einen Song für unser Album schon fertig. Er hieß »Entertainment«. Kolle war so begeistert, dass er ihn unbedingt für sein Album haben wollte. Ich stimmte zu. Er landete später als Bonustrack auf der CD. Ein zweiter Song, der zumindest schon zur Hälfte stand und auch an Kollegah ging, war »Spotlight«. Er feierte den Beat einfach unnormal, als dass ich ihm diesen Song hätte verweigern können.

Dann nahmen wir den ersten Song für das Album auf. Einen Storyteller über einen Typen, der vom Drogendealer zum Koksbaron aufstieg: »Money«. Eigentlich ein Punchline-Song, der kurz vor Ende der Albumabgabe noch einmal geändert wurde. Nur die Hook blieb übrig. Der Song war nach sechs Stunden im Kasten. Kolle war glücklich und fuhr am Abend wieder zurück nach Hause.

Eine Woche später kam Kollegah mit einer dicken Reisetasche zurück. Und er blieb. Für die nächsten sechs Monate wohnte er in Osnabrück.

Zunächst bei mir und meiner Mutter in der Wohnung. Unser Tagesablauf verlief immer gleich.

Morgens gegen 9 Uhr stellte ich mich neben Kolles Couch und weckte ihn mit Patrick-Starr-Stimme, diesem Seestern von SpongeBob. »Hallo Felix, isch hoffe, dir fehlt nix.«

»Alter, hör mal auf damit«, sagte er irgendwann. Der Boss verstand nach dem Aufstehen wenig Humor. Wir tranken dann einen Kaffee, gingen in den Edeka-Markt, den ich früher mal ausgeraubt hatte, und besorgten uns was zu essen. Kolle war gerade voll im Fitnesswahn und machte eine Atkins-Diät. Er aß im Prinzip nur Unmengen an Fleisch und Salat. Ich zog mir weiter meine Schnitzel mit Kroketten rein.

Und dann gingen wir ins Studio. Wir arbeiteten dort wie verrückt. 14 bis 16 Stunden am Tag. Kolle war einfach kein Typ, der halbe Sachen machte. Wenn ich mal eine Pause machen wollte, kam er mit irgendwelchen Motivationssprüchen an.

»Komm Junge, jetzt durchziehen. Jetzt nicht schlapp machen, hier.« Er war schon voll im Bossmodus.

Wir waren extrem produktiv. Ein Kollegah findet auf ein Wort eine Reimkette mit acht Reimen. Ein Sun Diego auch. Wenn man das addierte, hatte man einfach die unnormalsten Reimstrukturen, die man sich nur vorstellen konnte. Und wir waren ja ein eingespieltes Team. Immerhin gab es eine Zeit, in der wir uns MP3s und ICQ-Messages mit Reimen schickten. Wir haben gearbeitet wie Maschinengewehre. Ich hatte derweil ein Team von Beatmakern zusammengestellt. 2Bough, JayHo und Amigo. Ich kannte sie alle aus dem Internet. Wir nannten uns Sunset Mafia und produzierten gemeinsam das komplette Album. Es lief so: Ich überlegte mir gemeinsam mit Kolle die Songkonzepte, dann ließen wir den Beat nach unseren Vorstellungen bauen. Ich instruierte einen unserer Produzenten. Kolle und ich arbeiteten dann zunächst an der Hook. Die Melodien kamen von mir, die Parts haben wir auch oft zusammen geschrieben.

Eines Morgens rief mich meine Mutter an. Ich war noch richtig verschlafen. »Mama, was ist denn?«

»Igor ist da«, sagte sie nur und auf einen Schlag war ich hellwach.

»Scheiße. Was ist mit ihm?«

»Sie haben ihn freigesprochen.«

Ich fasste mir an den Kopf. Seit Igor vor einigen Jahren aus dem Gefängnis rausgekommen war, hatten wir nichts mehr mit ihm zu tun. Meine Mutter hatte schon vor sehr vielen Jahren die Scheidung eingereicht. Er ließ sich zwar hier und da wieder blicken, aber der Kontakt zu meiner Mutter war nur sporadisch. Vor einigen Monaten lasen wir in der Zeitung, dass Igor erneut vor Gericht stand. Dieses Mal ging es aber nicht um Drogen. Dieses Mal ging es um Mord. Er soll einem Mitglied einer kurdischen Großfamilie den Hals aufgeschnitten haben. Über den Fall sprach ganz Osnabrück.[8]

»Wieso ist er freigekommen?«, fragte ich meine Mutter.

»Er kam auf Notwehr frei. Das Gericht hat seinen Drogenkonsum aufgelistet«, sagte sie. »Er nahm am Tag 3 Gramm Heroin und 17 Gramm Kokain. Er ist völlig kaputt.« Er war komplett durch. Ich konnte es nicht glauben. Die anderen Jungs, mit denen sich der Leytenant damals im Wald traf, um sein Kokain zu verticken, waren alle gemachte Männer. Einer dieser Onkel hatte mittlerweile mehrere Diskotheken im Ausland. Er lebte dort in einer riesigen Villa. Er war ein scheiß Millionär. Sie hatten es alle geschafft. Nur der Leytenant ist auf der Strecke geblieben. Er war schwer drogenabhängig. Und jetzt das. Mord. So ein Scheiß.

Mich nahm die ganze Sache komplett mit. Diese Story fickte wirklich meinen Kopf. Es war eine Sache zu wissen, dass mein Stiefvater jahrelang mit Drogen gehandelt hatte. Es war eine andere Sache zu wissen, dass er ein Mörder war. Ich bekam diese scheiß Bilder nicht mehr aus dem Kopf. Als ich mich mit Kolle im Studio traf, erzählte ich ihm, was passiert war.

Er nickte bloß und tippte irgendwas in sein Handy. Er dachte wohl, dass ich ihn komplett verarschen würde.

»Okay, Dima, krasse Story«, tat er es ab.

»Digga, das ist echt passiert.«

»Ja, klar.«

»Denkst du, ich erzähle Scheiße, oder was?«

»Ne, klar. Ist schon okay. Harte Story.«

»Alter, das ist keine Story. Das ist Realtalk des Todes. Das ist wirklich passiert alles.«

»Ja, Mann, ich habe es jetzt verstanden«. Er legte sein Handy weg und streckte sich. »Komm, lass uns noch mal die Hook zu »Business Paris« neu einspielen. Ich finde, die ballert noch nicht so richtig.«

Ich peilte, was los war. Er glaubte mir kein Wort. Was für eine miese Scheiße. Ich schüttete ihm hier mein Herz aus und er tat es ab. Aber ich hatte auch keinen Nerv, Kolle irgendwie zu überzeugen, dass ich die Wahrheit sagte. Wenn er mir nicht glaubte, glaubte er mir halt nicht.

Ich schmiss den Mac an und fing an, ihn aufzunehmen.

Nach ein paar Stunden klopfte es an der Tür.

Es war meine Mutter. Mit dem Leytenant. Ich konnte es kaum glauben, ihn wiederzusehen. Und er war kaum wiederzuerkennen. Er sah komplett fertig aus. Seine Haare waren lang und ungekämmt, sein Gesicht war eingefallen. Er wirkte wie eine gealterte Hippie-Version von Johnny Depp. Ich sah an Kolles Blick, dass er eingeschüchtert war. Kein Wunder. Der Leytenant sah original wie ein Motherfucker aus, der gerade jemanden abgestochen hat.

Wir fingen an, uns zu unterhalten. Eigentlich sprach nur der Leytenant. Er war gut drauf, scherzte rum und machte es sich bei uns gemütlich. Kolle und ich wollten eigentlich nur, dass dieser Psycho hier verschwand. Aber er schien sich wohlzufühlen. Ich sprach ihn auf seine Tat an.

»Warum bist du so früh rausgekommen, wenn du jemandem den Hals aufgeschnitten hast?«

»Paragraph 32, Dimon.« Er lächelte.

»Und, wie geht es jetzt weiter, Igor?«

»Sieht alles gut aus, Dima, sieht alles gut aus. Til Schweiger will meine Geschichte verfilmen.«

»Laber!«

»Doch, im Ernst. Ist wohl total begeistert. Hat das aus den Medien alles erfahren. Angesehenes Tier. Abgestürzt mit Heroin. Geschichte mit Mord. Voll interessant.«

Kein Plan, ob das stimmte. Aber der Leytenant war sowieso in seinem ganz eigenen Film. Als er nach ein paar Stunden endlich wieder abzog, atmeten Kolle und ich durch. Und schrieben einen neuen Song.

Nach zwei Monaten bezog ich im Frühjahr 2011 meine erste eigene Wohnung, direkt neben dem Studio. Aber Kolle und ich pennten eigentlich ohnehin jeden Tag nur auf dem Studiosofa. Wenn wir nicht gerade im Studio waren, gingen wir in die Stadt, um einen Kaffee zu trinken. In diesen Momenten merkte ich erst, was mir da eigentlich passierte, wie krass Kolles fame war. Da kamen ständig irgendwelche Groupies an unseren Tisch, die Autogramme wollten. Wir waren die gehypteste Gruppe der Stadt. Es war eine krasse Zeit. Purer Rock'n'Roll.

Und wir nutzten diesen Spirit, um uns so gut wie möglich gegen Geldgier aufzulehnen. Kolle hatte keinen Bock mehr auf den Sound, den er damals gemacht hatte. Er wollte sich neu erfinden. Geldgier hingegen setzte auf sein Standardrezept. Es war ein ständiger Kampf.

Immer wenn wir ihm einen neuen Song rüberschickten, konnten wir die Uhr danach stellen, dass er spätestens 15 Minuten später anrief und seine Standardsprüche brachte. »Mhh, keine Ahnung, ey, der Mix muss viel breiter sitzen. Ey, keine Ahnung. Muss irgendwie viel pompöser werden. Dieses Poppige gefällt mir irgendwie nicht. Könnt ihr das mit dem Autotune nicht wegmachen? Keine Ahnung, ey.«

Geldgier hatte eigentlich überhaupt keine Ahnung von Musik. Er wusste, was ihm gefiel, aber er konnte es weder ausdrücken noch begründen. Einmal kam er ins Studio. Wir spielten ihm den Titeltrack »Bossaura« vor. Er bouncte die ganze Zeit mit. »Da kickt die Snare so richtig rein«, sagte er. Etwas Konstruktiveres war nicht aus ihm rauszukriegen. Nach einer halben Stunde entdeckte er Stas, der die ganze Zeit mit uns im Studio chillte. »Wer ist das eigentlich? Was hat der für eine Funktion?«

»Dem gehört das Studio mit.«

»Ah, okay.«

Geldgier dachte ernsthaft, dass er eine große Nummer wäre. Er markierte immer den Boss. Er machte auf Mafiapate. Er erzählte Storys von Türstehern, die angeblich vor ihm salutieren mussten.

Vielleicht hatte Geldgier das Gefühl gehabt, dass ich ihm seinen Künstler abwerben wollte. Keine Ahnung. Aber das war natürlich Quatsch. Ich war jung. Ich wollte einfach nur Musik machen.

Kolle und ich hatten ein Ritual. Eine Art Mutprobe. Wir gingen fast jeden Tag zum selben China-Mann. Dort gab es ein All-You-Can-Eat-Buffet. Immer wenn wir den Laden verließen, zählte einer von uns einen Countdown runter und der andere musste dann in voller Lautstärke den Satz »The Bottles keep poppin« brüllen. Das war so ein Zitat aus »Fire Flame« von Birdman und Lil Wayne. Damit uns und den Menschen im Chinarestaurant nicht langweilig wurde, variierten wir diesen Satz, indem wir ihn unterschiedlich vortrugen. Mal im sächsischen Dialekt, mal mit Goofy-Stimme und mal als SpongeBob. Den konnte ich ziemlich gut imitieren. Auch wenn ich die Serie niemals in meinem Leben gesehen hatte. Irgendwann als wir im Studio waren, nahm ich sogar mal einen Song mit SpongeBob-Stimme auf. Er nannte sich »Gangster Rave« und hatte einen krassen Doubletime-Part. Kolle war richtig begeistert. »Bruder, das geht ja richtig ab. Der rattert noch krasser als sonst. Das ist ja Maschinengewehr. Da ist ja noch mehr Druck hinter, als wenn du den mit deiner normalen Stimme einrappst.«

Ich habe noch die Aufnahme, aber wir haben sie nie veröffentlicht.

Nach einem guten halben Jahr waren wir mit den Arbeiten an dem Album so weit, dass die ersten Singles veröffentlicht werden konnten. Kolle drehte auf eigene Faust ein Video zu »Flex, Sluts and Rock'n'Roll«, ohne Geldgier davon zu erzählen. Als der Song rauskam, brach eine heftige Diskussion aus: Kollegah benutzte Autotune. Das Internet explodierte. Es begann ein regelrechter Glaubenskrieg. Durfte Kollegah Autotune benutzen? War das noch der alte Kollegah? Geldgier flippte aus. Er rief uns an und warnte uns, dass wir uns jetzt gefälligst mit dem Autotune zurückhalten sollten. »Ey, keine Ahnung, aber da müssen wir was anders machen.« Bei der zweiten Single arbeiteten wir wieder zusammen, wir wollten Geldgier milde stimmen. »Business Paris«. Geldgier gefiel die Hook zwar nicht, aber er konnte sich mit dem Track anfreunden. Dann machten wir uns an die dritte Single: Kolle wollte mit mir »Billionaires Club« veröffentlichen. Er feierte den Song. Es war ein gemeinsamer Track, in dem wir beide unsere heftigsten Doubletime-Skills auspackten. Aber ich wollte nicht. Ich hatte noch immer das Gefühl, dass ich nicht so weit war. Dass ich noch nicht reif war, vor die Kamera zu treten. Ich wollte noch an mir arbeiten. Als Typ. Als Künstler. Doch niemand verstand das. Dabei war mir einfach klar, dass ich noch nicht so ganz meinen eigenen Stil gefunden hatte. Ich verstand mich als Assistenten und nicht als Protagonisten. Ich wollte im Hintergrund bleiben.

Aber ganz besonders Squirty drängte mich, dass ich mich in den Vordergrund spielte.

»Du musst das machen, Dima, komm schon.«

»Dikka, ich bin einfach nicht ready für die Kamera. Ich fühle mich unwohl.«

»Denk doch mal an unser Tape. Denk doch mal an deine Brüder.«

Das war sein Lieblingsargument. Und damit bekam er mich auch fast immer. Dabei hasste ich es, wenn man mir ein Arbeitstempo vorgab.

Dennoch. Ich ließ mich drauf ein. Wir drehten ein Streetvideo zu »Kokayne«. Mein allererster Auftritt in der Öffentlichkeit. Und er dauerte genau 47 Minuten. Nach 47 Minuten war das Video auf YouTube nicht mehr verfügbar. Geldgier hatte es sperren lassen. Das Video wäre nicht mit ihm abgesprochen gewesen. Das ginge leider nicht. Wir einigten uns dann darauf, den Kollegah-Teil rauszuschneiden und den halben Song wieder upzuloaden. Was für Filme.

Und auch wenn Geldgier uns wirklich Kopfschmerzen bereitete, wir genossen auch den Rockstar-Lifestyle, den wir pflegten. Wir gingen mit der Crew regelmäßig ins Virage, um dort zu feiern. Stilecht ließen wir uns Flaschen an den Tisch bringen und fühlten uns wie Superstars. Ständig kamen irgendwelche Leute zu uns, die Autogramme oder Fotos wollten. Wir hatten einen krassen Spot in Osna. Doch unser fame hatte auch seine Schattenseiten. Immer wieder wollte uns irgendwer ans Bein pissen.

»Bruder«, schrie der Brate mir gegen die Bässe der Musik entgegen. »Schau mal dahinten. An der Bar. Siehst du den Fettsack da?«

»Ja, Mann.«

»Der hat gerade einen unserer Jungs beleidigt.«

»Waas?«

»Er hat ihn Hurensohn genannt! Bruder, das geht gar nicht! Ich sag mal, dem gehört ein kleiner Warnschuss verpasst.« Er legte demonstrativ sein Messer auf den Tisch.

»Was geht, warum beleidigt der unsere Leute?« Ich verstand es nicht.

»Kein Plan, weil irgendeine bitch von ihm mit einem unserer Jungs getanzt hat.«

Ich schüttelte nur den Kopf.

»Bruder, ich habe eine Idee, du musst aber mitspielen.«

Ich nickte. Wer über unsere Jungs ein schlechtes Wort verlor, der musste bestraft werden. Wir behielten den Fettsack im Auge. Als er

Anstalten machte, mit seinen Jungs zu gehen, machten wir uns auch bereit. Wir holten ihn am Ausgang ab und der Brate fing an, den 120-Kilo-Koloss zu bequatschen.

»Bruder, was für ein Abend«, sagte er und legte ihm seinen Arm um die Schulter. »Bester Club, oder?«

»Ja, war gut«, sagte der Koloss, ohne zu wissen, was der fremde Kerl eigentlich von ihm wollte.

»Was macht ihr noch? Zieht ihr weiter?«, bearbeitet der Brate ihn.

»Ne, nach Hause.«

»Normal, normal. Ist ja auch eine lange Nacht gewesen.«

Wir waren mittlerweile aus dem Laden raus und der Brate zog den Dicken und seine beiden Freunde Richtung Parkplatz. »Wollen wir uns alle ein Taxi teilen, Jungs?«, fragte er. Wir trotten hinterher und behielten die Türsteher vor dem Arlekino im Blick. Wir wussten, dass diese Kerle sofort am Start waren, wenn es Ärger gab. Und sie schlugen auch ordentlich zu.

Der Brate hatte es mittlerweile geschafft, die gesamte Gruppe zu einem schlecht beleuchteten Parkplatz zu lotsen. Er schaute zu mir rüber und gab mir ein Zeichen, dass ich mich bereithalten soll. Ich nickte.

»Sooooo, mein Freund«, sagte er zu dem Koloss. »Und jetzt reden wir doch noch einmal darüber, was du vorhin zu meinen Jungs gesagt hast, ja? Hurensöhne, ja?«

Noch bevor der Dicke peilte, was abging, gab ihm der Brate eine Faust auf den Unterkiefer. Der Koloss schwankte und der Brate setzte direkt nach und schlug ein zweites Mal zu. Als der Dicke zu Boden ging, starrten seine Kumpel nur fassungslos zu uns. Sie waren komplett in Schockstarre. Wir mussten gar nichts mehr machen. Der Brate geriet immer mehr in Rage. Er trat dem Mann, der auf dem Boden lag wieder und wieder in die Rippen. Er umkreiste ihn, schrie ihn an und trat immer wieder zu.

»Wer ist hier der Hurensohn, du Hurensohn? Niemand fickt mit dem Brate, hast du das kapiert? Niemand fickt den Brate!« Er steigerte sich immer mehr in seine Wut hinein, trat immer heftiger zu.

Der Brate war gar nicht mehr in unserer Welt. Er hörte nicht mehr. Er nahm gar nichts mehr wahr. Ich sah, wie er sein Messer zog. »Jetzt kriegst du mal ein Warnpikser, mein Freund.«

Die Augen vom Brate waren komplett leer. Unter dem Laternenlicht sah es aus, als wäre sein Gesicht grauenhaft verzerrt. Ich lief auf ihn zu und schubste ihn von dem kaputten Fettsack weg.

»Bro, es ist genug!«, sagte ich. Aus dem Augenwinkel sahen wir, dass plötzlich die Türsteher vom Arlekino auf uns zugelaufen kamen. Acht, neun, zehn Mann. Sie hatten Totschläger in den Händen. »Scheiße, weg!«, rief der Brate und wir legten den schnellsten Sprint unseres Lebens hin. Auf der Hauptstraße erwischten wir ein Taxi. Wir rissen die Türen auf und stiegen ein. »Fahr los, fahr los, fahr los!«, schrie jemand. Der letzte aus unserer Gruppe musste durch das offene Fenster des schon fahrenden Taxis reingezogen werden.

Zwei Monate später war das Album komplett fertig. Die Spuren waren abgemischt. Aber ich hatte noch keinen Cent für meine Arbeit gesehen. Kollegah hat mir zwar ein paar Tausender für die normale Studiozeit bezahlt, aber das ging alles an Stas. Von Geldgiers groß angekündigten Geldern war auf einmal nicht mehr die Rede. Ich hatte mich auf sein Versprechen verlassen. Ich war jung, naiv, ich hatte keine Ahnung, wie dieses Business läuft. Ich dachte, das wäre einfach Ehrensache. Während der Produktionsphase sagte ich Geldgier, dass ich gerne einen Vertrag hätte. Es war mir vollkommen egal, was drin stand. Ich wollte einfach nur, dass ich irgendwie abgesichert war, dass ich nicht leer ausgehen würde. Er sagte, dass er sich darum kümmern würde. Aber er tat es nicht. Klar, ich hätte auch selber einen Vertrag ausarbeiten können, aber was wusste ich schon von Verträgen? Ich dachte, ein Label wie Kollegahmade, das schon unzählige Platten auf den Markt geworfen hatte, würde so was in der Schublade haben. Die waren doch die Profis. Ich nur ein Musiker. Gutgläubig, wie ich war, fing ich an, das Album zu produzieren. Irgendwann war es fertig und ich hatte weder Geld gesehen, noch einen Vertrag vorliegen. Ich wurde nervös.

Kolle hatte mir bisher immer gut zugesprochen, dass doch alles gut werden würde. Dass wir das schon hinkriegen würden. Aber dann flog er für einen Videodreh mit Geldgier zusammen nach Jugoslawien und als er zurückkam, wirkte er auf mich verändert. Vielleicht bildete ich mir das auch alles nur ein. Aber ich hatte den Eindruck, dass er distanzierter war.

»Bruder, komm, wir müssen jetzt durchziehen. Das Master muss fertig werden.«

»Schon klar, Bro. Wir sind doch fast durch«, sagte ich.

»Wir verschwenden viel zu viel Zeit für den ganzen Kleinkrieg mit Geldgier, das muss jetzt ein Ende haben.«

»Was los? Wir versuchen doch nur, unsere Vision umzusetzen?«

»Vision hin, Vision her. Wir müssen das Album fertigmachen. Ich will nichts mehr verschieben.«

»Lass dich nicht abziehen«, flüsterten mir meine Jungs derweil ein. »Du musst irgendwas machen. Du musst irgendwie reagieren. Du brauchst einen Vertrag.« Die Sache beschäftigte mich.

Also rief ich Geldgier an.

»Was gibt's?«

»Yo, das Master ist fertig«, sagte ich ihm.

»Cool. Danke, schick's uns rüber.«

»Ne, so schnell geht das nicht. Geldgier, wir hatten einen Deal.«

»Was für einen Deal?«

»Dass ich einen Vertrag bekomme, Alter, willst du mich abziehen, oder was?«

»Niemand zieht dich ab. Komm runter, Junge.«

»Ich will mein Geld haben, Geldgier. Entweder gibst du mir 20.000 Euro …«

»Oder was?«

Ich überlegte. Scheiße. Irgendwas musste ich sagen.

»… oder ich zerstöre die Festplatte mit dem Master.«

Kurze Pause. Dann wurde es sehr laut und sehr unschön. Geldgier wurde hysterisch. Er beschimpfte mich und heulte rum. Es war eine Mischung aus Drohungen und Rumgeflenne. Warum ich ihm das antun würde, was ich denn von ihm wolle?

»Alter, *du* willst doch was von mir. Es kann doch nicht angehen, dass ich hier ein halbes Jahr arbeite und kein Geld bekomme. *Du* willst doch, dass ich knechte wie ein Hund!«

»Niemand hat mich jemals erpresst, du wirst niemals was in dieser Szene erreichen, dafür werde ich höchstpersönlich sorgen.«

Das ging einige Zeit so hin und her, bis wir uns irgendwann beide wieder beruhigt hatten.

»Also gut«, sagte Geldgier und machte mir ein Angebot. Er würde dafür sorgen, dass ich einen prozentualen Anteil von Kolles Anteil bekomme. Außerdem würde er mir Vorschüsse und einen Verlagsdeal klarmachen.

»Bis zum Ende des Jahres hast du damit 40.000 verdient«, sagte er.

»Okay«, sagte ich. Ich war einverstanden. Ich wäre auch mit weniger einverstanden gewesen. Ich wollte einfach nur irgendwas haben. Irgendeine Entlohnung für meine Arbeit. Damit ich nicht das Gefühl haben musste, wie so ein kleiner Junge abgezogen worden zu sein.

»Cool«, sagte Geldgier. »Ich kläre das mit Kolle.«

Am Nachmittag kam Kolle dann ziemlich entsetzt zu mir.

»Bruder, ich habe keine Ahnung, was du mit Geldgier ausgehandelt hast, aber er will, dass ich dir 35 Prozent von meinem Anteil abgebe.«

Ich nickte erstaunt.

»Können wir 25 Prozent machen?«, fragte Kolle.

Klar. Dazu muss man wissen, dass Kollegah von den Einnahmen selber nur einen bestimmten prozentualen Anteil bekam. Ich bekäme also einen recht hohen Share von seinem Share. Ich verstand ihn. Ich verstand, dass das zu viel war und sagte ihm zu, dass ich auf einen so hohen Anteil verzichten würde. Ich wollte ihm ja auch nicht schaden. Kolle war ein Bruder für mich.

Geldgier schickte mir derweil einen Vertrag, wo drin stand, dass er uns bei der GEMA eintragen und dass ich 25 Prozent von Kolles Anteil bekommen würde.

Aber das Verhältnis zwischen uns beiden war nun endgültig beschädigt.

Als Bossaura endlich rauskam, gingen wir in Osnabrück gemeinsam im Virage feiern. Wir waren froh, dass wir es geschafft hatten. Dass wir durch waren. Für einen Abend vergaßen wir die schlechte Stimmung. Wir reservierten uns einen großen Tisch und stellten ihn mit Flaschen voll. Die Stimmung war nicht bloß gelöst. Sie war fast euphorisch. Ich hatte das Gefühl, halb Osnabrück hätte sich um unseren Tisch versammelt. Wir waren der Number-One-Spot. Es war eine wilde Party. Gegen vier Uhr Nachts verließ ich den Club durch die große Eingangspforte, bestelle mir ein Taxi und fuhr zu Nas nach Hause. Es sollte eine Nacht werden, die mein Leben für immer verändern würde.

Kurz nachdem das Album veröffentlicht war, erschien bei YouTube ein Video. Es hieß »Albumanalyse Bossaura«. Es gab da einen YouTuber namens JuliensBlog, der offenbar dafür bekannt war, sogenannte Rapanalysen zu erstellen, in denen er die Rapper entweder in den Himmel lobte oder sie verbal komplett zerstörte. Ich hatte vorher noch nie etwas von ihm gehört. Bis die Albumanalyse Bossaura kam. In einem halbstündigen Video jammerte er rum, dass sein Lieblingsrapper Kollegah mit Bossaura ein richtig beschissenes Album abgeliefert hätte. Er verpackte das aber extrem lustig. Es war so ein asozialer Humor, den ich feiern konnte. »Kackschwuler Autotune-Pissdreck, der sich anhört, als hätte ein geistig zurückgebliebener Vollspasti einen epileptischen Anfall«, war sein Urteil. Und Schuld an allem sei: Ich. Sun Diego hätte Kollegah verschwult. Ich fand das Video witzig und machte mir keine weiteren Gedanken darüber.

Aber ich unterschätzte, was für eine Hate-Welle er losgetreten hatte. Und die konzentrierte sich komplett auf mich. Plötzlich wurden sämtliche Videos, die von mir online waren gedislikt. Ich bekam Tausende von Kommentaren, dass ich eine »Autotune-Schwuchtel« sei. Es überraschte mich, was für Wellen so ein Video ziehen konnte. Aber es berührte mich nicht sonderlich. Ich nahm die Kommentare wahr, aber ich nahm sie nicht ernst. Ich habe mir noch nie wirklich etwas aus Internet-Kommentaren gemacht. Ich habe mich mein Leben lang in meiner Kunst auf mich selbst verlassen. Ob es den Leuten gefiel oder ob es den Leuten nicht gefiel, war nie mein Maßstab. Ich habe gemacht, was ich für gut hielt. Ich hörte es ja auch selber. Ich hörte, ob ein Song von mir Müll war oder nicht. Und ich hatte nie ein Problem damit, Songs von mir zu kritisieren. Kritik von Fremden akzeptierte ich nur, wenn sie konstruktiv war: In der Hook nicht mit der Stimme so hoch gehen, mehr Power, mehr Druck in der Stimme.

Doch der Hass der Fans zog seine Kreise. Es gab sogar Foren, in denen mir gedroht wurde. Und das sollte ich noch zu spüren bekommen.

Ich wollte keine Videos machen. Und ich wollte erst recht nicht mit auf Tour gehen. Ich konnte es den anderen nicht oft genug erklären. Ich hatte einfach das Gefühl, dass ich noch nicht so weit war. Aber besonders Squirty drängte mich mitzumachen.

»Dima, komm schon. Tour ist wichtig! Damit ziehen wir noch mehr Fans, Bro. Das wird richtig gut. Denk doch an unser Tape. Denk doch auch mal an mich.«

»Bro, das hat doch nichts mit dir zu tun. Die Sache ist einfach, dass ich mich auf der Bühne nicht wohlfühle. Peilst du das nicht?«

»Das ist nur eine Einstellungssache. Ich kaufe dir vorher ein paar freshe Klamotten, dann hast du ein anderes Selbstwertgefühl.«

Ich gab es auf. Sie verstanden es einfach nicht. Ich war mittlerweile zu schwach und genervt, noch dagegen anzureden. Ich ging zu Kolle und sagte ihm, dass ich mitkommen würde. Aber nur unter einer Bedingung.

»Klar, Bruder. Alles«, sagte er.

»Ich will jemanden mitnehmen.«

»Jemanden mitnehmen?«

»Ja, das ist mir wichtig. Das müsst ihr mir zusichern.«

Kolle guckte mich ein bisschen überrascht an. Er hatte wahrscheinlich mit irgendwelchen Diva-Sonderwünschen gerechnet. »Mehr nicht?«

»Mehr nicht.«

»Okay, cool. Klar, kannst du jemanden mitnehmen. Alles cool.«

Wir gaben uns die Hand. Später unterschrieb ich den Tourvertrag.

Die Tour begann am 14. Oktober 2011 in Aachen. Zwei Tage vorher telefonierte ich mit Kolle, um die Details zu planen. Wir sprachen alles ab.

»Und wir kommen dann einfach in Aachen rum und fahren von dort aus gemeinsam weiter?«, fragte ich ihn.

»Wie wir?«

»Na, ich und mein Bro.«

»Welcher Bro?«

»Kolle, wir hatten doch besprochen, dass ich jemanden mitnehmen kann?«

»Ach das, ja, hey, das wird leider nichts. Ich hatte mit Geldgier gesprochen. Der will nicht noch jemanden mitnehmen. Wir haben schon Fav mit Entourage dabei.«

»Ey, das war aber so abgesprochen.«

»Ja, Mann. Ich weiß. Tut mir leid. Aber ich kann's nicht ändern. Also, du kommst nach Aachen zum Spot, von dort schließt du dich uns einfach an. Hotels sind schon gebucht und ….«

»Ey, Kolle. Ich glaub, du kapierst nicht, dass wir hier gerade ein ernsthaftes Problem haben.«

»Was denn für ein Problem? Weil du niemanden mitnehmen kannst?«

»Ja, das war der Deal.«

»Mann, Dima. Chill mal. Nur wegen dieser paar Drohungen, oder was? Wir haben 15 Mann dabei. Es wird nichts passieren.«

»Was Drohungen? Ich scheiße auf Drohungen, mir geht es um was anderes.«

Mir ging es tatsächlich nicht um irgendwelche Internetkinder, die seit Wochen irgendeine Scheiße in irgendwelche Internetforen schrieben. Das war mir vollkommen wayne. Mir ging es darum, nicht alleine mit Geldgiers Team mitzufahren. Ich hatte ihm einen Vertrag abgerungen, mit dem er nicht glücklich war. Ich vertraute dem Typen null. Ich hatte Sorge, dass der irgendeine linke Nummer abziehen und mich mit Leuten dazu bringen würde, den Vertrag wieder aufzuheben.

Geldgier war groß darin, rumzuprotzen, was für ein krasser Jugo er doch war und was für Connecs er habe. Dass die Türsteher salutieren, wenn er kommt und so ein Quatsch. Und jetzt sollte ich mit ihm und 5 Türsteher-Lollies, die ich alle nicht kannte, in einem Bus durch Deutschland fahren? Das war mir einfach extrem unangenehm. Ich hätte es ja geschluckt, wenn ich wenigstens jemanden hätte mitnehmen können. Aber dass ihnen zwei Tage vor Tourbeginn einfiel, dass es doch nicht ging, kam mir komplett verdächtig vor.

»Mann Kolle, peilst du nicht, dass mir das einfach zu heiß ist? Nach allem, was die letzten Wochen passiert ist?«

Aber Kolle hörte mir gar nicht mehr zu. Er war stinksauer. »Du lässt mich jetzt einfach hängen? Zwei Tage vor Tourbeginn? Ich habe keinen anderen Backup-Rapper, willst du mein Leben ficken, oder was?«

»Darum geht es doch gar nicht. Wir hatten einen Deal. Wir haben uns die Hände gegeben. Wie Männer. Das war meine einzige Voraussetzung, die ich hatte.«

Im Nachhinein ist es vollkommen lächerlich, dass wir uns wegen so einem Dreck stritten. Ich wollte Kolle bestimmt nicht hängenlassen. Er war ein Bruder für mich und ich hätte alles für ihn getan. Aber ich fühlte mich einfach komplett verarscht. Ich kapierte nicht, was das für ein scheiß Drama war, einfach noch eine Person mehr in den scheiß Tourbus zu setzen. Es war ein Bus. Das waren genug Plätze drin frei.

»Du lässt mich im Stich, Junge.« Wir schrien uns an und legten auf.

Dieses Gespräch war der Anfang vom Ende. Beim Auftakt seiner Tour hatte Kolle keinen Backup-Rapper. Dazu kam noch, dass er krank wurde und mit Fieber auf die Bühne musste. Richtig beschissen. Und ich fühlte mich total verarscht von Kollegahmade. Ich hatte das Gefühl, sie wollten mich komplett ficken. Dafür, dass ich ihnen ein Album produziert hatte. Das Album, was sie haben wollten. Kolle und ich waren beide ziemlich abgefuckt voneinander. Der Brate und Squirty haben drauf bestanden, dass ich mitfahre, damit ich den fame mitnehme. Dass zumindest das Geld rumkommt.

Also kam ich ein paar Tage später dann doch noch dazu. Aber ich fuhr nicht im Tourbus mit. Ich reiste privat an und ab.

Das erste Date, an dem ich teilnahm, war in Köln. Das Konzert war in der Live Music Hall. Als ich backstage ankam, war die Stimmung zunächst ziemlich angespannt. Kolle begrüßte mich. Er war freundlich. Wir lachten miteinander. Aber wir spürten beide, dass zwischen uns etwas kaputt gegangen war. Es war ein ganz unangenehmes Feeling im Raum. Geldgier war überfreundlich zu mir. Richtig merkwürdig. Die Stimmung wurde erst gelöster, als Farid Bang dazu kam. Ich lernte ihn an diesem Tag kennen. Farid war sick drauf. Machte Witze über alles und jeden. »Hey Sunny«, sagte er. »Hast du mitbekommen, dass wir neulich in Berlin so ein bisschen Stress hatten?«

Er spielte auf eine Kollegahmade-Show an, bei der die Bühne gestürmt wurde.

»Ja, Mann.«

»Wenn ich dich so sehe, wäre es vielleicht gut, wenn du als Security künftig mitreisen könntest? Dann würden wir vielleicht wieder ein paar Auftritte bekommen.«

Kolle fing an zu lachen. Und das Eis war gebrochen.

Farid war ein super Typ. Wir verstanden uns Bombe. Er fragte mich, wie ich das mit diesem Autotune-Effekt machen würde, er fände das ja ganz spannend. Ich erklärte ihm ein paar Tricks und erzählte ihm, dass man den Effekt auch live nutzen könnte.

»Aufgeregt?«, fragte er mich plötzlich. Vielleicht merkte man es mir an.

»Ist mein erster Auftritt in dieser Größenordnung.«

Er klopfte mir auf die Schulter.

»Ganz easy, Bruder. Wir sind alle da. Wir stehen alle mit auf der Bühne. Da kann gar nichts passieren. Alles ist cool. So, jetzt muss ich aber mal ein bisschen für Ordnung sorgen hier.«

Er zog einen Elektroschocker aus der Tasche, ging zu Stas, der mitgekommen war, und ballerte ihm eine Ladung in den Arsch. Einfach so. Ohne zu wissen, wer Stas überhaupt war.

»Bist du behindert?«, fragte Stas.

Wir lachten uns kaputt über diesen kranken Humor. Er zog einfach übelste Schoten.

Auf der Bühne musste ich dann »Billionaires Club« performen. Als ich meinen Doubletime-Part rappte, spürte ich plötzlich einen stechenden Schmerz in meiner Niere. Mir wurde langsam schwarz vor Augen. Der Part war einfach so unnormal lang, dass ich einfach mein komplettes Lungenvolumen verbrauchte. Ich atmete meine komplette Luft aus. So was hatte ich noch nie erlebt. »Kipp jetzt bloß nicht um«, dachte ich mir. Und rappte den Part mit letzter Kraft zu Ende.

Zwei Tage später hatten wir dann einen Gig in Hamburg. Ich reiste wieder selbst an und war ein bisschen zu spät dran. Als ich ins »Übel und Gefährlich« kam, hatte die Show schon begonnen. Scheiße. Ich lief zum Backstage-Bereich, ließ mir ein Mikrofon geben und bereitete mich vor, auf die Stage zu springen. Da sah mich plötzlich Favourite von der Bühne und gab mir ein Zeichen, noch nicht zu kommen. Ich zuckte mit den Schultern und blieb am Bühneneingang stehen. Als der Song vorbei war und Kolle ein bisschen Bühnengelaber machte, kam Fav zu mir. »Ey, ey, ey, Dima. Ich glaube, es ist besser, wenn du heute nicht auf die Bühne kommst.«

»Was?«

»Bruder, hier gab es vorhin so ein paar richtig unangenehme Szenen.«

»Was denn passiert?«

»Die haben dich übel ausgebuht. Da kamen die ganze Zeit Fick-Sun-Diego-Rufe.«

»Übel.«

»Ja, das war sehr unschön. Schwieriges Publikum. Geh besser nicht auf die Bühne, das eskaliert nur.«

»Alter, ich muss«, sagte ich und Fav schaute mich mit einem mitleidigen Blick an. Aber ich wollte nicht kneifen. Als ich mit ihm auf die Bühne kam und anfing, Kolle zu backen, kippte plötzlich die Stimmung in der Halle. Das »Übel und Gefährlich« ist ein alter Bunker. Es ist eh schon alles sehr beengend da. Plötzlich schlug mir eine Wand von Hass und Ablehnung entgegen.

»Buuuuhhhh!«

»Sun Diego, verpiss dich!«

«Du Hurensohn, verpiss dich!«, schrien die Leute gegen die Musik an. Es war verdammt heiß und stickig. Ich hatte das Gefühl, mir blieb der Atem weg. Was für ein beschissenes Gefühl, von knapp 1000 Menschen ausgebuht zu werden. Es war erdrückend. Ich wartete nur noch darauf, dass mich eine Bierflasche am Kopf treffen würde.

»Scheint, als würde Hamburg meine Vision nicht so ganz teilen«, sagte ich zu Kolle.

»Diese Crowd musst du dir erkämpfen«, sagte er.

Dann stellte er mich vor. Die Buhrufe wurden lauter.

»Wir spielen jetzt Billionaires Club«, sagte Kolle und gab dem DJ ein Zeichen, den Track vorzuziehen.

Als ich anfing, meinen Part zu rappen, wurde es plötzlich etwas ruhiger in der Crowd. Und als mein Doubletime-Part kam, war plötzlich der gesamte Saal still.

Lenke den Lamborghini mit einer Hand in meiner Hood

Elegant, dreh den Blunt

Ich puffe Haze, Sunny Days, Money, schnelle Kohle, Mutterficker

Zieh' Bilanz, Miniguns, ziel und baller Bullets innerhalb von einer Millisecond

Alle meine Gees pullen Trigger

Gib mir deine Kilos oder Knieschuss, Ticker

Kiffer, lad' das Magazin und drück' ab

Zieh' die Kilometer von der Spiegeloberfläche

Lege mir die Bahn auf die Latina

Puder mir die Nase wie Tony Montana, baller mit Automatik-Geschossen

Bitch, ich gebe dir Befehle, Buddy, Umsatzhai

Scheffel die Kilos von A nach B, verpacke Yay und streck jede 80 auf 102

Von Holland nach Germany, Koffer von Burberry

Ticke dann im Block an meine Kundschaft White

Erledige die Business-Termine, ficke deine Mutter

Steig' in den Bulli, deale mit Anabolika, die Bodybuilder ballern

Ampullen verteil'n in deiner Hood, originale Galenika, locker 700 Milligramm

Alarm in deinem Viertel, denn ich roll in meinem silbernen Lamborghini Gallardo

Pulle Miniguns und baller Bullen ab, ich lade nach

Und ziele dann auf deine Clique, Mutterficker

Pull' den Trigger, Killer, Money Rain Soldier

Und plötzlich passierte etwas Merkwürdiges. Der Saal rastete vollkommen aus. Es fing mit kurzem Applaus an, dann fingen die Massen an zu jubeln und zu grölen und meinen Namen zu skandieren. »Macht mal Lärm für Sun zu dem Diego«, animierte Kolle die Masse. Ich konnte selber nicht begreifen, was da gerade passiert war. So was hatte ich noch nie erlebt. Ich habe in dreißig Sekunden einer ganzen Halle das Maul gestopft. Ich komme bis heute nicht drauf klar. Es war episch.

Am nächsten Morgen hatten wir ein Interview mit Falk Schacht für Mixery Raw Deluxe. Das war für mich ein totaler Albtraum. Ich hatte gar keinen Bock, mich vor eine Kamera zu setzen und Fragen zu beantworten. Aber Squirty und der Brate hatte mich im Vorfeld so übelst therapiert, dass ich dann eben doch zusagte. »Denk an uns, Bruder. Denk an unsere Zukunft.« Diese zwei Sätze von Squirty hatten sich schon richtig in mein Gehirn eingebrannt. Es war ekelhaft. Wir liefen gerade am Jungfernstieg entlang, als aus der U-Bahn-Station plötzlich eine Gruppe von Kids auf uns zukam. Es wurden immer mehr. Zuerst waren es 15, dann 20 und irgendwann waren wir von rund 30 Kids umkreist. Einige hatten so Gaspistolen und Butterflys in der Hand.

»Was denn hier los?«, fragte ich Kolle. »Kinderarmee oder was?«

Das war schon ein bisschen beängstigend, wie sie uns plötzlich umringten und anfingen, Palaver zu schieben.

»Yo, du bist doch Kollegah«, fing einer an. »Ganz Harter, was?«

Das waren noch Kinder. 13, vielleicht 14 Jahre alt. Ich hatte das Gefühl, ich wäre im falschen Film. Sie hielten demonstrativ irgendwelche Waffen in der Hand. Wir sind hier in Hamburg und nicht in einer brasilianischen Favela, dachte ich noch, da fing Kolle an, seine Show zu machen.

»Wollt ihr kleinen Banditen hier ein Foto mit dem Überboss machen, oder was?«

Die Kids feierten das. Wir machten ein paar Fotos, schrieben Autogramme und gingen weiter in den Apple-Store.

Gegen Ende der Tour bekam ich eine Nachricht, die für mich alles verändern sollte. Nas erzählte mir, dass sie schwanger sei. Ich konnte es gar nicht glauben. Ich sollte Vater werden? Mein Leben war ein einziges Chaos. Ich war selber noch ein Kind, kaum in der Lage, mich selber über Wasser zu halten. Wie sollte ich dann für ein Kind sorgen? Ich traf mich mit Tugrul und erzählte ihm davon.

»Bruder, du musst das Kind bekommen. Alles andere wäre Sünde.«

Tugrul war strenggläubig. Für ihn war die Sache also schon klar. Ich überlegte stundenlang hin und her. Was sollte ich nur tun? Wenn ich wirklich ein Kind kriegen sollte, dann müsste ich alles verändern. Dann müsste ich dafür sorgen, dass ich von meiner Musik leben kann. Dann dürfte es nicht mehr so weiterlaufen wie bisher. Dann brauchte ich einen verdammten Plan. Und der musste gut sein. Ich könnte es mir einfach nicht mehr erlauben, irgendwelche Leute kostenlos mitzuschleppen und bei mir aufnehmen zu lassen. Als meine Freundin vom Arzt kam, sagte sie mir, dass es eindeutig wäre. Und dass sie das Kind auf jeden Fall behalten wollte. Damit hatte sich jede Diskussion erledigt. Ich wurde also Vater. Wow.

Am Ende der Tour war ich bei 13 von 30 Dates dabei. In Fulda, dem letzten Date von Kolle und mir, übernachteten wir gemeinsam im Hotel und es war lockerer. Ich erzählte ihm, dass ich ein Kind kriege.

»Bruder, krass. Das freut mich für dich«, sagte er. Er war sichtlich gerührt.

Als ich mich an diesem Abend von Kolle verabschiedete, wusste ich nicht, dass es das letzte Mal gewesen sein sollte, dass ich ihn sah.

Daleth

Zusammen mit Squirty und Stas setzte ich mich auch wieder an unser Moneyrain-Projekt. Die ersten Monate liefen ganz gut. Doch dann riss die Disziplin ein. Squirty zahlte keine Miete mehr für das Studio und damit irgendwie noch Geld reinkam, spielte ich mit dem Gedanken Fremdprojekte anzunehmen. Das fraß Zeit und nervte wiederum Squirty. Er bedrängte mich, dass wir uns doch bitte komplett auf Moneyrain konzentrieren sollten. Keiner war zufrieden. Also setzten wir uns mit Stas zusammen und redeten Klartext. »Okay, wir ziehen unser Moneyrain-Projekt jetzt komplett durch«, sagte ich. »Aber dann muss jeder auch wirklich 100 Prozent geben.«

Die beiden nickten.

Dann machten wir einen Schlachtplan. Stas sollte alle Manager Aufgaben und die Organisation im Hintergrund übernehmen: E-Mails schreiben, Pressearbeit. Da Squirty seinen Anteil für das Studio nicht bezahlt hatte, bot er uns an, 6000 Euro für das Moneyrain-Projekt zu übernehmen. Davon wollten wir die Produktionskosten, das Presswerk und die Videos bezahlen.

Und ich war komplett für die Musik zuständig.

Wir wollten das jetzt so schnell wie möglich durchziehen. Am Anfang gab sich Squirty Mühe und hat noch versucht, selber zu schreiben. Seinen Part auf Moneyrain Soldiers (Part 1) hat er komplett alleine verfasst. Aber er wusste auch, dass ich ihm lyrisch weit voraus war, und bat mich dann, seine Parts etwas aufzupimpen. Damit der Unterschied nicht ganz so krass war. Für mich war das easy. Keine große Sache.

Doch nach und nach wurde aus »Bruder, kannst du meine Parts ein bisschen on point bringen?« bloß noch »Bruder, kannst du mir dafür den Part schreiben?«.

Das machte mir richtig Kopfschmerzen. Ich habe jede Nacht meine Texte vorgeschrieben, um sie im Studio dann einspielen zu können. Squirty brachte für seine Parts aber nur zwei, drei Zeilen mit. Die sollte ich dann »fertig machen«, wie er sagte. Insgesamt schrieb er von dem gesamten Mixtape zwei oder drei Songs selbst.

Das war, bevor er den Komfort peilte, den ich ihm bot. Dass ich seine Texte schrieb, brachte weitere Probleme mit sich. Squirty schaffte es nicht, sie richtig einzurappen. Also musste ich sie mit den richtigen Betonungen einmal für ihn aufnehmen. Ghostspuren.

Ich habe für ihn nicht anders geschrieben als für mich. Ich hab versucht, sein Niveau auf mein Niveau zu bringen. Teilweise habe ich ihm Zeilen geschrieben, von denen ich dachte, scheiße, die hätte ich gerne selber für mich gehabt. Aber ich war easy damit. Wir machten ein gemeinsames Projekt. Für einen Bruder macht man so was.

Als das Tape langsam Form annahm, drehten wir die ersten Videos. Als erste Single brachten wir »Chartbreaker« raus. Ich wusste damals schon, dass es ein Desaster wird. Ich fühlte mich immer noch nicht bereit, vor der Kamera zu stehen. Und dann hatten wir noch nicht einmal ein professionelles Videoteam. Um Geld zu sparen, schleppte Squirty irgendwelche Film-Studenten an, die sich bereit erklärten, das Ding kostenlos zu drehen. Zu Übungszwecken. Das war einfach nicht mein Anspruch. Ich wollte nicht mehr, dass mir die Öffentlichkeit dabei zusah, wie ich etwas »einübte«. Ich wollte es perfekt haben. Ich erzählte Squirty von meinen Bedenken, aber es war ihm natürlich komplett egal. Er sagte, dass wir das Tape nur mit richtigen Videos ordentlich promoten könnten und appellierte an meine Brüderlichkeit, dass ich ihn jetzt nicht hängenlasse. Also zog ich mit. Trotz Bauchschmerzen.

Das Video wurde noch schlimmer, als ich gedacht hatte. Squirty hampelte oberkörperfrei herum wie der letzte Homo. Das Set war nicht ausgeleuchtet, wir hatten für die Kamera noch nicht einmal ein Gimble am Start für smoothe Fahrten. Das waren alles wacklige Aufnahmen mit einer Spiegelreflexkamera. Es war eine Katastrophe. Ich hatte von Videos keine Ahnung, aber ich versuchte nach dem Dreh zu retten, was zu retten war, und mischte mich komplett in die Postproduktion ein. Ich habe mir das Rohmaterial angeschaut, den Timecode von den Szenen aufgeschrieben, die ich drin haben wollte und das dann telefonisch an unser Filmteam weitergegeben. Nehmt mal die drei Sekunden hier dazu und hängt sie an die drei Sekunden dran. Ich habe sogar geholfen, die Farbkorrekturen zu machen. Das war ein krasser Aufwand. Es wäre für mich leichter gewesen, das Schnittprogramm zu lernen und das Video selber zu schneiden. Was ich danach auch getan habe.

Als das Video rauskam, war mir das megapeinlich. Es wirklich ein widerliches Gefühl. Mir war einfach klar, dass ich nicht die Präsenz hatte, die ich brauchte, um eine gute Performance hinzulegen. Also hätte ich am liebsten einfach noch gewartet. Frei nach dem Motto: Man kann eine Sache nicht gut, warum muss man sein Scheitern dann in die Öffentlichkeit tragen? Ich plane und baue ja auch nicht irgendwelche Häuser, obwohl ich von Architektur überhaupt keine Ahnung habe.

Ich rappte von Luxus, Highlife und Player-Shit. Aber ich hatte nicht einmal genügend Geld, mir eine Designerjacke zu kaufen. Ich fand es okay, diese Musik zu machen, weil die Illusion auf musikalischer Ebene funktionierte. Aber die visuelle Ebene stimmte einfach noch nicht. Da gab es einen Bruch. Ich wollte in dem Moment vor die Cam treten, in dem ich verkörpern kann, was ich rappe. Aber ich wusste, dass ich noch im Aufbau war und ich fand es falsch, mich in einem schwachen Moment vor die Kamera zu stellen.

Aber ich hatte mich überreden lassen. Nachdem das Video veröffentlicht wurde, stellten wir das Tape zum Free Download ins Netz. Wir wollten einfach sehen, wie die Fans darauf reagieren würden.

In dieser Zeit entschloss ich mich auch Squirty davon zu erzählen, dass ich ein Kind kriegen würde. Das ich Vater werde. Ich stieg zu ihm in seinen Smart. »Bro«, begann ich. »Ich habe krasse News.«

»Was geht?«

»Digga, ich werde Vater.«

Squirty atmete tief ein. Er umklammerte das Steuer und zog die Augenbrauen hoch. Dann sagte er einen Satz, den ich mein ganzes Leben nicht mehr vergessen werde. »Dima«, begann er. »Nur weil du jetzt ein Kind bekommst, heißt das aber nicht, dass du deine Brüder vernachlässigen darfst. Das ist dir schon klar, oder?«

»Meinst du das jetzt Ernst, Bro?«

»Total.«

Ich konnte es nicht glauben. Und dieser Typ nannte sich Bruder. Was für ein Hurensohn.

Wirkliche Kopfschmerzen bereitete mir derweil ein Fake-Sun-Diego. Da war so ein Typ im Internet, der sich für mich ausgab. Er klaute mein Profilbild, meine Profilbeschreibung und schrieb alle möglichen Leute auf ihren Social-Media-Kanälen an. Der Erste, der darauf reinfiel, war der Maskulin-Rapper Silla. Er postete einen Screenshot von der Fake-Anfrage und kommentiere sie mit den Worten:

»Sun Diego? Ist das nicht dieser Autotune-Typ von Schwulega? Weg mit dem Müll.«

Sein Post zeigte Wirkung. Mein Telefon lief heiß. Ich bekam zahlreiche Nachrichten. Was geht?

Ich musste das irgendwie klarstellen. Ich postete auf Facebook, dass Silla offenbar falsch rübergeschielt hätte und auf einen Fake reingefallen war. Ich forderte ihn auf, sich zu entschuldigen. Einen Tag später löschte er seinen Post wieder.

Doch der Fake-Sun-Diego machte locker weiter und schrieb noch mehr Leute in meinem Namen an. Und auch die fielen auf ihn rein.

Julien – der Typ mit den Rapanalysen – veröffentlichte ein Video, in dem er erzählte, dass er sich mit »mir« unterhalten hätte und jetzt alles cool zwischen uns wäre. »Übrigens hat er mir erzählt, dass Haftbefehl gar kein echter Gangster ist, sondern Abitur gemacht hat.« Ich dachte mir nur: Hää, was geht?

Haftbefehl war nach mir sein zweitliebstes Diss-Opfer gewesen. Er stellte ihn gerne als den dümmsten Menschen der ganzen Welt dar.

Während der Bossaura-Tour hatte der Brate einen ehemaligen Mitarbeiter von Kollegahmade Records angeschleppt. Er hieß Strobo. Strobo hatte seit Wochen versucht mich über Facebook zu connecten. Aber ich ignorierte ihn. Von diesem Tag an schaffte es Strobo, sich in unser Team zu sneaken. Und Strobo schaffte es irgendwie, sich in unser Team zu sneaken. Er erzählte uns, dass er auch seine Probleme mit Geldgier hatte, dass er abgezogen worden wäre und er uns gut verstehen könnte. Irgendwann chillte er täglich mit uns. Nachdem er das Video von Julien sah, kam er auf die Idee, dass ich mich doch mal bei Julien melden könnte. Immerhin schien er ja ein grundsätzliches Interesse zu haben, mit mir in Kontakt zu treten – wenn er schon bereit war, mit einem Fake-Sunny zu schreiben. Ich dachte mir, okay, warum eigentlich nicht. Ich wollte mit diesem Typen in Kontakt treten und ihm klarmachen, dass der Fake-Sun-Diego ein Fake-Sun-Diego war. Nicht dass er noch mehr Schaden anrichten würde. Also loggte sich Strobo unter meinem YouTube-Account ein und schrieb unter meinem Namen Julien an. Der reagierte tatsächlich. Wir telefonierten. Julez war cool. Wir haben uns menschlich gut verstanden. Auch wenn er meine Musik abgrundtief hasste. Aber wir hatten einfach viele Gemeinsamkeiten, da wir beide aus dem Entertainmentbereich kamen und wir feierten grundsätzlich auch Rap.

Julien war zu diesem Zeitpunkt extrem umstritten. Seine YouTube-Videos waren von schwarzem Humor durchsetzt. Sein Prinzip war es, jede Grenze des guten Geschmacks eiskalt zu übertreten. Er hatte keinen Respekt vor gar nichts: weder vor Religion noch vor Krankheiten oder vor irgendwelchen Tabu-Themen. Er zog einfach alles durch den Dreck, was man durch den Dreck ziehen kann. Aber er stellte das Ganze so übertrieben dar, dass es offensichtliche Comedy war. Ich feierte teilweise seinen behinderten Humor. Plus die Art und Weise, wie er ihn rüberbrachte. Auch wenn es Grenzen gab, die man nicht hätte überschreiben dürfen.

Ich baute ziemlich schnell eine ziemlich enge Freundschaft mit Julien auf. Ich zeigte ihm ein paar unserer neuen Songs. Ich glaube, er mochte sie nicht sonderlich.

»Ich hasse sie«, sagte er. »Das ist oberschwule Gammelscheiße.«

»Fick dich!«

»Im Ernst, du bist doch ein Rapper. Du bist doch ein ziemlich guter, talentierter Rapper, der verdammt noch mal rappen kann. Warum machst du das nicht einfach? Warum musst du überall diese schwule Autotune-Scheiße draufklatschen?«

»Bro, ich mache, was ich für richtig halte. Es juckt mich nicht, ob du das feierst oder nicht.«

»Weißt Du was, ich werde jetzt einfach mal eine Mixtape-Analyse machen«, kündigte er an.

»Wayne.«

Ich hatte kein Problem mit dem, was er sagte. Ich feierte seine Analysen. Das war für mich Humor. Und ob er unser Tape schlecht reden würde oder nicht, war mir auch egal.

Ich hatte Leute in meinem Umfeld, die mir deutlich machen wollten, dass das, was Julien machte, Geschäftsschädigung sei. Das habe ich damals nicht so gesehen. Vielleicht wäre es geschäftsschädigend gewesen, wenn ich einer dieser Realtalk-Gangsta-Rapper gewesen wäre, der überall behauptete, authentisch zu sein. Der sich beweisen musste. Der vor seinen Fans in der Bringschuld war, seine Ehre irgendwie zu verteidigen. Aber das war ich nicht. Ich habe diesen Player-Film gefahren. Für mich war alles, was gesagt und geschrieben wurde, ein Plus. Ein Plus an Aufmerksamkeit. Sollten die Kids doch unter meinen Videos kommentieren, dass sie meinen Style whack fanden. Trotzdem würden sie auf meine Videos klicken. Und sie würden meine Rapparts hören. Und sie könnten nicht leugnen, dass es Killer war, was ich da veranstaltete.

Abgesehen davon, konnte eine solche Analyse für mich überhaupt nicht geschäftsschädigend sein, denn ich hatte ja überhaupt kein Geschäft, was man hätte schädigen können.

Und so brachte Julien eine Woche später seine Analyse. Für das Tape verlieh er mir einen imaginären JuliensBlog-Award für die »schwulste Homosexualität in Kombination mit Gaylordhaftigkeit in der Kategorie Schwul«. Vielen Dank.

An dem Nachmittag, an dem Juliens Analyse hochgeladen worden war, kam Squirty mit hochrotem Kopf ins Studio. Er schmiss die Tür hinter sich zu. So wütend hatte ich ihn wirklich selten gesehen.

»Bro, was ist mit dir? Alles klar?«

»Alles klar?«, blaffte er. »Nix ist klar!« Er schlug mit der Faust gegen den Computertisch.

»Chill! Was ist los?«

»Was … hast du diese Analyse nicht gesehen? Von Julien?«

»Doch.«

»Digga, das geht gar nicht. Wirklich! Das geht gaaaaar nicht!«

»Chill. Ist doch alles easy. Ist doch nur Spaß, Bro. Ich nehme das nicht ernst.«

»Das meine ich nicht!«

»Was meinst du denn?«

»Digga, diese scheiß Analyse geht fast 10 Minuten. 10 Minuten!«

»Ja und?«

»Und in diesen 10 Minuten hat der mich nicht ein einziges Mal erwähnt. Alter, was los? Der hat nicht mal meinen Namen gesagt, Alter! Als wäre ich Luft.«

Er zog sich eine Kippe aus der Packung und schmiss die Schachtel gegen den Computer.

»Alter …«, Squirty kam absolut nicht darauf klar, dass Julien ihn nicht erwähnt hatte.

»Mann, Dima. Das ist einfach scheiße für mich. Verstehst du das nicht?«

»Nein, ich peil's nicht. Sei doch froh, dass er dich nicht beleidigt hat.«

»Das ist für mich richtig geschäftsschädigend«, fing er plötzlich an rumzuheulen. »Ach fuck, Mann.« Er fuhr sich durch die Haare und atmete schwer durch. »Fuck, fuck, fuck.«

»Squirty, Alter. Chill! Wenn hier einer rumheulen dürfte, dann bin ich das.«

»Ey«, sagte Squirty plötzlich und fasste mich an die Schulter. »Kannst du Julez anrufen?«

»Und dann?«

»Kannst du ihn fragen, warum er mich nicht erwähnt hat? Bitte, Mann, ich muss das wissen.«

»Auf keinen Fall. Frag ihn doch selbst.«

Squirty überlegte kurz. »Nee, kein Bock. Ach scheiß drauf, komm lass uns noch einen Song machen.«

Ich setzte mich an meinen Mac und checkte unsere Download-Zahlen. 70.000 Tapes wurden mittlerweile runtergeladen. Killer.

»Dikka, lass uns doch diesen Hype nutzen«, sagte ich. »Lass uns ein Bonustape produzieren. Die CD physisch verkaufen.« Für die sogenannte »Soldiers Edition« brauchten wir nur ein paar neue Tracks.

Aber damit begann auch wieder die nervige Studiozeit. Während ich für Squirty Texte schrieb, arbeitete Nas um uns irgendwie halbwegs über Wasser zu halten. Sie kellnerte oder half in Klamottenläden aus. Sie stand komplett hinter mir und meiner Vision. Aber sie wollte mich auch schützen. Wir hatten unzählige Diskussionen darüber, wer ein guter und wer ein schlechter Einfluss für mich war. Ich wünschte, ich hätte ihr damals mehr geglaubt. Stattdessen vernachlässigte ich sie. Für jemanden wie Squirty.

Als wir ein paar neue Songs im Kasten hatten, veröffentlichten wir »Moneyrain Soldiers (Part 2)« als erste Single für die »Soldiers Edition«. Der Gedanke von dem Video war eigentlich ziemlich gut. Wir hatten als Location einen Schießstand und uns sogar einen Panzer organisiert, der im Hintergrund rumstand.

Ich war einigermaßen zuversichtlich, als ich am Set ankam. Squirty war für die Outfits zuständig. Ich habe uns coole Lederjacken besorgt, die er pimpen wollte. Das hatte er zumindest gesagt. Als er zum Dreh kam, war er übelst aufgedreht.

»Bruuuuder«, sagte er. »Du glaubst nicht, was ich dabei habe. Das ist der Killer-Shit.«

Er öffnete seinen Kofferraum und zog eine große Tüte raus. Meine zwei Lederjacken. Mit Nieten besetzt.

»Ist das dein Ernst?«, fragte ich ihn.

»Bruder, schau hier«, sagte er noch immer begeistert. »Das sind deine Initialen. SD. Sun Diego.«

»Bruder, das sind Nieten!«

»Ja.«

»Findest du das nicht irgendwie …?«

»Was?«

»Es sind Strasssteine, Mann! Das ist schwul as fuck!«

Squirty schaute mich enttäuscht an.

»Gefallen sie dir nicht?«

»Bruder …«

Squirty tat mir in dem Moment fast schon leid. In seinem Kopf war das offenbar ein cooler Move. Aber in seinem Kopf schienen so einige Dinge nicht zu stimmen. Ich versuchte, die schwulen Steine aus der Jacke rauszudrücken.

»Das geht nicht«, sagte Squirty. »Die sind fest drin. Ich habe das bei so einem Kanaken machen lassen. Der hatte so 'ne Stanzmaschine.«

Squirty hatte versprochen, dass er Geld in die Hand nimmt für unser Projekt. Stattdessen brachte er eine 50-Euro-Jacke mit, die er auch noch verunstaltet hatte. Ich war in dem Moment zu schockiert, um ernsthaft wütend zu sein. Ich hatte richtig Panik, mich mit dem Ding vor eine Kamera stellen zu müssen. Es war mir oberpeinlich.

»Komm schon Bruder, die Jacke hat übelst Style. Das wirkt vor der Cam ganz anders.«

Ich war kurz davor, den gesamten scheiß Videodreh abzusagen. Aber das ging nicht mehr. Ich konnte ja auch nicht alles, was wir vorbereitet hatten, komplett hinwerfen.

»Bruder, komm, du wirst sehen, das macht Eindruck.«

Ich riss Squirty die scheiß Jacke aus der Hand und machte mit.

Es gibt viele Künstler, die sich heute für ihre ersten Videos schämen, denen kann man das aber eher nachsehen als uns. Wir drehten unsere ersten Videos, als es schon die technischen Möglichkeiten gab, für sehr wenig Geld sehr hochwertiges Material aufzunehmen. Wir bekamen das nur nicht hin. Mitte der 2000er hingegen kosteten gute Videos auch noch jede Menge Geld 2012 hingegen konnte man auch mit wenig Geld gute Qualität liefern. Wir wurden damals völlig zu Recht gehatet. Zumindest, was die Videos angeht.

Das Verhältnis zwischen Squirty und mir verschlechterte sich. Ich riss mir für unser Projekt den Arsch auf. Ich schrieb das komplette Album. Meine Parts. Seine Parts. Ich nahm Ghostspuren für ihn auf. Ich hing Tag und Nacht im Studio, während er in irgendwelchen Shisha-Bars chillte und sich ins gemachte Nest setzte. Und die 6000 Euro, die er investieren wollte, investierte er nicht. Die Produktionskosten mussten wir also über die Pre-Order-Gelder bezahlen. Wir vertickten das Tape exklusiv über unseren eigenen Online-Shop. Damals mussten die Fans die CD vorbestellen und auch schon im Vorfeld bezahlen. Die Gelder, die auf diese Weise reinkamen, nahmen wir, um die laufenden Kosten zu bezahlen. Im Prinzip hat Squirty die Fans seinen Part übernehmen lassen.

Zum Glück gab es auch immer wieder gute Menschen in meinem Leben, die das schlechte Karma von Squirty wieder ausglichen. Über den Bruder meine Frau lernte ich Pat kennen. Pat ist der chilligste Mensch der Welt. Wir freundeten uns an. Pat arbeitete als Programmierer und Designer und feierte meine Mucke. Er supportete Moneyrain, wo er nur konnte. Machte Grafiken, Designs, die Homepage – und das alles kostenlos. Was für ein guter Kerl, dachte ich mir damals schon.

Nachdem die Analyse rauskam, bildete sich im Internet wieder eine neue Hasswelle gegen mich. Jedes meiner Videos wurde gedislikt und mit irgendwelchen SchwulDiego-Phrasen kommentiert. Mir war der ganze Hate vollkommen egal. Ich wusste, was ich drauf hatte, und ich wusste, dass ich damit die Leute überzeugen würde. Ich hatte eine Vision und jeder Mensch, der eine Vision hat, braucht eine gewisse Zeit, diese Vision durchsetzen zu können. Um den Kritikern den Wind aus den Segeln zu nehmen, veröffentlichte ich dennoch einen Solosong. »Moneyrain Empire«. Reines Geflexe. Mehrsilbige Reime. Es ging darum, den Leuten einmal zu zeigen, was ich technisch kann. Ich habe extra auf jede Form von Autotune in der Hook verzichtet, nur um zu beweisen: Ich kann auch das machen, was die Leute lieben.

Wir beschlossen, zu dem Song ein Video zu drehen. Squirty sollte die Klamotten besorgen. Ich hatte die Hoffnung, dass er seinen Fehler wieder gutmachen wollte und mir dieses Mal etwas Korrektes besorgen würde. Stattdessen kam er für mich mit einer 50 Euro billigen Cipo-&-Baxx-Jacke an, während er sich eine Belstaff gönnte.

»Kannst du die mir nicht geben?«, fragte ich ihn.

»Ne, Bruder, das geht nicht. Die ist für mein nächstes Solovideo.«

»Was?«

»Ja, echt. Sorry, aber die ist auch dezent. Ich will dir nicht die Show stehlen. Du brauchst diese hier.« Er drückte mir die Cipo-&-Baxx-Jacke in die Hand. »Die hat Style.«

Er selber stand dann im Video nur im Hintergrund rum. Aber ich war mittlerweile zu müde, um mich darüber noch aufzuregen. Ich schnitt das Video selber, stellte den Song ein paar Tage später online. Und er ging sofort ab. Die Resonanzen waren richtig gut, die Klickzahlen ordentlich. Ich legte mich in dieser Nacht mit dem Gefühl ins Bett, ich hätte alles rasiert.

Bis Squirty am nächsten Morgen anrief.

»Yooo, Diggi, ich hab da eine fette Überraschung für dich!«, schrie er ins Telefon.

»Was geht denn?«

»Schau doch mal unter dein aktuelles Video, Diggi. Du wirst staunen.«

»Digga, ich bin noch halb am Pennen.«

»Jetzt mach schon, Bruder. Es ist wichtig.«

»Okay, bleib dran.«

Ich quälte mich aus dem Bett, startete mein Rechner und klickte mein Video auf YouTube an. Ich schaute auf die Bewertungen. Ziemlich gutes Like-Dislike-Verhältnis. Alles cool. Dann schaute ich auf die Klickzahlen.

Über 300.000 Klicks. Über Nacht. Das musste ein Fehler sein. Ich aktualisierte die Seite. Immer noch 300.000 Klicks.

»Alter, das sind voll viele Klicks. Wie kann das sein?«

»Hab dir 200.000 Klicks dazugekauft.«

»Du hast was?«

Ich konnte es nicht fassen. Dieser Idiot.

»Ja, Bruder. Dank mir später.«

»Wofür soll ich dir danken? Das ist scheiße.«

»Keine Sorge, Dima. Das ist ein Geschenk. Du musst nichts dafür zahlen.«

»Was zahlen?« Er begriff es nicht. Es gibt nichts Peinlicheres, als Klicks zu kaufen. Ich habe so was immer schon gehasst. Es war einfach auffällig. Mit zwei Handgriffen konnte man jetzt ermitteln, dass 200.000 meiner Zuschauer aus Bangladesch oder Vietnam kamen. Super authentisch. Das würde mir komplett um die Ohren fliegen. Ich scrollte durch die Kommentare.

»Aha, Sun Diego hat aber ganz schön viele Fans in Vietnam.«
Oh Mann.
»Bruder, ich krieg das auch alleine hin. Ich brauche keine Fake-Klicks.«

Alleine mit »Moneyrain Soldiers (Part 2)« haben wir damals 400.000 Klicks alleine hinbekommen. »Apokalyptic« war ein Do-it-yourself-Video. Da habe ich gar nichts selbst gedreht. Ich habe den Song genommen und einfach ein paar Filmbilder druntergelegt. Auch damit habe ich mehrere 100.000 Klicks gemacht. Ich brauchte diese gekauften Klicks nicht. Ich wollte diese gekauften Klicks nicht. Ich fand das auch karmatechnisch immer whack.

Allerdings hatte ich nicht wirklich Zeit, mich damit weiter zu befassen. Denn ich musste auch auf Juliens Analyse antworten. Ich konnte das schließlich nicht komplett auf mir sitzen lassen. Also schrieb ich einen Disstrack: »Nobody«. Ich schickte ihm den Song zu und kündigte an, ihn auf das Tape zu nehmen. Er freute sich extrem. Er hatte gerade geplant, ein Online-Rap-Battle-Turnier zu veranstalten. Und der Track wäre für ihn der perfekte Opener. Er drängte mich, den Diss fertigzustellen und zu veröffentlichen. »Dann kann ich die Leute, die sich im Battle bewerben wollen, auffordern, dies auch mit einem Disstrack gegen mich zu machen.« Und so wurde »Nobody« zum Startschuss für die erste Runde des JuliensBlogBattle.

Ich wollte das Moneyrain-Projekt einfach nur noch abschließen. Es hinter mich bringen. Squirty sah es wohl ähnlich. Es nervte ihn anscheinend, dass ich jetzt auch noch andere Sorgen hatte, als für ihn

Ghostspuren aufzunehmen. Als »Moneyrain Entertainment« schließlich am 21. Dezember 2012 rauskam, fiel uns beiden wohl mehr als nur ein Stein vom Herzen.

»Endlich bin ich wieder frei«, sagte mir Squirty. »Ich denke, es wäre ganz gut, wenn wir beide uns jetzt erst mal auf unsere eigenen Projekte konzentrieren. Wenn jeder seinen eigenen Weg geht. Wir müssen jetzt solo durchstarten.«

Ich nickte. Mit unserem hart erarbeiteten Tape hatten wir keinen einzigen Cent verdient.

Auch wenn vieles nicht so lief, wie es hätte laufen sollen, und ich das Tape heute sehr kritisch sehe, gibt es immer noch einige Songs, die mir noch am Herzen liegen. »Moneyrain Empire« und »Apokalyptic« waren einfach absolute Bretter. Ich habe auf den Tracks gezeigt, was ich raptechnisch kann. Ich war on point. »Die Letzte Nacht« war ein Song auf einem Daft-Punk-Sample-Beat. Ich hatte Gesangspassagen während meiner Rapparts. Das war noch lange, bevor Weekend mit genau demselben Sound Welterfolge feierte. Für mich ist das Album vor allem ein Zeitdokument. Es beweist, dass ich schon damals sehr viele Dinge gemacht habe, mit denen heute andere Rapper und Musiker Erfolge feiern. Dieses Tape war eine Blaupause für vieles, was noch kommen sollte. Ich pitchte damals meine Vocal-Spuren mit Harmonizern von Antaris. Die waren ursprünglich dafür gemacht, um Doppelspuren / Harmonien zu erzeugen. Ich hatte sie einfach nur zweckentfremdet. Heute benutzen alle exakt dieselbe Technik. Sogar ein Skrillex pitcht heute die Vocals, wie ich das schon auf »Stripclub« machte. Damit will ich nicht sagen, dass er sich das bei mir abgeguckt hätte, aber für mich ist das heute ein belegbares Dokument dafür, dass ich damals einen Sound vorweggenommen hatte, der sich erst viele Jahre später durchsetzen sollte. »Moneyrain Soldiers« ist für mich in erster Linie ein Beweis dafür, dass ich Recht behalten sollte.

Um ein bisschen Geld für meine zukünftige Familie zu verdienen, beschloss ich, neben der Musik einen Job anzunehmen. Nachdem ich bei unserem ersten Videodreh angefangen hatte, mich für Videotechnik zu interessieren, hatte ich mich mittlerweile so stark in die Technik eingearbeitet, dass ich es beherrschte. Ich fing an für einige Clubs in Osnabrück Imagevideos zu machen. So konnte ich mich zumindest vorübergehend ganz gut über Wasser halten. Und dann rief mich Julien an. Er erzählte mir, dass er plante, ein Album zu veröffentlichen. Er wollte nicht mehr bloß YouTuber sein, er wollte Rapper werden. Und er fragte mich, ob ich ihm helfen konnte. Ich lud ihn also nach Osnabrück ein und wir skizzierten das Projekt. Julien wollte ein Comedy-Album haben. Er wollte im Prinzip sein Kanalformat auf seine Musik übertragen – und sich einfach über alles lustig machen, was so auf der Welt passierte. Wir hatten einen guten Draht zueinander und fingen an, gemeinsam an dem Album zu arbeiten.

Alles, was Julien tat, war harte Blasphemie. Schon seine erste Single ging extrem ab. Er nannte sie »11. September« und er brach auf 3 Minuten 40 jedes, wirklich jedes Tabu, was man nur brechen konnte. Als wir das Video drehten, war uns klar, dass wir mit dem Teufel spielten. Wir drehten wenige Zentimeter vor einem vorbeifahrenden Zug, während er rappte: »Ich betrete Schulgelände / Geb den Kids 'ne Schore-Pfeife: Hier nimm mal ein Zug wie Enke.« Aus heutiger Sicht war das krasse Scheiße. Mir war das zu der Zeit nicht so wirklich bewusst. Ich empfand das als legitimen Humor. Wir haben ja niemandem wirklich etwas getan. Aber Julien polarisierte. Plötzlich formierten sich im Internet eine Million rechtschaffene Superhelden, die ihm und seinem »bösen Humor« ein Ende setzen wollten. Aber das war Bullshit. Es ging immer um Unterhaltung. In jedem Actionfilm werden Menschen umgebracht, in jedem Horrorfilm werden Menschen verstümmelt. Wir hatten mit seinem Album einfach nur versucht, die Leute ordentlich zu unterhalten.

Die Arbeiten an dem Album waren extrem intensiv. Und irgendwann beschloss Julien, nach Osnabrück zu ziehen. Wir gaben mein bisheriges Studio auf und richteten es stattdessen bei Julez im Keller ein. Da sich eh niemand um die Miete gekümmert hatte, war das für mich ein logischer Schritt. Squirty fand das allerdings nicht so gut.

»Und was wird dann aus mir?«

»Du kannst ja auch bei Julez weiter aufnehmen.«

»Umsonst?«

»Ja, okay.«

»Ja, okay. Dann machen wir das.«

Wir gingen mittags bei Vapiano essen und schlossen uns anschließend regelrecht ein. Wir sahen kaum noch Tageslicht. Es war eine extrem arbeitsintensive Zeit. Nur nachts gönnten wir uns ein tägliches Ritual. Das Cruisen. Wir fuhren mit dem Auto für eine Stunde random durch die Stadt, um den Kopf freizubekommen. Wir kauften uns an der Tanke ein paar Dosen Red Bull und fuhren dann einfach so durch die Gegend. Spritverbrauch to the fullest. Nach ein paar Monaten hatten wir unsere festen Routen. Da wir die Red-Bull-Dosen immer aus dem Fenster schmissen, gab es zumindest auf einer Landstraße eine krasse Red-Bull-Dosen-Spur, anhand derer man erkennen konnte, wo wir so langgefahren sind. Das war richtig krank.

Den Release Day von Juliens erster Single »11. September« wollten wir ordentlich feiern.

Er sollte zugleich das Album ankündigen und der Startschuss für den Vorverkauf sein. Gerade für Julez war das Projekt extrem wichtig. Er hatte den Großteil seines Geldes in das Projekt gesteckt. Und er hatte erst vor wenigen Tagen einen heftigen Unfall, der ihm auch finanziell Probleme machte. Wir waren gerade auf dem Rückweg von unserer täglichen Cruising-Tour. Wir saßen in seinem mattschwarzen BMW 7er und konnten schon sein Haus sehen. Vor uns fuhr ein Wagen in Fahrtgeschwindigkeit.

»Maaann, was für ein Schleicher!«, schimpfte Julez. »Den kriege ich locker.« Er gab Gas und überholte den mit 50 Sachen, direkt vor einer Linkskurve. Er schätzte aber die Geschwindigkeit falsch ein, holte zu weit aus und krachte mit der Beifahrerseite in die Fassade einer Bäckerei.

»Oh Fuck!«, sagte er und schaute mich an. Ich saß auf dem Beifahrersitz und hatte keinen Kratzer. Der Wagen aber war Totalschaden.

Wir richteten das Studio ordentlich her, besorgten Jack, Henney und Koks. Julez stellte den Track auf YouTube und wir verfolgten gespannt die Resonanzen. Es war extrem beruhigend, als sich abzeichnete, dass die Bewertungen einigermaßen gut waren. Der Sound schien anzukommen. Auch wenn es etwas Neues war. Daniel verwaltete unseren Online-Shop und sagte, dass mittlerweile auch schon die ersten Bestellungen eingegangen waren.

»Wie viele CDs haben wir denn verkauft?«, fragte Stas.

»Acht«, sagte Daniel.

Hinter ihm stand der Brate und schüttelte nur den Kopf. Wir genehmigten uns ein Näschen und tranken Jacky Coke. Die Stimmung war gelöst. Wir scherzten rum und freuten uns auf das neue Projekt. Nur der Brate schien schlechte Laune zu haben. Er stand die ganze Zeit in einer Ecke und wirkte nachdenklich. Ich brachte ihm eine Mische. »Bro, was los?«

Er schaute mich wütend an, stürmte aus dem Studio und ließ mich einfach stehen.

»Was ist mit ihm?«, fragte Daniel.

»Keine Ahnung, Mann.«

Wir hörten nur noch wie er mit seinem Wagen wegfuhr, machten uns aber keine weiteren Gedanken. Die Party ging weiter. Julez war richtig gut gelaunt, er drehte die Mukke auf und legte einige Lines für alle. Es war noch ein ziemlich warmer Abend, also packten wir uns die Stühle, setzten uns in den Garten und drehten uns ein paar Jibbits.

Es war mittlerweile ziemlich spät. Oder ziemlich früh. Die Sonne ging schon langsam auf, da sah ich am Horizont, wie der Brate auf unser Haus zulief. Er kam zu Fuß. Er ging direkt ins Studio. »Dima, komm mit!«, rief er. Ich raffte mich auf und ging wieder ins Studio. Die anderen dösten weiter vor sich hin.

Als ich den Brate im Studio sah, erkannte ich ihn beinahe nicht wieder. Er hatte Tränen in den Augen. Seine Lippe zitterte.

»Bro, was ist mit dir?«, fragte ich besorgt.

»Ich habe mich gerade von meinem Sohn verabschiedet. Ich habe meiner Frau gesagt, dass ich in den Knast gehen werde.«

»Warum, was ist denn los?«

Dann brach es aus dem Brate aus. »Wen wollt ihr eigentlich verarschen, Dima? Mich? Einen Bruder? Ich bin unfassbar enttäuscht. So eine hinterfotzige Aktion. Und dann weiht ihr alle mit ein? Daniel? Stas? Julez? Und ich bin der große Idiot, ja?«

»Bro ich habe keine Ahnung wovon du redest.«

»Warum tust du mir das an?«, schrie er. »Ich dachte wir wären Freunde. Ich dachte, wir wären Brüder.«

Ich versuchte, ruhig zu bleiben. Ich sah, dass der Kerl komplett neben sich stand. Nicht mehr er selbst war. Er heulte. Seine Unterlippe zitterte.

»Bro, was ist denn nur los? Was geht bei dir?« Ich war mir keiner Schuld bewusst.

»Acht CDs sagt Daniel. Wir haben nur acht CDs verkauft! So ein Bullshit! Das sagt ihr nur damit ich meinen Anteil nicht kriege. Ich habe dir von Anfang an gesagt, dass mir aus diesem Geschäft etwas zusteht.« Das hatte er mir nie zuvor gesagt.

»Bro, wir haben heute mit dem Vorverkauf gestartet. Es sind wirklich nur acht CDs. Vielleicht sind es mittlerweile neun.«

»Wenn Strobo jetzt hier wäre, würdet ihr den auch abzocken? Würdet ihr den auch um euren Anteil prellen?«

»Wieso denn Strobo? Was hat Strobo mit der Sache zu tun?«

»Strobo hat euch connected! Ohne ihn wäre das ganze Projekt nicht zustande gekommen.«

»Brate, das ist Bullshit! Strobo hat Julez von meinem YouTube-Account aus angeschrieben. Mehr nicht. Das war keine Leistung. Und du hast auch nichts für dieses Album beigetragen.«

»Ich habe euch Strobo vorgestellt!«, schrie der Brate.

»Alter …«

»Okay«, sagte der Brate und atmete einmal schwer ein und aus. »Ich gebe dir eine letzte Chance. Zeig mir, wer von den Leuten dich in diesem Raum belabert hat, dass du mir keinen Anteil geben sollst. Du brauchst mir keinen Namen zu nennen. Zeig mir einfach nur den Platz, auf dem die Person sonst immer sitzt.«

»Bro, keiner missgönnt dir was.«

»Zeig mir die Person!« Er hat mich so lange vollgelabert, bis ich einfach auf meinen Stuhl zeigte.

Der Brate lief wie ein Tiger durch das Studio. Dann ging er vor die Tür und rief Stas dazu.

Bei ihm machte er dasselbe Theater. Und weil er wusste, dass Stas noch ein bisschen leichter zu beeindrucken war als ich, wurde aus dem Theater eine richtige Show.

Der Brate räumte mit einem Handstreich den gesamten Tisch ab. »Wer steckt da alles hinter, Stas? Was ist euer Plan? Wieso wollt ihr mich ficken?«

Ihm liefen die Tränen runter.

»Wie viele Alben habt ihr bislang verkauft, Stas? Antworte ehrlich!«

»Stas«, sagte er und fuchtelte mit seinem Messer rum. »Wie viele CDs wurden verkauft?«

Stas hatte gar keinen Plan, was abging. Er zuckte mit den Schultern. »Sieben oder acht?«, fragt er und schaute mich an. Erst jetzt peilte der Brate, dass wirklich nichts zu holen war. Er zog ab.

Am nächsten Tag trafen wir uns mit Julien. Wir besprachen uns zu dritt und einigten uns darauf, dass wir dem Brate 5 Mille zahlen würden. Einfach nur damit er ging und nicht in seinem Wahn das gesamte Studio kaputtschlitzte. Das konnten wir uns nämlich gerade wirklich nicht leisten.

Ich verstand nicht, was der Brate eigentlich von mir wollte. Ich hatte ihm damals versprochen, ihm einen Anteil von meinen Bossaura-Verdiensten zu bezahlen. Und das hatte ich getan. Und das obwohl er plötzlich 30 Prozent statt 10 Prozent haben wollte. Meinetwegen. Ich gab es ihm damals von Herzen. Aber diese Forderung? Das war absurd.

Dank dem Brate bekam ich langsam, aber sicher einen psychischen Knacks.

An dem Album hatte ich in Summe vielleicht 3000 Euro verdient. Der Brate hatte sich 5000 gesichert. Ein gutes Geschäft.

Doch der Brate war zu dieser Zeit gar nicht meine größte Sorge. Drei Monate vor der Geburt meines Sohnes, rief mich Nas an, als ich gerade mit Julez im Studio arbeitete. »Was los?«

»Dima, ich glaube ich bekomme meine Wehen.«

»Das kann nicht sein, Du bist erst im sechsten Monat.«

»Aber ich bekomme sie trotzdem! Ich fahre jetzt ins Krankenhaus.«

Scheiße, dachte ich. Das war ein Alarmzeichen. Eine Frühgeburt kann tödlich enden, besonders drei Monate vor dem eigentlichen Geburtstermin. Das wusste ich alles noch von meiner Baba, die ja Kinderärztin war. Ich fuhr sofort zu Nas. Sie lag in einem Krankenbett eingehüllt in einem weißen Kittel. Ich hasste Krankenhäuser.

Ich nahm ihre Hand. »Keine Sorge, wir schaffen das«, sagte ich.

»Was, wenn es nicht gut geht.«

AKTE SUNDIEGO

DIE DOKUMENTE

DIMITRI CHPAKOV

TIEH

SCHWAMM drüber

Bushido hat seinen Meister gefunden. Spongebozz, auch bekannt als Sun Diego, kann alles, was ein großer deutscher Rapper heute können muss

NAME

Beschluss/Durchsuchungsbefehl

Amtsgericht ▮▮▮▮ Ausfertigung ▮▮▮▮ , 1 2. Sep. 2017

Gesch.Z.: ▮▮▮▮

BESCHLUSS

In dem Ermittlungsverfahren

gegen **Dmitrij Chpakov**

geboren am **17.03.1989**

wohnhaft in ▮▮▮▮

wegen des Verdachts der Hinterziehung von

Einkommensteuer	2014 bis 2015 (Versuch)
Solidaritätszuschlag	2014 bis 2015 (Versuch)
Umsatzsteuer	2014 bis 3/2017

- Steuerstraftaten gemäß §§ 369, 370 Abgabenordnung (AO) -

wird auf Antrag des Finanzamtes für Fahndung und Strafsachen ▮▮▮▮ (▮▮▮▮) -

Bußgeld- und Strafsachenstelle - gemäß §§ 102, 105 Strafprozessordnung (StPO) die
Durchsuchung der

- Wohn- u. Geschäftsräume ▮▮▮▮
- dem Beschuldigten sonst zugänglichen Räume,
- Person des Beschuldigten,
- von ihm benutzten Fahrzeuge,
- ihm gehörenden Sachen und Bankbehältnisse einschließlich der Bankbehältnisse mit
  Verfügungsberechtigung oder Vollmacht für den Beschuldigten sowie Verwahrstücke

angeordnet.

Es ist zu vermuten, dass die Durchsuchung zur Auffindung von Beweismitteln, die für die Untersuchung von Bedeutung sein können, führen wird.

Beschluss/Durchsuchungsbefehl

Als Beweismittel kommen insbesondere in Betracht:

Buchführungsunterlagen (Bücher, Konten, Belege), Aufzeichnungen über Einnahmen oder Ausgaben, Kontoauszüge einschließlich deren Anlagen, andere Bankbelege, Schriftwechsel sowie sämtliche Unterlagen u. Speicherdaten, aus denen die Entstehung oder die Verwendung von Einkünften oder Vermögenswerten ersichtlich ist. Dies gilt auch für Unterlagen, die vor oder nach dem Ermittlungszeitraum entstanden und geeignet sind, die Steuerstraftaten aufzuklären.

Soweit die oben genannten Unterlagen sich in digitaler Form auf Servern Dritter befinden, auf die der Beschuldigte per EDV-Verbindung Zugriff hat, kommen diese ebenfalls als Beweismittel in Betracht.

Begründung:

Der Beschuldigte steht im Verdacht, in der Zeit vom 10.02.2015 bis 10.04.2017 den Finanzbehörden über steuerlich erhebliche Tatsachen unrichtige Angaben gemacht und die Finanzbehörden pflichtwidrig über steuerlich erhebliche Tatsachen in Unkenntnis gelassen und dadurch die vorgenannten Steuern verkürzt zu haben, indem er die gebotenen Umsatzsteuervoranmeldungen ab März 2016 sowie die gebotenen Umsatzsteuerjahres- und Einkommensteuererklärungen 2014 und 2015 nicht abgegeben hat, obwohl er Einnahmen aus der Tätigkeit als Musiker und Komponist erzielte. Die Umsatzsteuervoranmeldungen, welche bis zum Zeitraum Februar 2016 eingereicht wurden, konnten nicht überprüft werden, da keinerlei Unterlagen vorgelegt wurden.

Die Anordnung der Durchsuchung und die Sicherstellung von Beweismitteln sind zur Ermittlung des Umfangs der Steuerverkürzungen erforderlich. Angesichts der Schwere des Tatvorwurfs und der Tatsache, dass anderweitige mildere Mittel nicht zielführend sind, ist die Anordnung der Durchsuchung auch verhältnismäßig.

Von einer vorherigen Anhörung Beteiligter ist gemäß § 33 Abs. 4 StPO abgesehen worden, weil sie den Zweck der Anordnung gefährden würde.

Mit der Durchführung der Durchsuchung sowie der Sicherstellung der durchzusehenden Unterlagen durch Mitnahme hat die zuständige Strafverfolgungsbehörde Steuerfahndungsbeamte beauftragt.

Richterin am Amtsgericht

Ausgefertigt:

▮▮▮▮ als Urkundsbeamtin der Geschäftsstelle des Amtsgerichts

Finanzamt Sicherstellungsprotokoll

Für die Überwachung der Rückgabe ▮▮▮▮

Finanzamt für Fahndung und Strafsachen ▮▮▮▮

- Steuerfahndung -

Az.: ▮▮▮▮ Blatt _1_

Verzeichnis der sichergestellten Gegenstände

Im Ermittlungsverfahren gegen ▮▮▮▮ wegen des Verdachts einer Steuerstraftat (Verstoß gegen §§ 369, 370 AO) sind die nachstehend bezeichneten Gegenstände, die sich im Gewahrsam des/der ▮▮▮▮ befunden haben, sichergestellt worden:

Lfd. Nr.	Stückzahl	Bezeichnung der Gegenstände	Besonderheiten (z.B. Fundort)

NAME

Finanzamt Sicherstellungsprotokoll

Durchschrift Beschuldigter/Dritter

Finanzamt für Fahndung und Strafsachen

12.10.17

- Steuerfahndung -

Az.: ____ / ____ / ____   Blatt _1_

Verzeichnis der sichergestellten Gegenstände

Im Ermittlungsverfahren gegen _Dmitrij Chpakov_ * 17.03.1989

wegen des Verdachts einer Steuerstraftat (Verstoß gegen §§ 369, 370 AO) sind die nachstehend bezeichneten Gegenstände, die sich im Gewahrsam des/der - _Beschuldigten im lassen Tonstudio befunden_

befunden haben, sichergestellt worden:

Lfd. Nr.	Stückzahl	Bezeichnung der Gegenstände	Besonderheiten (z.B. Fundort)
1	1	US _bereit zu lagern_	Tonstudio
2	1	US mit Phone + Sim (...)	-"-
3	1	Datensicherung auf behördeneigenem Daten...	-"-
4	1	Unterlagen mit Fotos + Durchsuchungsort...	-"-

NAME

Festnahme

Polizeipräsidium
Präsidium

Belehrung von vorläufig festgenommenen Personen

(Vorläufige Festnahme nach §§ 127, 127b StPO)

Name, Vorname der festgenommenen Person
Chpakov, Dmitrij Aleksandrovic
17.03.1989 in Cernovicy

NAME

Finanzamt Sicherstellungsprotokoll

Polizeipräsidium
Präsidium

Durchsuchungs-/Sicherstellungsprotokoll

☐ Gefahr im Verzug

Angeordnet durch (Name des Richters oder der anordnenden Stelle mit Aktenzeichen)

Einverständnis lag vor.

Bei mündlicher Anordnung durch Richter(in) oder Vorliegen der Voraussetzungen der Gefahr im Verzug und Anordnung durch Staatsanwaltschaft oder Polizei im Rahmen der Strafverfolgung zusätzliche Dokumentation auf Beiblatt „Durchsuchung - Sicherstellung -GiV" erforderlich!

Betroffener ist

☒ Verdächtiger i.S. von § 102 StPO wegen   Verstoßes gegen das BTMG

☐ andere Person i.S. von § 103 StPO wegen

☐ Verantwortlicher i.S. des PolG NRW   ☐ Nichtverantwortliche Person i.S. des PolG NRW

☐ Adressat i.S. einer spezialgesetzlichen Regelung wegen   Akademische Grade/Titel

Name	Vornamen
Chpakov	Dmitrij Aleksandrovic
Geburtsname	
Chpakov	

Sonstige Namen (RN = Rufname, GN = Geschlechtsname, VN = Vereinsname, GV = Gemeint, KN = Künstler, ON = Ordens, SN = nicht mehr zugeordnete, SP = Spitzname)

Geschlecht	Geburtsdatum	Geburtsort /-land /-staat	Staatsangehörigkeit(en)
männlich	17.03.1989	Cernovicy / Ukraine	ukrainisch,
Familienstand	Ausgeübter Beruf		

Anschrift

Telefon/Fax (z. B. privat, geschäftlich, mobil) und sonstige (z. B. per E-Mail) Erreichbarkeit

Sollte Eltern/Personensorgeberechtigte(r), Vormund, Betreuer(in) - soweit -/gaben erforderlich - mit Anschrift und Erreichbarkeiten

Ausweisdaten (Art, Nummer, Ausstellungsdatum, Ausstellungsbehörde)

Zeit der Maßnahme				
am/vom 12.10.2017	um 11:10 Uhr	bis 12.10.2017	um	Uhr.

Ziel der Maßnahme

Durchsucht wurden	☒ Person	☒ Wohnung
☒ andere Räume/ Sachen		welche? Tonstudio, Keller

Auffinden von Beweismitteln/Einziehungsgegenständen

Während der Maßnahme anwesend: ☒ ja   ☐ nein   Vertreterin/Vertreter
Der Betroffene
☒ Zeugen
ggf. Begründung, warum keine Hinzuziehung)
nicht gewünscht
Der Durchsuchung wurde zugestimmt   ☒ ja   ☐ nein
☐ Die/der Betroffene wurde auf Anwesenheit und Antragsrecht auf   ☐ Vernichtung der Unterlagen hingewiesen
Bei Wohnungsdurchsuchung nach dem PolG NRW:

Ergebnis der Maßnahme:
Die gesuchte(n) Person(en) wurde(n)   ☒ angetroffen   ☐ nicht angetroffen
☐ Es wurde nichts Verdächtiges gefunden
☒ Sicherstellung(en)/Beschlagnahme(n) gemäß **Verzeichnis der sichergestellten/beschlagnahmten Gegenstände** (Anzahl)
Datum, Uhrzeit
12.10.2017, 11:10 Uhr

(Name, Amtsbezeichnung, Unterschrift)

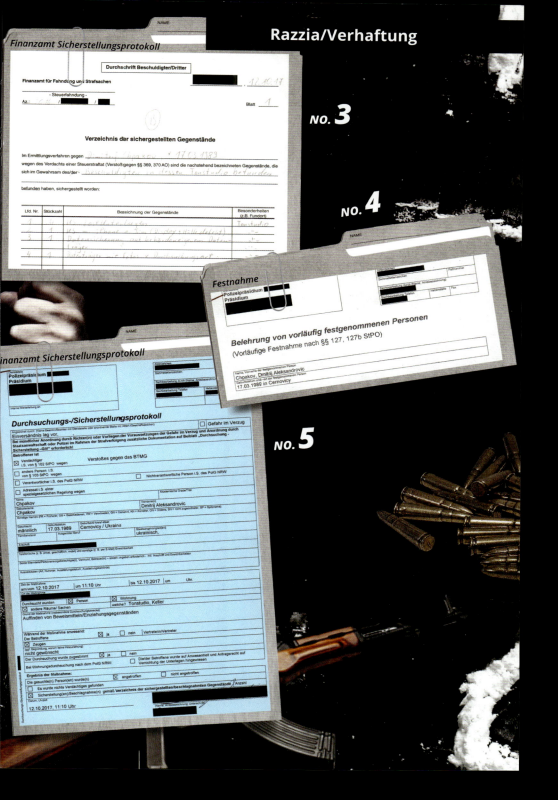

Razzia/Verhaftung

NO. **6**

Dokument NO. 7

Finanzamt Sicherstellungsprotokoll

Durchsuchungs-/Sicherstellungsprotokoll — Blatt 2

Verzeichnis der sichergestellten/beschlagnahmten Gegenstände

vom: 5
Betroffene/Beschuldigte: Chpakov, Dmitrij Aleksandrovic

lfd. Nr.	Menge	Gegenstand (Art/Beschreibung)	Letzte Gewahrsamsinhaberin/ letzter Gewahrsamsinhaber	PStV. räub.	speziell verdächtiger Regelung	§ 94 StPO Beweismittel / Einziehung gem. Abs. 3	§ 111b StPO Verfallverursachung	Sicherung erfolgt	Ausdrücklicher Widerspruch
1	1	Tüte „Foot Locker" mit 168 Gr. Marihuana	Beschuldigter (gilt auch für ff.)	☐	☐	☒	☒	☐	☐
2	1	Zip Tüte, Aufschrift "PROFISSIMO" 11 g Marihuana		☐	☐	☒	☒	☐	☐
3		lose Menge Marihuana-Tabakgemisch 4 g		☐	☐	☒	☒	☐	☐
4	1	Zip Tüte, Aufschrift "PROFISSIMO" 4 g Marihuana		☐	☐	☒	☒	☐	☐
5	5	Crusher		☐	☐	☒	☒	☐	☐

Bemerkungen (z.B. Zufallsfund, Verstecke mit lfd. Nr.):

Veräußerungsverbot:
Die unter lfd. _____ aufgeführten Gegenstände wurden mit dem Ziel des Eigentumsentzuges
am _____ um _____ Uhr _____ beschlagnahmt.
Die Beschlagnahme hat ein Veräußerungsverbot gemäß § 111c Abs. 5 StPO für den Betroffenen zur Folge.

Erklärung der/des Betroffenen zur Durchsicht von Papieren/Datenträgern:
Soweit bei mir Papiere oder Datenträger sichergestellt oder beschlagnahmt wurden, bin ich mit der Durchsicht
bzw. Auswertung durch die Polizei ☐ einverstanden. ☐ nicht einverstanden.
Eine Durchschrift als Mitteilung/Verzeichnis habe ich ☐ erhalten. ☐ nicht erhalten.

Unterschriften:
Betroffener/Beamter, Name, Amtsbezeichnung / Betroffener/Beschuldigter/Zeuge/Verteidiger / Zeugen

Sachfahndungsabfrage ☐ nein ☐ ja, zu lfd.

Verbleib der Gegenstände (ggf. lfd. Nr. des Verzeichnisses angeben)

Lfd. Nummer(n)		Name/Dienst	Übergeben	Übernommen
	Belassen im Gewahrsam der/des			
	Übergeben an			

Amtlich verwahrt bei

Lfd. Nummer(n)	Name/Stelle	Asservaten-Nr.	Übergeben	Übernommen

Dokument NO. 8

Finanzamt Sicherstellungsprotokoll

Durchsuchungs-/Sicherstellungsprotokoll — Blatt 3

Verzeichnis der sichergestellten/beschlagnahmten Gegenstände

12.10.2017
Betroffene/Beschuldigte: Chpakov, Dimatri Aleksandrovic

lfd. Nr.	Menge	Gegenstand (Art/Beschreibung)	Letzte Gewahrsamsinhaberin/ letzter Gewahrsamsinhaber	PStV. gesetzl. räub.	speziell verdächtiger Regelung	§ 94 StPO Beweismittel / Einziehung	§ 111b StPO Sicherstellung Verfall	Papiere Auswertung zu melden	Sicherung erfolgt	zu § 98 StPO	Ausdrücklicher Widerspruch
6	1	Waage, funktionstüchtig, der Marke „Triton T 2"	der TV gilt auch für die ff. lfd. Nr.			☒		☒		☐	
7	2	Teleskopschlagstöcke				☒		☒		☐	
8	1	eine Axt mit der Aufschrift „Hornbach-Baumarkt AG"		☐		☒		☒		☐	
9	1	schwarzer Revolver mit der Aufschrift „Kal.6 mm Short"		☐		☒		☒		☐	
10	1	Gewehr, AK-47 mit der Nummer 16382		☐		☒		☒		☐	
12	1	Zip Tüte Aufschrift PROFISSIMO, 9 Gramm		☐		☒		☒		☐	
13	1	Waage, der Marke Steinbach, ohne Batterie		☐		☐		☐		☐	
14	1	Mülleimerbeutel mit Marihuana, 42 Gramm		☐		☐		☐		☐	
15	1	Tüte mit leeren KVT, diverse Größen		☐		☐		☐		☐	
16	1	Zip Beutel Aufschrift PROFISSIMO, Marihuana, 2 Gramm		☐		☐		☐		☐	
17	1	Kugel, aus Tesa-Film und Gummihandschuh, darin 3 Gramm		☐		☐		☐		☐	
18				☐		☐		☐		☐	
19				☐		☐		☐		☐	
20				☐		☐		☐		☐	

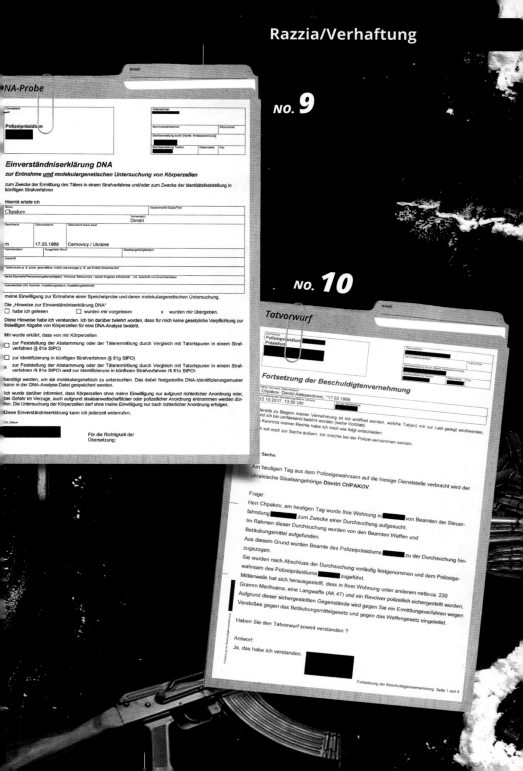

NO. 9

NO. 10

NA-Probe

		NAME		
Dienststelle			Aktenzeichen	
Polizeipräsidium			Sammelaktenzeichen	Fallnummer
			Sachbearbeitung durch (Name, Amtsbezeichnung)	
			Sachbearbeitung Telefon	Nebenstelle	Fax

Einverständniserklärung DNA
zur Entnahme _und_ molekulargenetischen Untersuchung von Körperzellen

zum Zwecke der Ermittlung des Täters in einem Strafverfahren und/oder zum Zwecke der Identitätsfeststellung in künftigen Strafverfahren

Hiermit erteile ich

Name		Akademische Grade/Titel
Chpakov		
	Vorname(n)	
	Dimitri	

Geschlecht	Geburtsdatum	Geburtsort/-kreis/-staat
m	17.03.1989	Cernovicy / Ukraine

Familienstand	Ausgeübter Beruf	Staatsangehörigkeit(en)

Anschrift

*Telefonische (z. B. privat, geschäftlich, mobil) und sonstige (z. B. per E-Mail) Erreichbarkeit

Sorge (Sorgerecht/Personensorgeberechtigte(r)), Vormund, Betreuer(in) – soweit Angaben erforderlich – mit Anschrift und Erreichbarkeiten

Ausweisdaten (Art, Nummer, Ausstellungsdatum, Ausstellungsbehörde)

meine Einwilligung zur Entnahme einer Speichelprobe und deren molekulargenetischen Untersuchung.

Die „Hinweise zur Einverständniserklärung DNA"
☐ habe ich gelesen ☐ wurden mir vorgelesen x wurden mir übergeben.

Diese Hinweise habe ich verstanden. Ich bin darüber belehrt worden, dass für mich keine gesetzliche Verpflichtung zur freiwilligen Abgabe von Körperzellen für eine DNA-Analyse besteht.

Mir wurde erklärt, dass von mir Körperzellen
☐ zur Feststellung der Abstammung oder der Täterermittlung durch Vergleich mit Tatortspuren in einem Straf-verfahren (§ 81g StPO)
☐ zur Identifizierung in künftigen Strafverfahren (§ 81g StPO)
x zur Feststellung der Abstammung oder der Täterermittlung durch Vergleich mit Tatortspuren in einem Straf-verfahren (§ 81e StPO) und zur Identifizierung in künftigen Strafverfahren (§ 81g StPO)

benötigt werden, um sie molekulargenetisch zu untersuchen. Das dabei festgestellte DNA-Identifizierungsmuster kann in der DNA-Analyse-Datei gespeichert werden.

Ich wurde darüber informiert, dass meine Einwilligung ohne meine Einwilligung nur aufgrund richterlicher Anordnung oder, bei Gefahr im Verzuge, auch aufgrund staatsanwaltschaftlicher oder polizeilicher Anordnung entnommen werden dür-fen. Die Untersuchung der Körperzellen darf ohne meine Einwilligung nur nach richterlicher Anordnung erfolgen.

Diese Einverständniserklärung kann ich jederzeit widerrufen.

Ort, Datum

Für die Richtigkeit der
Übersetzung:

Tatvorwurf

		NAME		
Dienststelle			Aktenzeichen	
Polizeipräsidium **Präsidium**			Sammelaktenzeichen	Fallnummer
			Sachbearbeitung durch (Name, Amtsbezeichnung)	
			Sachbearbeitung Telefon	Nebenstelle	Fax

Fortsetzung der Beschuldigtenvernehmung

Name, Vorname, Geburtsdatum
Chpakov, Dimitri Aleksandrovic, *17.03.1989
Beginn der Vernehmung (Datum, Uhrzeit)   Ort der Vernehmung
12.10.2017, 13:56 Uhr

Bereits zu Beginn meiner Vernehmung ist mir eröffnet worden, welche Tat(en) mir zur Last gelegt wird/werden, und ich bin umfassend belehrt worden (siehe Vorblatt).
In Kenntnis meiner Rechte habe ich mich wie folgt entschieden:

Ich will mich zur Sache äußern. Ich möchte bei der Polizei vernommen werden.

Zur Sache:

Am heutigen Tag aus dem Polizeigewahrsam auf die hiesige Dienststelle verbracht wird der ukrainische Staatsangehörige Dimitri CHPAKOV.

Frage:

Herr Chpakov, am heutigen Tag wurde Ihre Wohnung in ▇▇▇ von Beamten der Steuer-fahndung ▇▇▇ zum Zwecke einer Durchsuchung aufgesucht.
Im Rahmen dieser Durchsuchung wurden von den Beamten Waffen und Betäubungsmittel aufgefunden.
Aus diesem Grund wurden Beamte des Polizeipräsidiums ▇▇▇ zu der Durchsuchung hin-zugezogen.
Sie wurden nach Abschluss der Durchsuchung vorläufig festgenommen und dem Polizeige-wahrsam des Polizeipräsidiums ▇▇▇ zugeführt.
Mittlerweile hat sich herausgestellt, dass in Ihrer Wohnung unter anderem netto ca. 230 Gramm Marihuana, eine Langwaffe (AK 47) und ein Revolver polizeilich sichergestellt wurden.
Aufgrund dieser sichergestellten Gegenstände wird gegen Sie ein Ermittlungsverfahren wegen Verstoßes gegen das Betäubungsmittelgesetz und gegen das Waffengesetz eingeleitet.

Haben Sie den Tatvorwurf soweit verstanden?

Antwort:

Ja, das habe ich verstanden.

Fortsetzung der Beschuldigtenvernehmung Seite 1 von 4

Identitätsnachweis

NO. 11

YEHUDA FREEDAN
ADVOCATE & NOTARY
19, Yehuda Halevi Str.
Tel: 03-5172721 Fax: 03-5177383
P.O.B. 40 Tel-Aviv 61000

НЕУДА ФРИДАН
Адвокат и нотариус
ул. Неуда Галеви, 19
тел: 03-5172721 факс: 03-5177383
П.О.Б. 40 Тель-Авив 61000

יהודה פרידן
עורך דין ונוטריון
רח' יהודה הלוי 19 ת"א
טל 03-5172721 פקס 03-5177383
ת.ד. 40 תל-אביב 61000

No. 514 מס.

AUTHENTICATION OF SIGNATURE — אימות חתימה

I the undersigned, YEHUDA FREEDAN — אני הח"מ, יהודה פרידן

Notary at Tel-Aviv, hereby certify that today — נוטריון בתל-אביב, מאשר כי היום

there appeared before me at my office — ניצב (ניגש) לפני במשרדי

Mr. (s) YAROSHETSKY SARA — מר/גב ירושצקי שרה

(hereinafter referred to as —the said Signeer) — (להלן - ~התום הנ"ל)

whose identity was proved to me by his/her/their — שזיהותו (ה) (ם) הוכחה לי

certificate of identity No. 306663110 — על פי תעודת זהות מס

issued by the Government of Israel — שניתנה מאת ממשלת ישראל

and signed by his/her/their own free will the — וחתם(ה) מרצונו(ה) החופשי על המסמך

document attached hereto and marked "A". — המצורף ומסומן באות "A".

In witness whereof I hereby authenticate the — ולראיה הנני מאמת את חתימתו(ה)(ם)

signature(s) of the said Signee — של התום הנ"ל

by my own signature and seal this 22.8.1995 — בחתימתי ידי וכחותמי, היום יום

...fees due. — מבקש השרות חייב בשכר נסף ...ש"ח

YEHUDA FREEDAN
NOTARY

Evakuationsunterlagen

NO. 12

...setzungsvorlage: Bestätigung, ausgestellt durch das Rote Kreuz der Russischen Federation, Such- und Informationszentrale.

**Gesellschaft des Roten Kreuzes Rußlands
ZENTRALKOMITEE**

SUCH- UND INFORMATIONSZENTRALE

103031, GCP-3, Moskva, Kusnezkij most, 18/7, Telegraph: Moskva-31 ROKK, Telefon: 921-71-75

...ebr.1994, Nr. zr. 1301/16   Goldberg. L. M.
Auf Nr.   vom
Bei Antworten bitte die Nr. angeben.

Sehr geehrter Leonid Michajlovic!

Wir teilen Ihnen mit, daß in der Kartei der Personen, die in der Zeit des Großen Vaterländischen Kriges evakuiert wurden sich der Namen:
     Goldberg, Sofja Ajsikovna,
geboren 1911 (so in der Unterlage angegeben), Nationalität Jüdin befindet.

Vor der Evakuierung war sie in der Stadt Rostov-na-Don, Uliza Sel'masch 7-28, wohnhaft.

Sie wurde am 21.10.1941 in die Usbekische SSR evakuiert, und wohnte dort in der Statd Taschkent, Uliza Dubizkij 29-1

Die Karteikarte wurde am 21.Mai 1942 ausgefüllt.

Stempel.   Such- und Informationsstelle
Such-und Informations-   Leiter d. Abteilung: Unteschrift (N.Krivcsenko)
zentrum d. Roten Kreuzes
der Russischen Federation

Die Übereinstimmung der vorstehenden deutschen Übersetzung mit der Vorlage in russischer Sprache wird mit dem Hinweis auf meinen Dolmetschereid bei dem Landgericht in Osnabrück hiermit bestätigt.

Osnabrück, 17.Juli 1996

LEGENDE

Reichsgrenze
Protektoratsgrenze
Ehemalige Grenze der Tschechoslowakei
Grenze zwischen Böhmen und Mähren
Grenze der Oberlandsratsgebiete
Grenze der Bezirkshauptmannschaften
Grenze der Gerichtsbezirke
Grenze der grossdeutschen Regierungsbezirke
Grenze der grossdeutschen Kreise

NAME

NAME

NO. 14

Baba N. Passport

NO. 13

Geburtsurkunde Mama

NAME

Geburtsurkunde Mama

Übersetzt nach ISO / R9

Uebersetzungsvorlage: Beglaubigte Kopieabschrift der Geburts-
kunde aus der Serie V-UR Nr.1383449.

GEBURTSURKUNDE

Der/die Buerger(in)   MESNIK, Marina Valer'jevna,
                         wurde am 18. April 1966 (neunzehn
                         hundertsechsundsechzig) geboren.
Geburtsort des Kindes: Gebiet Černovickaja.

Die Geburt des Kindes ist gemaess dem Gesetz bei dem Standesamt am
26.05.1966 unter der Nr.915 registriert und beurkundet worden.

DIE ELTERN:

Vater: MESNIK, Valerij Moisejovič
Nationalitaet: Jude.

Mutter: MESNIK, N███ Mihajlovna
Nationalitaet: Juedin.

Standesamt: Palas des Gluecks Černiveckij

Ausgestellt am 26. Mai 1966.

Stempel
des Standesamtes.   Leiter des Standesamtes: Unterschrift.

Die Uebereinstimmung der vorstehenden deutschen Uebersetzung mit
der Vorlage in russischer Sprache wird mit dem Hinweis auf meinen
Dolmetschereid bei dem Landgericht in Osnabrueck hiermit be-
staetigt.

Osnabrueck, der 27. Juli 1966.

Der černivcei, 16.19⬛⬛ ich, ⬛⬛⬛⬛ ⬛⬛ ⬛⬛⬛⬛⬛⬛
der Staatlichen notariellen Kanzlei Černiveckha   bestaetige
die Uebereinstimmung dieser Kopieabschrift mit dem Original der
Urkunde. Beim Vergleichen der Kopie mit dem Original habe ich
in letzten keine Radierungen, Nachtragungen, gestrichene Woerter
noch andere Besonderheiten, die hier nicht genannt sind, feststellen
koennen.
Stempel.   Reg.-Nr. 2-9384 Gebuehr: 0,20 Rbl.

Staatsnotarius: Unterschrift

NAME

Niederlassungserlaubnis Ukraine

ПОСОЛЬСТВО
ФЕДЕРАТИВНОЙ РЕСПУБЛИКИ
ГЕРМАНИЯ   Киев,

УВЕДОМЛЕНИЕ   5440

ПРЕДНАЗНАЧЕННОЕ ДЛЯ ПРЕДЪЯВЛЕНИЯ
КОМПЕТЕНТНЫМ ОРГАНАМ УКРАИНЫ И МОЛДОВЫ

Посольство Германии в г. Киеве сообщает, что в результате реа-
лизации решения компетентных органов Германии о приеме граждан
еврейской национальности на постоянное местожительство

господин   фамилия   имя и отчество   год рожд.
(госпожа)

Гольдберг София Айзиковна   10.10.1940

проживающей (ee) не по адресу: г. Черновцы
                                ул. Л. Кобылицы 103 кв 10

после проверки личного заявления получил(а) разрешение на постоянное местожительство на территории Германии. При предъявлении
заграничного паспорта или соответствующего документа Посольство
уполномочено выдать соответствующую визу.

Время въезда на постоянное местожительство не ограничивается.

252064, Киев, Чкалова, 84. Тел. (044) 216-14-77, 216-67-94, Телекс 131197 ААМ SREEW

NAME

Evakuationsbescheid Usbekistan

УзССР ВАЗИРЛАР МАҲКАМАСИ
ҲУЗУРИДАГИ БОШ ХУЖЖАТГОҲ
БОШҚАРМАСИ
ГЛАВНОЕ АРХИВНОЕ УПРАВЛЕНИЕ
ПРИ КАБИНЕТЕ МИНИСТРОВ УзССР

УзССР МАРКАЗИЙ ДАВЛАТ
ХУЖЖАТГОҲИ
ЦЕНТРАЛЬНЫЙ
ГОСУДАРСТВЕННЫЙ АРХИВ УзССР
АРХИВ МАЪЛУМОТНОМАСИ
АРХИВНАЯ СПРАВКА

700043, Тошкент ш., Чилонзор кўча, 2.
Тел. 770480, 771092, 770668.

01.0_.92 № 12-29/Г-...
На № _____ от

702100 г.Чирчик-10
Ташкентская обл., ул.Юбилейная,
д.136, кв.33
Айзикович Н.А.

В архиве из карточек эвакуированных граждан в Узбекистан
в годы Великой Отечественной войны имеется карточка :

"Гольдберг Софья Айзиковна, 1910 г.р. (имя,год рождения – так в д...
местожительство до эвакуации – г.Ростов-Дон, где поселен – г.Та...
ул.Душецкого 29.

Список детей до 16 лет, проживающих вместе:
1. Гольдберг Леонид Михайлович, сын, 1937 г.р. (отчество - так в ...
2. Гольдберг _____ Михайловна, 1939 г.р."

Директор _____ Т.и.Строкова
Зав.отделом _____ Н.и.....о:
_____ Дорж....а

Bescheinigung der Flucht

ДЕКЛАРАЦИЯ
_____

Я, нижеподписавшаяся, ЯРОШЕЦКАЯ САРРА АЙЗИКОВНА,
рождения 18.04.1915 года, гражданка государства
Израиль, номер удостоверения личности 30666ЗИО
проживающая по адресу: ул.Шломо Леви, 14 кв.5,
г.Ашдод, Израиль, будучи предупреждена об обязан-
ности говорить правду и об ответственности по за-
кону за нарушение этого обязательства,свидетельст-
вую о нижеследующем:

Мне известна семья Гольдберг в составе:

ГОЛЬДБЕРГ МИХАИЛ НАУМОВИЧ,   1904 г.рожд.
ГОЛЬДБЕРГ СОФЬЯ АЙЗИКОВНА   10.10.1910 г.рожд.
ГОЛЬДБЕРГ ЛЕОНИД МИХАЙЛОВИЧ   21.11.1934 г.рожд.-
ГОЛЬДБЕРГ Н_____ МИХАЙЛОВНА   03.02.1939 г.рожд.-

Родители Софьи Айзиковны: отец и мать, Аронович
Айзик и Аронович Песя. Отец умер в эвакуации.

Дочь Нина тяжело заболела в дороге юрью с воспаление
легких, двухсторонним гнойным воспалением уха. Лекарст
для лечения не было

Бежали с Ростова-на-Дону под бомбежками, с детьми на
руках и стариками до следующей станции,т.к. мост и пое
разбомбили /ноябрь 1941 года/

22.08.1995 г.

NAME

Aufenthaltserlaubnis

Landkreis Osnabrück, den   3 0. Mai 1991

Der   Ausweisinhaber   ist   ausländischer
Flüchtling im Sinne des § 1 Abs. 1 des
Gesetzes über Maßrahmen für im Rahmen hu-
manitärer   Hilfsaktionen   aufgenommene
Flüchtlinge vom 22. Juli 1980 (BGBl. I
S. 1057).

Diese Bescheinigung ist nur gültig in
Verbindung mit dem sowjetischen Auslands-
Paß Nr. OM XX 468975
und der darin vermerkten unbefristeten
Aufenthaltserlaubnis.

Landkreis Osnabrück
Der Oberkreisdirektor
Im Auftrage

_____   (Siegel)
(_____)

Betrugsmasche »Florian«

NAME

NO. 20

Vertragos49FortyNine - Vernehmungsprotokoll

Zur Sache:

I. Allgemeines:

Seit Ende des Jahres 2005 häuften sich im Stadtgebiet von Osnabrück Straftaten gegen junge Heranwachsende, denen durch jugendliche Straftäter, die meist in Gruppen zwischen zwei bis vier Personen an die Geschädigten herantraten, Ausweispapiere und Bankkarten in Diebstahls-, Raub- oder Unterschlagungsabsicht abgenommen wurden.

In vielfachen Fällen wurden den Geschädigten vorgeworfen, ein Mitglied der Gruppierung beleidigt oder *abgezogen* zu haben, wobei sie mit dem Vornamen *Florian* angesprochen wurden, später auch mit anderen Namen. Die Geschädigten versuchten sich zu rechtfertigen und zeigten als Beweis nicht dieser *Florian* zu sein, Personaldokumente, meist den BPA vor, was genau das Ziel der Täter war. Hierdurch konnten sie sich vergewissern, es mit einem Volljährigen zutun zu haben.

Sodann wurde nunmehr von den Tätern die Richtigkeit des Ausweises angezweifelt. Hierdurch sollte erreicht werden, dass die Geschädigten zum weiteren Beweis weitere Dokumente vorzeigten, auf denen ihr Name verzeichnet war. Wert wurde dabei insbesondere auf Bank- oder Scheckkarten gelegt, die angeblich nicht zu fälschen seien.

Waren die Täter im Besitz des Personalausweises und der Bankkarte, wurden die Geschädigten vertröstet, zu warten. Die Angelegenheit sollte geprüft werden und man wolle sich wieder melden. Die Täter verschwanden jetzt mit den Personaldokumenten und meldeten sich bei der betroffenen Person auch nicht mehr.

Bei einzelnen Verfahren wurden die Geschädigten festgehalten und durchsucht, um sich so in den Besitz der Dokumente zu bringen.

Durch das Auftreten gegenüber dem Geschädigten mit mehreren Personen – wobei das Opfer meist von den Tätern umringt wurde - waren diese sogleich eingeschüchtert, was auch in letzter Konsequenz beabsichtigt war. Viele der Geschädigten fühlten sich durch die Situation bedroht und hatten Angst geschlagen zu werden, wenn sie den Anweisungen der Täter nicht nachkommen würden.

Um den Druck auf die Opfer zu erhöhen, schreckten sie nicht davor zurück, eine drohende Haltung einzunehmen oder, z. B. das Ausziehen der Jacke, als Signal dafür, dass der Täter auch bereit sei, Gewalt anzuwenden. Bei einzelnen Tathandlungen setzten die Täter tatsächlich Gewalt zur Erreichung ihres Zieles ein.

Mit den erbeuteten Dokumenten wurden in verschiedenen Städten im gesamten nordwestdeutschen Raum Verträge – vorwiegend Verträge für subventionierte Handy - und Warenkreditverträge für u. a. Laptops – unter Vorlage der deliktisch erlangten BPA getätigt.

Die erlangten Sachgüter wurden zumeist noch am gleichen Tage an vorab bekannte Hehler verkauft. Den Erlös teilten die Täter untereinander auf.

Nach Straftaten am Dienstag den 13.12.2005 zur Mittagszeit konnte nach intensiver Fahndung der

███████████████████████████████████,

in Osnabrück in der Johannisstraße vorläufig festgenommen werden.

███████████ führte noch Personalpapiere eines Geschädigten mit sich. Er wurde noch am gleichen Tage vernommen und sagte umfassend aus.

Er machte nicht nur Angaben zu einzelnen Straftaten und zu Tätern, sondern er machte auch Aussagen zur Struktur der Gruppierung, die aus etwa 50 Tätern bestehe und die in *Organisatoren*, *Abziehern* und *Unterzeichnern* aufgeteilt sei. In der Großgruppe gäbe es

wiederum einzelne Untergruppen, die wiederum selbständig getrennt von den anderen agieren würden.

Als ein weiterer Haupttäter wurde von ███████████ der

███████████████████████

bezeichnet.

NAME

Vertragos49FortyNine - Vernehmungsprotokoll

████████ wurde nach seiner ersten verantwortlichen Vernehmung entlassen. Aufgrund der bis dato geführten Ermittlungen wurde beim Amtsgericht Osnabrück unter der Geschäfts – Nr.: 247 Gs 2708 / 05 ein Durchsuchungs- und Beschlagnahmebeschluss gegen dreizehn beteiligte Personen und gegen zwei Hehler beantragt. Die Beschlüsse wurden zeitnah am 15.12.2005 vollstreckt.

Die Täter wurden auf der Dienststelle erkennungsdienstlich behandelt und anschließend vernommen. Bei diesen Vernehmungen wurden weitere Täterpersonalien bekannt und bei den Durchsuchungen umfangreiche Beweismittel sichergestellt.

████████ wurde nach einer erneuter gleich gelagerter Straftat am 27.12.2005 wiederum vorläufig festgenommen und dem Haftrichter vorgeführt, der gegen ihn Haftbefehl erließ (Geschäfts – Nr.: 730 Js 143 / 06).

In einem zwischenzeitlich stattgefundenen Hauptverhandlungstermin gegen ihn am 29.03.2006 wurde er aufgrund gleich gelagerter älterer Straftaten zu einer Haftstrafe von 2 Jahren Jugendstrafe und 300 Sozialstunden verurteilt, wobei die Haftstrafe zur Bewährung ausgesprochen wurde. Der Haftbefehl gegen ihn wurde aufgehoben.

Die weiteren Ermittlungen ergaben, dass er auch zwischen dem 13.12.2005 und seiner Festnahme am 27.12.2005 Straftaten begangen haben muss.

(Einlassung des ████████ *zur Struktur (kurze Zusammenfassung):*

Vernehmungspersonen:

████████

In seiner Vernehraung vom 13.12.2005 machte der Angeschuldigte zu den Strukturen der Gruppe folgende Angaben:

In Osnabrück gebe es eine Gruppe von ca. 50 Personen, die in arbeitsteiliger Weise von Dritten zumeist Urbeteiligten Bankkarten und Ausweispapiere erpresst bzw. sich in sonstiger Weise verschafft.

Die Personen werden anfänglich von einer größeren Gruppe angesprochen, die ihnen verfängliche, aus der Luft gegriffene Sachverhalte vorwirft, so dass sich diese Personen genötigt sehen, zum Zwecke der Identitätsfeststellung Ausweispapiere oder Bankkarten vorzulegen. In der Regel werden der Person diese Dokumente dann aber weggenommen.

Mitunter gestaltet sich es jedoch auch so, dass eine Übergabe von Bankkarten und Ausweispapieren im wechselseitigen Einvernehmen erfolgt.

Mit den Ausweispapieren und Bankkarten werden in der weiteren Folge verschiedene Einkäufe getätigt. Bei diesen Einkäufen handelt es, um den Abschluss von Handyverträgen, bei denen zumeist die Übergabe eines subventionierten, hochwertigen Handys Vertragsinhalt ist. Darüber hinaus werden mit den Bankkarten und den Ausweispapieren in Elektromärkten Laptops und andere Unterhaltungselektronik eingekauft.

Die vertraglichen Verpflichtungen aus diesen Verträgen werden jedoch wie von vornherein geplant nicht erfüllt.

Die Gruppe sei nach Abteilungen organisiert. Eine Gruppe sei verantwortlich für die Beschaffung von Ausweispapieren und Bankkarten, eine weitere Gruppe sei verantwortlich für den Abschluss von Kreditverträgen bzw. Handyverträgen und eine dritte Gruppe sei verantwortlich für die Verwertung der in betrügerischer Weise erbeuteten Unterhaltungselektronik. Die Beteiligten würden dabei auch gruppenübergreifend arbeiten und sich wechselseitig unterstützen. Der Angeschuldigte selbst gibt an, seit nunmehr einem Jahr in dieser Szene tätig zu sein. Er selbst habe bisher 10.000,00 Euro verdient. In den ersten drei Monaten habe er dieses „legal" getan und in der Regel nur Personen angeworben, die mit ihm einvernehmlich dahingehend übereinkamen, dass die Ausweispapiere und Bankkarten missbräuchlich verwendet werden durften. Am Tag würden sie ca. 2 bis 4 Ausweispapiere erlangen. Mit einem Ausweispapier könne man an einem Tag durchaus 3.500,00 bis 4.000,00 Euro erwirtschaften. Bei 5 Ausweispapieren wären im Monat ca. 20.000,00 Euro möglich. Beim Media - Markt würde diese Verfahrensweise dadurch unterstützt, da sie dort einen Warenkredit bis 4.000,00 Euro ohne Sicherheiten erhalten könnten.

Auf Abnehmerseite gäbe es mittlerweile Personen, die an die Gruppe sogar Warenbestellungen ausgeben. Pro Elektrogerät könnten bis zu 50 % des Werts bezahlt werden.)

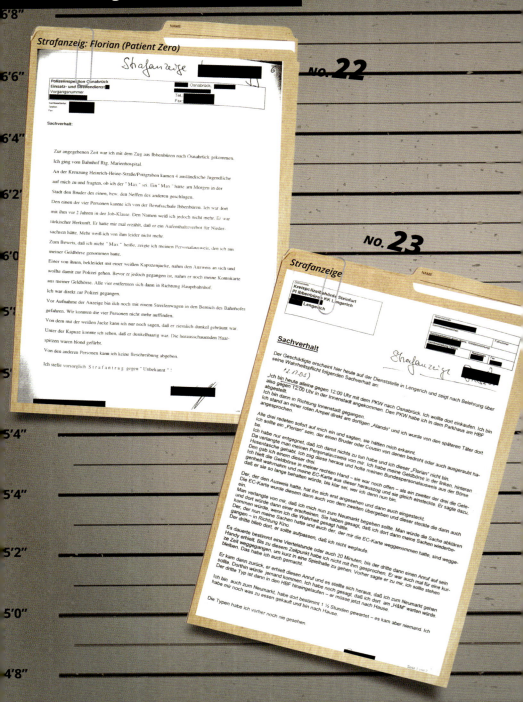

6'8" **6'6"** **6'4"** **6'2"** **6'0"** **5'... 5'... 5'4" 5'4" 5'2" 5'0" 4'8"**

Strafanzeig: Florian (Patient Zero)

Strafanzeige

NO. 22

```
Polizeiinspektion Osnabrück                Osnabrück
Einsatz- und Streifendienst                Tel.
Vorgangsnummer                             Fax
```

Sachverhalt:

Zur angegebenen Zeit war ich mit dem Zug aus Ibbenbüren nach Osnabrück gekommen.

Ich ging vom Bahnhof Rtg. Marienhospital.

An der Kreuzung Heinrich-Heine-Straße/Pottgraben kamen 4 ausländische Jugendliche auf mich zu und fragten, ob ich der "Max " sei. Ein " Max " hätte am Morgen in der Stadt den Bruder des einen, bzw. den Neffen des anderen geschlagen.

Den einen der vier Personen kannte ich von der Berufsschule Ibbenbüren. Ich war dort mit ihm vor 2 Jahren in der Job-Klasse. Den Namen weiß ich jedoch nicht mehr. Er war türkischer Herkunft. Er hatte mir mal erzählt, daß er ein Aufenthaltsverbot für Niedersachsen hätte. Mehr weiß ich von ihm leider nicht mehr.

Zum Beweis, daß ich nicht " Max " heiße, zeigte ich meinen Personalausweis, den ich aus meiner Geldbörse genommen hatte.

Einer von ihnen, bekleidet mit einer weißen Kapuzenjacke, nahm den Ausweis an sich und wollte damit zur Polizei gehen. Bevor er jedoch gegangen ist, nahm er noch meine Kontokarte aus meiner Geldbörse. Alle vier entfernten sich dann in Richtung Hauptbahnhof.

Ich war direkt zur Polizei gegangen.

Vor Aufnahme der Anzeige bin ich noch mit einem Streifenwagen in den Bereich des Bahnhofes gefahren. Wir konnten die vier Personen nicht mehr auffinden.

Von dem mit der weißen Jacke kann ich nur noch sagen, daß er ziemlich dunkel gebräunt war. Unter der Kapuze konnte ich sehen, daß er dunkelhaarig war. Die herausschauenden Haarspitzen waren blond gefärbt.

Von den anderen Personen kann ich keine Beschreibung abgeben.

Ich stelle vorsorglich S t r a f a n t r a g gegen " Unbekannt " !

NO. 23

Strafanzeige

```
Kreispolizeibehörde Steinfurt
PI Ibbenbüren, KK Lengerich
        Lengerich
```

Sachverhalt

Der Geschädigte erscheint hier heute auf der Dienststelle in Lengerich und zeigt nach Belehrung über seine Wahrheitspflicht folgenden Sachverhalt an:

Ich bin heute alleine gegen 12:00 Uhr mit dem PKW nach Osnabrück. Ich wollte dort einkaufen. Ich bin also gegen 12:00 Uhr in der Innenstadt angekommen. Den PKW habe ich in dem Parkhaus an HBF abgestellt. Ich bin dann in Richtung Innenstadt gegangen.

Ich stand an einer roten Ampel direkt am dortigen „Alando" und ich wurde von den späteren Täter dort angesprochen.

Alle drei redeten sofort auf mich ein und sagten, sie hätten mich erkannt. Ich sollte ein „Florian" sein, der einen Bruder oder Cousin von denen bedroht oder auch ausgeraubt habe.

Ich habe nur entgegnet, daß ich damit nichts zu tun habe und ich dieser „Florian" nicht bin.

Da verlangte man meinen Personalausweis von mir. Ich zog diese heraus und holte meinen Geldbörse in der linken, hinteren Hosentasche.

Dann gab ich einem dieser drei Den ... ich hielt die Geldbörse in meiner rechten Hand ... die EC-Karte aus dieser herauszog und sie gleich einsteckte. Er sagte dazu, genheit wahrnehm und meine EC-Karte aus ... so offen ... als ein zweiter der drei die Gelegendaß er sie so lange behalten würde, bis klar sei, wer ich denn nun bin.

Der, der den Ausweis hatte, hat ihn sich erst angesehen und dann auch bezahlt. Die EC-Karte wurde diesem dann auch von dem zweiten übergeben und dieser steckte die dann auch ein.

Man verlangte von mir, daß ich mich nun zum Neumarkt begeben sollte. Man würde die Sache abklären und dort würde, wenn die die Wahrheit gesagt hätte.

Der, nun meine Sachen hatte und auch der, der mir die EC-Karte weggenommen hatte, sind weggegangen – in Richtung Kino. kommen würde, wenn ich die Wahrheit gesagt hätte. Sie haben gesagt, daß ich dort dann meine Sachen wieder-

Der dritte blieb dort, er sollte aufpassen, daß ich nicht weglaufe.

Es dauerte bestimmt eine Viertelstunde oder auch 20 Minuten, bis der dritte dann einen Anruf auf sein Handy erhielt. Bis zu diesem Zeitpunkt habe ich nicht mit ihm gesprochen. Er war auch mal für eine kurze Zeit weggegangen, um kurz in eine Spielhalle zu gehen. bleiben. Das habe ich auch gemacht.

Er kam dann zurück, er erhielt diesen Anruf und es stellte sich heraus, daß ich zum Neumarkt gehen sollte. Dorthin würde jemand kommen. Vorher sagte er zu mir, ich sollte stehen

Der dritte Typ ist dann in den HBF hineingelaufen – er müsse ja dort am „H&M" warten würde.

Ich bin auch zum Neumarkt gegangen, habe dort bestimmt 1 ½ Stunden gewartet – es kam aber niemand. Ich habe mir noch was zu essen gekauft und bin nach Hause.

Die Typen habe ich vorher noch nie gesehen.

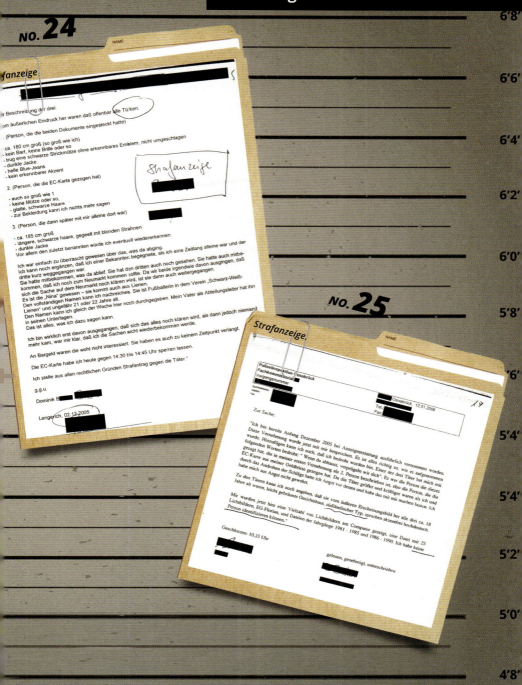

NO. 24

Strafanzeige

...r Beschreibung der drei:

...om äußerlichen Eindruck her waren daß offenbar alle Türken.

...(Person, die die beiden Dokumente eingesteckt hatte)

- ca. 180 cm groß (so groß wie ich)
- kein Bart, keine Brille oder so
- trug eine schwarze Strickmütze ohne erkennbares Emblem, nicht umgeschlagen
- dunkle Jacke
- helle Blue-Jeans
- kein erkennbarer Akzent

2. (Person, die die EC-Karte gezogen hat)

- auch so groß wie 1
- keine Mütze oder so,
- glatte, schwarze Haare
- zur Bekleidung kann ich nichts mehr sagen

3. (Person, die dann später mit mir alleine dort war)

- ca. 185 cm groß
- längere, schwarze haare, gegeelt mit blonden Strähnen
- dunkle Jacke
- Vor allem den zuletzt benannten würde ich eventuell wiedererkennen.

Ich war einfach zu überrascht gewesen über das, was da abging.
Ich kann noch ergänzen, daß ich einer Bekannten begegnete, als ich eine Zeitlang alleine war und der
dritte kurz weggegangen war. Sie hat dan dritten auch noch gesehen. Sie hatte auch mitbe-
kommen, daß ich noch zum Neumarkt kommen sollte. Da wir beide irgendwie davon ausgingen, daß
sich die Sache auf dem Neumarkt noch klären wird, ist sie dann auch weitergegangen.
Es ist die „Nina" gewesen – sie kommt auch aus. Lienen.
Den vollständigen Namen kann ich nachreiches. Sie ist Fußballerin in dem Verein „Schwarz-Weiß-
Lienen" und ungefähr 21 oder 22 Jahre alt.
Den Namen kann ich gleich der Wache hier noch durchgeben. Mein Vater als Abteilungsleiter hat ihn
in seinen Unterlagen.
Das ist alles, was ich dazu sagen kann.

Ich bin wirklich erst davon ausgegangen, daß sich das alles noch klären wird, als dann jedoch niemand
mehr kam, war mir klar, daß ich die Sachen nicht wiederbekommen werde.

An Bargeld waren die wohl nicht interessiert. Sie haben es auch zu keinem Zeitpunkt verlangt.

Die EC-Karte habe ich heute gegen 14:30 bis 14:45 Uhr sperren lassen.

Ich stelle aus allen rechtlichen Gründen Strafantrag gegen die Täter."

g.g.u.

Dominik B...

Lengerich, 02.12.2005

NO. 25

Strafanzeige.

Polizeiinspektion Osnabrück
Fachkommissariat
Vorgangsnummer

Osnabrück, 12.01.2006

Zur Sache:

"Ich bin bereits Anfang Dezember 2005 bei Anzeigeerstattung ausführlich vernommen worden.
Diese Vernehmung wurde jetzt mit mir besprochen. Es ist alles richtig so, wie es aufgenommen
wurde. Hinzufügen kann ich noch, daß ich bedroht worden bin. Einer der drei Täter hat mich mit
folgenden Worten bedroht: " Wenn du abhaust, verprügeln wir dich". Es war die Person die dieses
gesagt hat, die in meiner ersten Vernehmung als 2. Person beschrieben ist, also die Person, die
EC-Karte aus meiner Geldbörse gezogen hat. Da die Täter größer und kräftiger waren als ich und
durch das Androhen der Schläge hatte ich Angst vor denen und habe das mit mir machen lassen. Ich
habe mich aus Angst nicht gewehrt.

Zu den Tätern kann ich noch angeben, daß sie vom äußeren Erscheinungsbild her alle drei ca. 18
Jahre alt waren, leicht gebräunte Gesichtshaut, südländischer Typ. sprachen akzentfrei hochdeutsch.

Mir wurden jetzt hier eine Vielzahl von Lichtbildern am Computer gezeigt, eine Datei mit 25
Lichtbildern, EG-Florian, und Dateien der Jahrgänge 1981 - 1985 und 1986 - 1990. Ich habe keine
Person identifizieren können."

Geschlossen: 10.35 Uhr

gelesen, genehmigt, unterschrieben

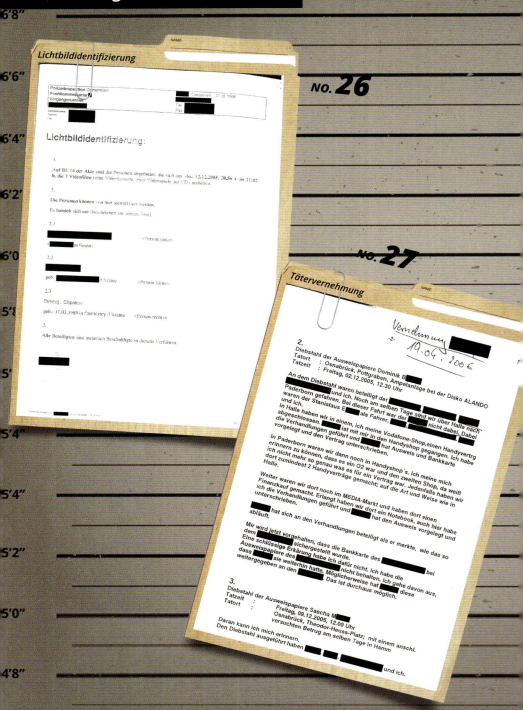

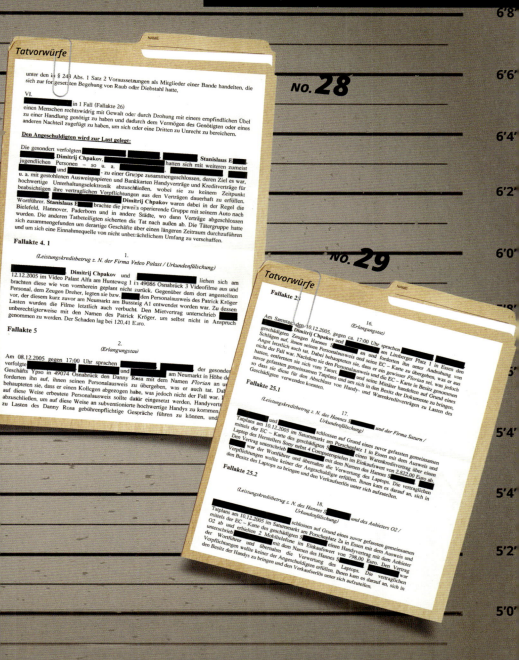

Tatvorwürfe

NO. 28

unter den in § 244 Abs. 1 Satz 2 Voraussetzungen als Mitglieder einer Bande handelten, die sich zur fortgesetzten Begehung von Raub oder Diebstahl hatte.

VI.
▮▮▮ in 1 Fall (Fallakte 26)
einen Menschen rechtswidrig mit Gewalt oder durch Drohung mit einem empfindlichen Übel zu einer Handlung genötigt zu haben und dadurch dem Vermögen des Genötigten oder eines anderen Nachteil zugefügt zu haben, um sich oder eine Dritten zu Unrecht zu bereichern.

Den Angeschuldigten wird zur Last gelegt:

Die gesondert verfolgten ▮▮▮ **Dimitrij Chpakov**, ▮▮▮ **Stanislaus E▮▮▮** hatten sich mit weiteren zumeist jugendlichen Personen — so u. a. ▮▮▮ und ▮▮▮ — zu einer Gruppe zusammengeschlossen, deren Ziel es war, u. a. mit gestohlenen Ausweispapieren und Bankkarten Handyverträge und Kreditverträge für hochwertige Unterhaltungselektronik abzuschließen, wobei sie zu keinem Zeitpunkt beabsichtigen ihre vertraglichen Verpflichtungen aus den Verträgen dauerhaft zu erfüllen. Wortführer. **Stanislaus E▮▮▮** **Dimitrij Chpakov** waren dabei in der Regel die Bielefeld, Hannover, Paderborn und in andere Städte, wo dann Verträge abgeschlossen wurden. Die anderen Tatbeteiligten sicherten die Tat nach außen ab. Die Tätergruppe hatte sich zusammengefunden um derartige Geschäfte über einen längeren Zeitraum durchzuführen und um sich eine Einnahmequelle von nicht unbeträchtlichem Umfang zu verschaffen.

Fallakte 4. 1.

1.

(Leistungskreditbetrug z. N. der Firma Video Palast / Urkundenfälschung)

▮▮▮ **Dimitrij Chpakov** und ▮▮▮ liehen sich am Hunteweg 1 in 49086 Osnabrück 3 Videofilme aus und 12.12.2005 im Video Palast Alfa brachten diese wie von vornherein geplant nicht zurück. Gegenüber dem dort angestellten Personal, dem Zeugen Dreher, legten sie bzw. ▮▮▮ den Personalausweis des Patrick Kröger vor, der diesem kurz zuvor am Neumarkt am Bussteig A1 entwendet worden war. Zu dessen Lasten wurden die Filme letztlich auch verbucht. Den Mietvertrag unterschrieb unberechtigterweise mit dem Namen des Patrick Kröger, um selbst nicht in Anspruch genommen zu werden. Der Schaden lag bei 120.41 Euro.

Fallakte 5

2.

(Erlangungstat)

Am 08.12.2005 gegen 17:00 Uhr sprachen ▮▮▮ der gesondert verfolgte ▮▮▮ und ▮▮▮ am Neumarkt in Höhe des Geschäfts Ypso in 49074 Osnabrück den Danny Rosa mit dem Namen *Florian* an und forderten ihn auf, ihnen seinen Personalausweis zu übergeben, was er auch tat. Dabei behaupteten sie, dass er einen Kollegen abgezogen habe, was jedoch nicht der Fall war. Auf diese Weise erbeutete Personalausweis sollte dafür eingesetzt werden, Handyverträge abzuschließen, um auf diese Weise an subventionierte hochwertige Handys zu kommen, zu Lasten des Danny Rosa gebührenpflichtige Gespräche führen zu können, und ...

Tatvorwürfe

NO. 29

Fallakte 24▮▮▮

16.

(Erlangungstat)

Am Samstag, den 10.12.2005, gegen ca. 17:00 Uhr sprachen ▮▮▮ **Dimitrij Chpakov** und ▮▮▮ geschädigten Zeugen Hannes S▮▮▮ am Limberger Platz 1 in Essen den Schlägen auf, ihnen seinen Personalausweis und seine EC – Karte zu übergeben, was er aus Angst letztlich auch tat. Nachdem sie den Personalausweis und die EC – Karte in Besitz genommen nicht der Fall war. entfernten sie sich vom Tatort. ▮▮▮ und seine Mittäter handelten auf Grund eines zuvor gefassten gemeinsamen Tatplans und um sich in den Besitz der Dokumente zu bringen, so dass sie diese für den Abschluss von Handy- und Warenkreditverträgen zu Lasten des Geschädigten verwenden konnten.

Fallakte 25.1

17.

(Leistungskreditbetrug z. N. des Hannes S▮▮▮ und der Firma Saturn / Urkundenfälschung)

Tatplans am ▮▮▮ und ▮▮▮ schlossen auf Grund eines zuvor gefassten gemeinsamen mittels der EC – Karte des geschädigten S▮▮▮ 12.12.2005 im Saturnmarkt am Porscheplatz 1 in Essen mit dem gemeinsamen Laptop des Herstellers Sony nebst 4 Computerspielen im Einkaufswert von 2.822,00 Euro ab. Den Vertrag unterschrieb ▮▮▮ war der Wortführer und übernahm die mit dem Namen des Hannes S▮▮▮ Verpflichtungen wollte keiner der Angeschuldigte erfüllen. Ihnen kam es darauf an, sich in den Besitz des Laptops zu bringen und den Verkaufserlös unter sich aufzuteilen.

Fallakte 25.2

18.

(Leistungskreditbetrug z. N. des Hannes S▮▮▮ und des Anbieters O2 / Urkundenfälschung)

Tatplans am 10.12.2005 im Saturnmarkt am Porscheplatz 2a in Essen mittels der EC – Karte des geschädigten S▮▮▮ O2 ab und erhielten 2 Mobiltelefone im Einkaufswert von 798,00 Euro. Den Anbieter unterschrieb ▮▮▮ mit dem Namen des Hannes S▮▮▮ Verpflichtungen wollte keiner der Angeschuldigten erfüllen. Die vertraglichen den Besitz des Handys zu bringen und den Verkaufserlös unter sich aufzuteilen.

Ergebnisse & Urteile

52

Wesentliches Ergebnis der Ermittlungen:

I.
Zu den Personen:

1.

Aus dem anliegenden BZR – Auszug vom 09.05.2006 ergeben sich 7 Eintragungen:

a)
Amtsgericht Osnabrück vom 01.02.2002: gemeinschaftlicher Diebstahl in 3 Fällen; Einstellung gemäß § 47 JGG (Erbringung von Arbeitsleistungen) (Geschäfts - Nr.: 35 Ds 1 728 / 01 18 Js 31085 / 01)

b)
Urteil des Amtsgerichts Osnabrück vom 24.03.2003; räuberische Erpressung: 2 Freizeitarreste (Geschäfts - Nr.: 34 Ds 523 / 02 211 Js 42242 / 02)

c)
Urteil des Amtsgerichts Osnabrück vom 16.09.2003; Erschleichung von Leistungen; Erbringung von Arbeitsleistungen (Geschäfts - Nr.: 77 Ds 279 / 03 211 Js 22851 / 03)

d)
Urteil des Amtsgerichts Osnabrück vom 07.06.2004; gefährliche Körperverletzung; Erbringung von Arbeitsleistungen (Geschäfts - Nr.: 34 Ds 94 / 04 211 Js 1087 / 04)

e)
Urteil des Amtsgerichts Osnabrück vom 01.12.2004; versuchte räuberische Erpressung und versuchter Diebstahl; 3 Wochen Jugendarrest (Geschäfts - Nr.: 241 Ds 2086 / 04 211 Js 36488 / 04)

Einbezogen wurde die Entscheidung zu d).

f)
Urteil des Amtsgerichts Osnabrück vom 23.03.2005; Hausfriedensbruch; Erbringung von Arbeitsleistungen (Geschäfts - Nr.: 251 Ds 67 / 05 211 Js 5932 / 05)

g)
Urteil des Amtsgerichts Osnabrück vom 07.06.2005; gemeinschaftliche gefährliche Körperverletzung; 6 Monate Jugendstrafe auf Bewährung (Geschäfts - Nr.: 241 Ls 79 / 05 217 Js 55659 / 04)

Noch nicht erfasst!

h)
Urteil des Amtsgerichts Osnabrück vom 29.03.2006; gewerbsmäßiger und bandenmäßiger Betrug in mehreren Fällen; 2 Jahre Einheitsjugendstrafe auf Bewährung (Geschäfts - Nr.: 251 Ls 19 / 06 730 Js 614 / 06 (= Bl. 100 ff. d. A. (Bd. IV))

Einbezogen wurde die Entscheidung zu g).

Ergebnisse & Urteile

53

2.

Aus dem anliegenden BZR – Auszug vom 10.05.2006 ergibt sich 1 Eintragung:

Amtsgericht Osnabrück vom 16.09.2005; gemeinschaftliche Sachbeschädigung; Einstellung gemäß § 47 JGG (Geschäfts - Nr.: 241 Ds 2043 / 04 208 Js 33936 / 04)

3.

Aus dem anliegenden BZR – Auszug vom 10.05.2006 ergibt sich 1 Eintragung:

Staatsanwaltschaft Osnabrück vom 26.09.2003; Fahren ohne Fahrerlaubnis; Einstellung gemäß § 45 JGG (Geschäfts - Nr.: 212 Js 40448 / 03)

4.

Stanislaus H

Aus dem anliegenden BZR – Auszug vom 10.05.2006 ergibt sich 1 Eintragung:

Staatsanwaltschaft Osnabrück vom 30.11.2001; Beleidigung; Einstellung gemäß § 45 JGG (Geschäfts - Nr.: 500 Js 48952 / 01)

5.

Aus dem anliegenden BZR – Auszug vom 09.05.2006 ergeben sich 4 Eintragungen:

a)
Staatsanwaltschaft Osnabrück vom 17.12.2002; Diebstahl im besonders schweren Fall; Einstellung gemäß § 45 JGG (Geschäfts - Nr.: 217 Js 48449 / 02)

b)
Amtsgericht Osnabrück vom 20.07.2004; vorsätzliche Körperverletzung; Erbringung von Arbeitsleistungen (Geschäfts - Nr.: 77 Ls 92 / 04 209 Js 10079 / 04)

c)
Staatsanwaltschaft Osnabrück vom 11.08.2004; Körperverletzung; Einstellung gemäß § 45 JGG (Geschäfts - Nr.: 217 Js 33031 / 04)

d)
Urteil des Amtsgerichts Osnabrück vom 07.12.2005; räuberische Erpressung u. a.; 1 Jahr und 9 Monate Jugendstrafe (Geschäfts - Nr.: 251 Ls 344 / 05 212 Js 24642 / 05)

Diese Entscheidung wird einzubeziehen sein.

NAME

no. **32**

Tatvorwürfe

II. Zu den Fallakten (Tatbeteiligung / rechtliche Einordnung):

1.
Fallakte ████████████
Verbrechen, strafbar gemäß §§ 249 Abs. 1, 25 Abs. 2 StGB, §§ 1, 3, **105 ff.** JGG

2.
Fallakte 2 ████████ Dimitrij Chpakov
Verbrechen, strafbar gemäß §§ 249 Abs. 1, 253, 255, 25 Abs. 2 StGB, §§ 1, 3, **105 ff.** JGG

3.
Fallakte 3 ████████████
Verbrechen, strafbar gemäß §§ 244a, 243 Abs. 1 Satz 2 Nr. 3, 25 Abs. 2 StGB, §§ 1, 3, **105**
ff. JGG

4.
Fallakte 4. 1 ████ Dimitrij Chpakov ████████
Vergehen und Verbrechen, strafbar gemäß §§ 263 Abs. 1 und 5, 267 Abs. 1 und 4, 281 Abs.
1 Satz 2, 25 Abs. 2, 52 StGB, §§ 1, 3 und **105 ff.** JGG

5.
Fallakte 5 ████████████
Verbrechen, strafbar gemäß §§ 244a, 243 Abs. 1 Satz 2 Nr. 3, 25 Abs. 2 StGB, §§ 1, 3, **105**
ff. JGG

6.
Fallakte 6 ████████████
Verbrechen, strafbar gemäß §§ 249 Abs. 1, 252, 25 Abs. 2 StGB, §§ 1, 3, **105 ff.** JGG

7.
Fallakte 7 ████████████
Verbrechen, strafbar gemäß §§ 249 Abs. 1, 253, 255, 25 Abs. 2 StGB, §§ 1, 3, **105 ff.** JGG

8.
Fallakte 9 ████████
Verbrechen, strafbar gemäß §§ 263 Abs. 1 und 5, 25 Abs. 2, 52 StGB, §§ 1, 3 ff., 105 ff.
JGG

9.
Fallakte 21 ████████ Dimitrij Chpakov
Verbrechen, strafbar gemäß §§ 244a, 243 Abs. 1 Satz 2 Nr. 3, 25 Abs. 2 StGB, §§ 1, 3, **105**
ff. JGG

Mordprozess meines Stiefvaters

Aktuelle Seite: Home ▸ Reportagen ▸ Tötungsdelikte ▸ Eine Stunde lang das Hauptwort Messer

Hauptmenü

Reportagen

Tötungsdelikte

Jugendliche

Betrug und Wirtschaftsstrafsachen

Raub und Diebstahl

Berufungen

Zivilsachen

Sonstige Strafsachen

Körperverletzung

Startseite

Großverfahren

Meldungen

Kommentare

Audiobeiträge

Impressum

Eine Stunde lang das Hauptwort Messer

Erstellt am Donnerstag, 08. September 2011 17:59

Polizei-Video im Mordprozess Atterstrasse: Keine Studioproduktion bei Flutlicht

Osnabrück (kno) – Im Prozess gegen den 43-jährigen Igor P., der sich vor dem Landgericht Osnabrück wegen Mordes verantworten muss, ist die Beweisaufnahme fast abgeschlossen. Der Angeklagte soll laut Anklage seinen kurdischen Mitbewohner ▓▓▓▓▓ am 27.02.2011 in einer Wohnung an der Atterstrasse mit 2 Messerstichen ermordet haben.

Am bisher vorletzten Prozesstag war eine 1-stündige Videorekonstruktion nach Angaben eines Tatzeugen gezeigt worden, an der es Kritik unter anderem wegen der schlechten Sichtverhältnisse und eines Hochkantbildes gegeben hatte. Auf Nachfrage erklärte dazu die Polizeipressestelle, dass es sich bei einer Videorekonstruktion um die Darstellung der tatsächlichen Verhältnisse am Tatort und nicht um eine Studioproduktion handle. „Wir können nicht mit Flutlicht arbeiten, wenn in Wirklichkeit nur ein Flachbildschirm als einzige Lichtquelle den Tatort erhellte." Die schmalen Gänge in der Wohnung erforderten ein Hochkantbild, damit alles Relevante zu sehen sei. Auch für Verteidiger Thomas Klein ist das Video durchaus authentisch und aussagekräftig. „Über den Beweiswert dieses Videos kann man natürlich streiten." Klein bezog sich damit auf die widersprüchlichen Aussagen des „Hauptdarstellers" des Videos, dem dritten Mitbewohner, der in verschiedenen Vernehmungen jeweils unterschiedliche Angaben bezüglicher der zur Rede stehenden Messer gemacht hatte. Fünfmal hat sich der junge Kurde bisher gegenüber der Polizei und vor Gericht dazu geäußert, wann und wo einer der Kontrahenten ein Messer in der Hand gehalten hat. Vor Gericht kommentierte er seine Version aus der Videorekonstruktion als eine „Vermutung". 65 Minuten lang wurde er befragt, immer wieder musste der leicht überforderte Dolmetscher das Hauptwort „Messer" übersetzen. Die zentrale Frage: Hatte das spätere Opfer zum Zeitpunkt des Angriffs durch Igor P. ebenfalls ein Messer in der Hand, wurde nicht eindeutig beantwortet. Es ist bisher unklar, welche der Versionen des Zeugen das Gericht seinem Urteil zu Grunde legen wird. Der vorsitzende Richter gab dem Zeugen mit auf den Weg: „ Falls Sie noch mal aussagen müssen: Sagen Sie was Sie gesehen haben und schildern Sie keine Vermutungen." Nachdem der Oldenburger Gerichtsmediziner Friederich Ast das Ergebnis seiner Obduktion erläutert hatte, antwortet er auf eine entsprechende Frage des Verteidigers: „Das Verletzungsmuster lässt sich sehr gut mit der Schilderung des Angeklagten zum Tathergang in Einklang bringen." Aus der Verlesung des Vorstrafenregisters des Angeklagten ergab sich, dass er seit seiner Übersiedlung aus der Ukraine 1992 immer wieder mit dem Gesetz in Konflikt kam. Mehrere Jahre verbrachte Igor P. bisher in Haft. Die längste Haftstrafe von fünfeinhalb Jahren wegen schweren Raubes erhielt er 2004.
Für den Psychiater Said Schendel vom Ameos-Klinikum Osnabrück sind die 18 Vorstrafen auch ein Indiz für die „ausgeprägte Suchtentwicklung" des Angeklagten. Es handle sich vermutlich um Beschaffungskriminalität. Immerhin hatte der Angeklagte einen hohen Geldbedarf, um seine bis zu 3 g Heroin und bis zu 7 g Kokain am Tag zu finanzieren. Zur Tatzeit habe dieser einen rechnerischen Wert von ungefähr 3,00 ‰ Alkohol im Blut gehabt. Hinzu kämen die Wechselwirkung mit den anderen konsumierten Drogen, Heroin und Kokain. Schendel sah aus psychiatrischer Sicht eine verminderte Schuldfähigkeit als gegeben an und riet zu einer Einweisung in eine stationäre Entziehungsanstalt.

Aktuelle Seite: Home ▶ Reportagen ▶ Tötungsdelikte ▶ Freispruch im Mordprozess Atterstraße

Hauptmenü

• **Reportagen**

   Tötungsdelikte

   Jugendliche

   Betrug und Wirtschaftsstrafsachen

   Raub und Diebstahl

   Berufungen

   Zivilsachen

   Sonstige Strafsachen

   Körperverletzung

• Startseite

• Großverfahren

• Meldungen

• Kommentare

• Audiobeiträge

• Impressum

Freispruch im Mordprozess Atterstraße

Erstellt am Dienstag, 13. September 2011 14:42

Landgericht Osnabrück: Haftbefehl gegen Igor P. aufgehoben

Osnabrück (kno) – Mord oder Notwehr? Diese Frage stellte sich am letzten Verhandlungstag im Mordprozess Atterstraße den vier Prozessparteien. Verteidigung, Staatanwaltschaft und letztlich die 6. Große Strafkammer beantworteten die Frage gleichlautend: Igor P. handelte in Notwehr, als er am 27.2. dieses Jahres seinen 39-jährigen Mitbewohner ▬▬▬ nach einem Streit mit zwei Messerstichen tödlich verletzte. Einzig der Nebenklagevertreter ging in seinem Plädoyer nach wie vor vom Anklagevorwurf des Mordes aus.

Gleich zu Beginn seines Plädoyers rückte Staatsanwalt Jörg Schröder von seinem Mordvorwurf ab und erklärte, dass er einen Freispruch beantragen werde. Zu unterschiedlich seien die Aussagen des einzigen Tatzeugen, des Mitbewohners der beiden Kontrahenten in seinen 4 Vernehmungen gewesen. Fest stehe, so der Anklagevertreter, dass das spätere Opfer den drogenabhängigen Igor P. schwer misshandelt habe und von ihm vehement erst 200 Euro und später mehr gefordert habe. Schröder vermutet hinter der Geldforderung eine Erpressung oder eine Beteiligung an Drogengeschäften. Im Prozess hatte der Angeklagte zu seinen Einkommensverhältnissen die Angaben verweigert. Ergebnis der Beweisaufnahme sei, dass vom Opfer eine erhebliche Aggression ausgegangen sei. ▬▬▬ habe sich listig gezeigt, als er demonstrativ ein Brotmesser fallen ließ, um sich kurz darauf erneut mit einem Klappmesser heimlich zu bewaffnen. Ob er dieses dann vor dem Angriff durch Igor P. in seiner Hand gehalten habe, sei nicht feststellbar gewesen. Auch habe der Gerichtsmediziner keine Angabe über die Reihenfolge der beiden Stiche, von denen einer tödlich war, machen können. Das hatte der Nebenklagevertreter anders verstanden oder nicht gehört: Für ihn sei keine Notwehrsituation gegeben gewesen. Igor P. habe den Bruder und Ehemann seiner Mandanten „aus Hass umgebracht". Das zur Rede stehende Klappmesser von ▬▬▬ verglich er mit einer Wasserpistole, wohingegen der Angreifer mit einem Kampfmesser bewaffnet gewesen sei. Das Opfer sei lammfromm im Vergleich zum Angeklagten gewesen. Diese Steilvorlagen nahm Verteidiger Thomas Klein dankbar auf und verwies auf die 3 Voreintragungen im Bundeszentralregister, darunter eine Verurteilung von ▬▬▬ zu 8 Monaten Haft wegen 2-facher gefährlicher Körperverletzung. Der Nebenklagevertreter möge sich bei seiner Mandantin erkundigen. Diese hätte mehrmals mit ihren Kindern vor ihrem gewalttätigen Ehemann fliehen müssen. Bezüglich des Vergleichs „Wasserpistole - Klappmesser" verwies Klein auf die tödliche Stichverletzung des Opfers: „Die war nur 4,5 cm tief." Sein Mandant habe nicht aus Hass gehandelt. In seinem letzten Wort, zu dem der Angeklagte eigens aufstand, um sich bei den Angehörigen zu entschuldigen, erklärte Igor P. die Ereignisse zu einer „ Tragödie, einer fürchterlichen Tragödie". Er habe nicht töten wollen, sondern er habe nur mit dem Ziel gehandelt sein „Leben zu verteidigen." Nach dem Freispruch begründete der Vorsitzende Richter, warum es aus Sicht der Kammer zu dem erfolgten Urteil kommen musste: Es sei in der Hauptverhandlung deutlich geworden, dass der Angeklagte Angst vor dem Mitbewohner gehabt habe. So habe er die Tür zugehalten, als dieser mit einem Messer hereindrängte und die verlangten 200 Euro aus der Tür geworfen, um einen direkten Kontakt zu vermeiden. Der Angeklagte habe keine Belastungstendenzen gezeigt und seine, in der Küche nachweislich erfolgte Lippenverletzung nach einem Schlag durch ▬▬▬, nicht unmittelbar vor die Tat „verlagert", was ihm eine Leichtes gewesen wäre. Seine Aussage sei in der ganzen Zeit konstant gewesen. Anders beim Tatzeugen, der aber nicht bewusst gelogen habe. Nachdem der Richter verkündet hatte, dass der Haftbefehl gegen Igor P. aufgehoben sei, erhob sich der Bruder des Getöteten: „I would like to say something......" Der Richter unterband diese unzulässige Kommentierung des Urteils im Gerichtssaal, worauf der Bruder wütend hinaustapfte und für keine Nachfrage bereitstand.

Artikel über den Mordprozess meines Stiefvaters

Quelle: quellengrun.de

NO. 35

Heiratsurkunde Igor P.

Beglaubigte Abschrift - Auszug*) - aus dem Familienbuch

1 Ehemann:	2 Ehefrau: Špakova
Familienname v. d. Eheschl. Mesnik -/-	Familienname Špakova Vatersname Valer'jevna geb. Mesnik -/-
Vatersname	Vorname Marina -/-
Igor' -/-	Stand Chordirigentin -/-
Soldat -/-	Geburtstag 18. April 1966 -/-
-/-	Geburtsort Černivcy/Ukraine, 915/1966 -/-
/Ukraine -/-	Standesamt, Nr. Černivcy/Ukraine -/-
keiner Kirche usw. zugehörig -/-	keiner Kirche usw. zugehörig -/-

3 Eheschließung von 1 und 2   Eheschließungstag, ort 10. November 1994, Osnabrück -/-   St.-Amt Osnabrück
Heiratseintrag Nr. 9/9

4 Eltern des Ehemannes:

Vater: Mesnik Vatersname Moisejovič -/-	Vater: Mesnik Vatersname Moisejovič -/-
Valerii -/-	
Ivanovo/Rußland -/-	Mutter: Mesnik Vatersname Mihajlovna geb.
	Gol'dberg -/-
	Osnabrück zu 2. EidVers -/-
	Geburtsurkunde 10. November 1994

Osnabrück den 10. November 1994

5 Angabe) 1 Zwischenzeile -/-

7. Vermerk über die Staatsangehörigkeit

Diebstahl mit Miami

Amtsgericht Osnabrück
- Strafgericht -

Postanschrift:
Amtsgericht Postfach   Osnabrück

Dienstgebäude
Osnabrück

Herrn
Dmitrij Chpakova
49090 Osnabrück

Ihr Zeichen
Ihre Nachricht   - ohne -
☎ Vermittlung
☎ Durchwahl
Telefax

Datum   25.03.2010
Geschäftsnummer (bitte stets angeben)

Sehr geehrter Herr Chpakova,

in der Strafvollstreckungssache gegen Sie

wegen Diebstahls

wurden Sie durch Urteil des Amtsgerichts Osnabrück vom 30.09.2009 wie folgt verpflichtet:

Ableistung von 80 Stunden gemeinnütziger Arbeit.

Die Jugendgerichtshilfe Osnabrück Stadt hat mitgeteilt, dass Sie die oben genannte Auflage bisher nicht erfüllt haben.

Ich fordere Sie hiermit auf, sich unverzüglich mit der Jugendgerichtshilfe (Telefonnummer:
) in Verbindung zu setzen, damit Sie die Auflage auf deren Anweisung ableisten können.

Ich weise Sie darauf hin, dass Sie diese Auflage auf jeden Fall zu erfüllen haben, anderen-
falls wird Jugendarrest bis zu vier Wochen gegen Sie verhängt.

Mit freundlichen Grüßen

Richter am Amtsgericht

Beglaubigt

Justizangestellte

Kommunikationsstrategie des Brate

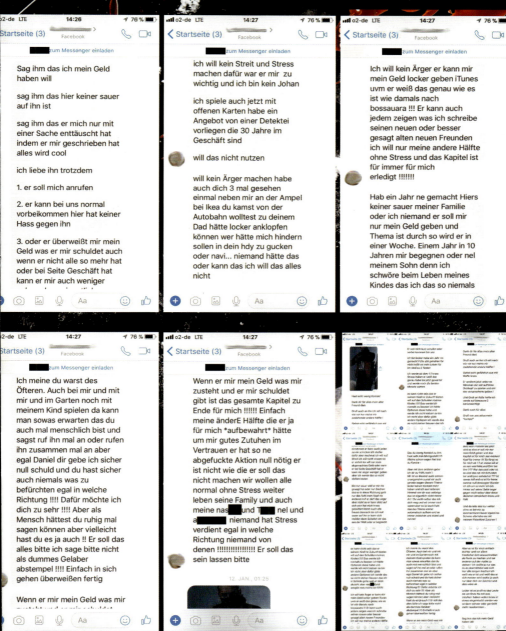

er Brate lässt mir schöne Grüße übermitteln.

NO. **36**

BpjM / Index

Bundesprüfstelle
für jugendgefährdende Medien

Eing. 0 8. Mai 2015

Anlg.

BAJ Bundesarbeitsgemeinschaft
Kinder- und Jugendschutz

Anregung gemäß § 18 Absatz 1 Jugendschutzgesetz (JuSchG)
Anlagen: Songtexte und Kopie des Covers

Hiermit wird angeregt, die CD   »Planktonweed«

Interpret: SpongeBOZZ
Label: Bikini Bottom Mafia Records, Anschrift unbekannt,
Vertreiberfirma: Soulfood Music Distribution GmbH, Agathe-Lasch-Weg 2, 22605 Hamburg

gemäß § 18 Absatz 1 JuSchG in die Liste der jugendgefährdenden Medien aufzunehmen.

Kurzbeschreibung:

Die Texte der CD wirken durchgehend verrohend, verherrlichen einen kriminellen Lebensstil in
maßlosen Strukturen – insbesondere den Handel mit Drogen – und stellen diesen Lebensweg als
nachahmenswert dar. Polizeibeamte werden in mehreren Liedern in extremer Weise diffamiert und
es wird Gewalt gegen sie – sowie sogar ihre Tötung – propagiert. Auch sonst wird Gewalt in den
Liedtexten des Albums durchgängig als adäquates Mittel der Auseinandersetzung gezeigt. Zudem
werden Frauen diskriminiert.

Folgende Textauszüge seien lediglich beispielhaft zitiert:

01) Intro

Ich wählte nicht den Kriminellen Weg
Der Kriminelle Weg wählte mich (Yaoh)
Ich komm mit der Gun, das ist keine Battlerap Amigo
[...]

Bundesarbeitsgemeinschaft Kinder- und Jugendschutz e.V.

Krankenhausaufenthalt

IHR
klinikum
OSNABRÜCK

Neurologische Klinik
Neurologische
Frührehabilitation
Chefarzt
Prof. Dr. F.
Am Finkenhügel 1
49076 Osnabrück
Telefon
Telefax
E-Mail:
stOg:/hc

Krankenhaustagegeldbescheinigung

Herr Dimitri Chpakow, geb.: 17.03.1989
Stationäre Behandlung vom 23.08. - 26.08.2013

Herr Chpakow befand sich zum o.g. Zeitraum in stationärer Behandlung im Klinikum
Osnabrück, Neurologische Klinik, Prof. Dr. med. F.

Diagnose:
- **Virale Meningitis infolge Enteroviren**

Prof. Dr. med. F.
- Chefarzt -

»Es wird gut gehen.«

Die Ärzte machten einen Ultraschall. Wir hörten den Herzschlag unseres Kindes. Was für ein krasses Feeling. Kein Beat der Welt konnte da mithalten. »Das sieht gar nicht gut aus«, sagte der Arzt aber dennoch. »Wir müssen Sie zur Aufsicht im Krankenhaus behalten.« Drei Wochen lang blieb Nas auf der Station. Ich saß rund um die Uhr an ihrer Seite. Jeden Tag wurde sie mehrfach untersucht. Die Ärzte waren genauso nervös wie wir. Es war ein Albtraum. Die schlimmste Zeit unseres Lebens. Die Ungewissheit brachte uns um. Erst nach drei Wochen bekamen wir die Entwarnung. Der Arzt beruhigte uns.

»Die Wehen lassen wieder nach«, sagte er. »Es wird sich noch ein bisschen Zeit lassen.«

Tatsächlich kam mein Sohn, ziemlich untypisch für Russen, pünktlich zum errechneten Geburtstermin. Das schaffen nur 4 Prozent aller Kinder. Als ich mit Nas ein paar Monate später wieder im selben Krankenhaus saß und mitbekam, wie heftig ihre Wehen waren, da dachte ich mir, dass jede Wehe ein kleiner Payback für die Zeit war, in der sie mich in der Schwangerschaft zu Tode genervt hat. Irgendwann wurde es aber zu krass. Nas musste betäubt werden. Zwischendurch verloren die Ärzte den Herzton und leiteten einen Kaiserschnitt ein. Dem Baby wurde das Schlüsselbein gebrochen, aber es lebte. Und war ansonsten gesund. Gesund und Fußballspieler, das war alles was zählte. Baba. Als ich meinen Nel zum ersten Mal in meinen Armen hielt, veränderte sich wirklich alles für mich. Mir wurde schlagartig bewusst, dass ich nicht mehr nur für mich selbst leben kann. Dass sich mein ganzes Leben nur noch um dieses kleine Wesen drehen muss. Ich wollte, dass mein Sohn stolz auf mich ist. Dass er eines Tages mal sagen würde, dass sein Vater ein großer Mann war. Ich hatte das starke Bedürfnis ihn zu beschützen. Vor den Ratten und Schlangen, denen ich vorher begegnet bin. Ich dachte zurück an meine Kindheit. An unseren leeren Kühlschrank. Und ich versprach meinem schreienden Sohn und meiner wegbetäubten Frau, dass ich alles tun würde, damit er nicht meine Kindheit erleben muss.

Kurz nachdem Julien sein Album rausgebracht hatte, fragte er mich, ob ich nicht Interesse hätte, nochmal an seinem Battle-Turnier teilzunehmen.

»Ich brauche noch eine gute Nummer für das JBB. Hast du Lust zu battlen?«

Ich habe seit der RBA in keinem Battle mehr mitgemacht. Aber ich hatte Lust ein paar Leute wegzuficken. »Mein Turnier wird um einiges spannender. Und du bekommst jede Menge Reichweite.«

»Okay«, sagte ich. »Machen wir das. Aber nicht als Sun Diego.«

Ich hatte eine bessere Idee. Ich hatte mit Julien einen Song aufgenommen, in dem ich mit SpongeBob-Stimme rappte. Es war ein witzig gemeinter Disstrack gegen Fler. Da er mit bürgerlichem Namen Patrick hieß, genau wie der Seestern-Freund von SpongeBob, fanden wir es witzig, meinen Part mit verstellter Stimme einzurappen. Aber am Ende des Tages war der Track doch nicht so toll wie erwartet und ohne Video machte es wenig Sinn. Ich nahm mir damals vor, mein SpongeBob-Alter-Ego noch ein wenig zurückzuhalten. Aber für das JBB war es perfekt.

Dann nahm ich meine Qualifikation als rappender Schwamm auf.

Einen Tag vor dem Videodreh bestellte ich mir ein SpongeBob-Kostüm über Amazon. Ich nähte ihm eine selbstgemachte schwarze Sonnenbrille auf. Und nannte mich SpongeBOZZ Gunshot.

He

Mir war klar, dass SpongeBOZZ herausstechen würde. Mir war klar, dass ich besser rappte als meine Konkurrenz und mir war klar, dass ich einen Exoten-Bonus hatte, weil ich mich als Schwamm verkleidete. Aber alles, was darüber hinausging, war auch für mich eine Überraschung. Mein Video knackte in knapp 24 Stunden die erste Million Klicks. Ganz Rapdeutschland stand Kopf. Alle diskutierten darüber, wer unter dem Kostüm stecken konnte. Über Nacht wurde ich zum Mysterium. Fans analysierten jede Bewegung, sie fanden heraus, dass ich das Video in einem Parkhaus in Osnabrück gedreht hatte. Sie veröffentlichten Bilder von dem Ort und glichen sie mit den Bildern aus meinem Video ab. Sie verglichen die Chucks, die SpongeBOZZ und Sun Diego trugen. Sie deuteten das alles als Hinweis. Die Wahrheit ist: Ich habe mir überhaupt keine Gedanken darüber gemacht. Zum einen sind Chucks die meistverkauften Schuhe der Welt. Zum anderen hatte ich einfach nicht so viele Klamotten. Ich hatte ja gerade mal genug Geld, um meine Familie zu ernähren. Da dachte ich überhaupt nicht darüber nach, ob ich in irgendeinem anderen Video vorher schon einmal dieselben Schuhe getragen habe. Es gab zahlreiche Verschwörungstheorien. Die Leute haben meine DNA gejagt. Die haben sogar Lampen in verschiedenen Videos verglichen, um bestimmte Personen in einen Kontext zu mir zu stellen. Das waren regelrechte FBI-Methoden.

Ich saß vor meinem Computer und konnte nur den Kopf schütteln. Was für ein Hype. Was für ein Film. Die Leute hatten unglaubliche Theorien. Dabei haben wir uns gar nicht so wirklich viele Gedanken gemacht. Mein Plan war, dass der Schwamm das Battle auseinander-nimmt und danach schaut, wie es weitergeht. Mir war klar, dass sich mir neue Perspektiven und Möglichkeiten eröffnen würden, wenn ich das Turnier gewann. Aber einen wirklich konkreten Plan hatte ich nicht. Ich hangelte mich von Runde zu Runde. Von Song zu Song. Von Video zu Video. Irgendwie würde es schon gut gehen, dachte ich. Irgendwas würde sich aus dem Hype ergeben. Aber ich war klug genug, die erste Runde, die ich veröffentlichte, sofort auf iTunes hochzuladen. So würde ich zumindest ein paar Singles verkaufen, dachte ich mir. Was ich am Ende des Turniers für eine Summe verdienen würde, das hätte ich mir allerdings nicht in meinen kühnsten Träumen vorstellen können.

Nach meiner Qualifikation suchte ich nach einem Beatmaker. Ich brauchte jemanden, mit dem ich richtg zusammenarbeiten konnte. Einen konkreten Ansprechpartner, der denselben Film fuhr, wie ich. Und ich suchte jemanden der ganz besondere Fähigkeiten hatte. Er sollte Dubsteb-Elemente beherrschen. Typische, dunkle Synthesizer, die wobbeln, also nach diesem Sprechende-Roboter-Effekt klingen. Ich stöberte ein wenig im Rappers.in-Forum, skippte hunderte Sachen durch. Das meiste war Schrott. Dann kam ich auf Digital Drama. Er war schon etwas bekannter. Ich hörte fünf, sechs Beats von ihm, die sehr klassisch nach Deutschrap klangen. Aber der siebte Beat war fantastisch. Genau das, was ich haben wollte. Jackpot. Er beherrschte sogar diesen 808-Shit. Klassische Trapsounds. Das, was in den Staaten gerade en vogue war. Ich setzte mich mit Digi in Verbindung. Er glaubte zunächst nicht, dass ich der echte SpongeBOZZ war, schickte mir freundlicherweise aber trotzdem ein paar Beats. Digi kam aus Frankenberg in Hessen. Ein kleiner Ort, an dem ich aber einige Supporter schon aus uralten Zeiten hatte. Digi und ich arbeiteten gemeinsam an den Beats die ich mir wünschte und wir verstanden uns blind. Irgendwann produzierte er für keinen anderen Rapper mehr. Und ich nahm keine Beats mehr von anderen Produzenten. Wir wuchsen während des JBB zu einer Einheit. Und entwickelten gemeinsam unser ganz eigenes Soundbild.

Nachdem meine Qualifikation veröffentlicht wurde, bekam ich bei Facebook eine Nachricht von dem Brate.

»Bruder, du hast mich gar nicht in dein neues Geschäft eingeweiht. Da liegt jetzt schon sehr, sehr schlechtes Karma auf der Schwamm-Sache.«

»Wieso das denn? Was hast du denn mit dem Schwamm zu tun?«, schrieb ich zurück.

»Dima, jetzt tu doch nicht so. Alles hängt mit allem zusammen. Ohne mich hättest du Bossaura nicht gemacht. Ohne Bossaura hättest du Julien nicht kennengelernt. Ohne Julien gäbe es keinen Schwamm. Willst du mir wirklich sagen, ich hätte kein Recht an meinem Anteil?«

Es war widerlich. Am liebsten hätte ich gar nicht darauf reagiert. Aber der Brate wusste viel zu viel. Er kannte mich gut. Er kannte meine Familie. Er kannte meine Freunde. Außerdem hatte der Brate bei irgendwelchen Gangbang-Sessions von Julez Nacktfotos von ihm gemacht und ihn damit erpresst. Um ihn zu stoppen, hätte ich zu anderen Mitteln greifen müssen. Und das konnte ich nicht verantworten. Denn ich kannte auch ihn sehr gut. Seine Familie. Wir kannten unsere Kinder. Und ich wollte keinen Weg beschreiten, von dem es kein Zurück mehr geben würde.

Wir trafen uns bei McCafé an der Hannoverschen Straße. Als er mich begrüßte, wurde er schon wieder etwas ruhiger. Er bestellte sich einen Früchtetee. Ich mir einen Cappuccino. Wir saßen uns gegenüber und er fing mit weinerlicher Stimme an, sich zu rechtfertigen.

»Bruder, es tut mir leid. Ich will doch nicht mit dir streiten.« Er war wie ein anderer Mensch. Er belaberte mich.

»Bitte, Bruder. Bitte versteh das nicht falsch. Ich will dir doch nichts wegnehmen. Aber es ist mein rechtmäßiger Anteil. Du weißt, dass ich dir das alles ermöglicht habe. Und ich habe doch nichts.«

Die ganze Zeit fragte ich mich ob er das wirklich Ernst meinte. Ob er wirklich glaubte, dass ihm ein Anteil zustand. Oder ob er nur ein verdammt guter Schauspieler war, der all die Jahre nur das Ziel gehabt hatte, mich abzuziehen. Aber an seinem Gesicht sah ich, dass er sich komplett im Recht fühlte. Wir haben jahrelang unser letztes Geld geteilt, wir haben über dieselben Witze gelacht. Wir sind durch so viel Scheiße gegangen. Aber das hier, das übertraf alles. Ich wusste nicht, wie ich reagieren sollte. Ich bekam ständig von außerhalb irgendwelche Schutzgeld-Aufforderungen. Irgendwelche Gruppierungen und Vereine wollten andauernd, dass ich sie dafür bezahlte, dass sie mir irgendwann mal auf nicht vorhandenen Touren Schutz geben würden. Niemals hätte ich diesen Leuten auch nur einen Cent bezahlt. Dem Brate gab ich Geld. Vielleicht immer noch aus dem falschen Verständnis von Brüderlichkeit, das ich hatte.

Nach meiner Qualifikation war mein erstes richtiges Battle gegen AchMett. Ein unbekannter, ziemlich übergewichtiger Rapper. Er war ein so leichter Gegner, dass ich mir dachte, dass ich ihn noch nicht einmal richtig battlen musste. Ich zerstörte ihn quasi im Vorbeigehen und kümmerte mich stattdessen eher darum, eine swaggy Hook zu konzipieren. Denn eine Sache war mir tatsächlich klar: Es würde nicht bloß reichen, das Turnier zu gewinnen. Im Vorjahr wurde 4Tune zum Sieger gekürt und veröffentlichte daraufhin sein Album. Er hat keine 500 CDs verkauft. Mit so wenig Albenverkäufen lohnt sich nicht mal die eigentliche Pressung. Bei anderen Videobattle-Turnieren wie etwa dem VBT war es ähnlich. Die Gewinner hatten zwar im Internet fame. Aber sie konnten das nicht in Plattenverkäufe übersetzen. Mir war also klar, dass das JBB alleine nicht der Auslöser für einen kommerziellen Erfolg werden würde. Es konnte nur den Ausgangspunkt bilden. SpongeBOZZ müsste als Figur groß werden. Als Charakter. Darum habe ich immer wieder versucht, mich selber zu represente. Vorzubauen. Meine Songs sollten am Ende des Tages auch als Songs funktionieren. Julez wollte immer lieber eine trockene Zerfickung haben. Aber ich sagte ihm, dass ich das auf meine Weise machen will.

Viele haben das Konzept des Schwammes bis heute nicht verstanden. Sie sagten, es sei lächerlich, wenn ein erwachsener Mann sich ein Kostüm anzieht und dann über Planktonweed rappt. Ich verstehe bis heute nicht, wieso es Menschen auf dieser Welt gibt, die das, was ich gemacht habe, so ernst nehmen? Es ist einfach ein ziemlich lustiger Humor. Da ist ein Typ, der technisch gesehen zu den besten Rappern Deutschlands gehört und seine Gegner mit krassen Punchlines, noch krasseren Reimketten und einem unnormalen Doubletime dominiert. Und als wäre das nicht schon Knechtung genug, trägt der Kerl dann auch noch ein Schwammkostüm. Letztendlich war der Schwamm aber auch eine Reaktion auf die Entwicklung, die Deutschrap genommen hatte. Gangsterrap verkaufte sich wahnsinnig gut. Also wollte auf einmal jeder nur noch ein Gangster sein. Da erzählten irgendwelche braven Vorstadtkids davon, wie viele Drogen sie vertickt hätten, obwohl sie noch nicht einmal wussten, wie Kokain überhaupt aussieht. Den Kids ist das egal. Ihnen geht es heutzutage gar nicht mehr um Authentizität. Ihnen geht es um Unterhaltung. Sie supporten auch nicht mehr unbedingt die Musik, die sie feiern, sondern den Künstler, der ihnen zusagt. Als Bushido CCN3 veröffentlichte, da hat er nicht eine einzige Single ausgekoppelt. Trotzdem explodierten seine Vorverkaufszahlen. Seine Fans unterstützten ihn als Person. Weil sie seinen Charakter mochten. Nicht bloß, weil sie die Musik feierten. Rap wurde zu Wrestling. Die Inhalte waren fake. Die Personen, die die Musik transportierten, waren das Wichtigste. Also habe ich versucht, diese Entwicklung so zu persiflieren, dass ich sie ad absurdum führte. Ein Schwamm, der über seine Mafia-Verstrickungen und seinen exzessiven Drogenkonsum rappt? Und dann kamen da ernsthaft irgendwelche Realkeeper an, die mir sagten, dass ich nicht authentisch war? Ich habe viel gelacht zu dieser Zeit.

Die Runde gegen AchMett gewann ich also locker. Danach musste ich Winin battlen. Ich hatte meine Runde gegen ihn schon geschrieben. Plötzlich stieg er aus dem Turnier aus, und Green musste einspringen.

Wir wollten das Video im Osnabrücker Zoo drehen. Am ersten Tag fuhren wir vorbei, um uns alles anzuschauen. Um ein Gefühl für die Location zu gewinnen. Wir hatten unsere Kamera dabei und drehten schon einmal die Schnittbilder. Einfach irgendwelche Close-ups von den Tieren.

Am zweiten Tag kamen wir vorbei und fragten nach einer Drehgenehmigung.

»Für was denn?«

»Es geht um ein Musikvideo.«

»Musikvideo?«

»Ja, Hip-Hop.«

»Neee, neee, ditt wollen wa hier nüsch.«

»Aber wir machen doch Werbung damit. Auch für Ihren Zoo.«

»Neeee, wech damit. Kein Hipshops-Dingens. Wennse ne Doku über Tiere machen wollen, können wa quatschen, aber so nüsch.«

»Na ja«, räumte mein Kameramann ein. »Im weitesten Sinne ist das ja eine Doku über Tiere.«

Ich zog ihn weg. »Ist wayne«, sagte ich. »Ich habe eine todesgute Idee.«

Wir liefen einmal um den Zoo rum und stiegen dann über einen kleinen Zaun am Hintereingang ein.

»Woher weißt du das?«, fragte mich mein Kameramann.

»Digga, ich wurde als 16-Jähriger zu 400 Sozialstunden verurteilt. Die habe ich hier gemacht.«

Zumindest dafür hatte sich der Florian damals gelohnt.

Wir haben dann das gesamte Video guerillamäßig gefilmt. Wir hatten eine kleine Steadycam dabei und wenn gerade niemand guckte, setzte ich mir schnell mein Schwammkostüm auf, hampelte ein bisschen rum und zog dann zügig wieder ab. Die Aufnahmen würfelten wir alle zusammen und bastelten daraus ein ziemlich gutes Video. Mit jedem Video, das ich veröffentliche, mit jeder Runde wuchs mein Hype. Die Leute flippten aus.

Auch wenn es schon die ersten Theorien gab, dass ich unter der Maske stecken könnte, wollte ich, dass meine Identität zunächst noch verborgen blieb. Mir war klar, dass die meisten Hörer wussten, wer ich war. Ich versuchte ja nicht, meinen Stil großartig zu kaschieren. Ich verstellte zwar meine Stimme, aber die Technik, die ich hatte, behielt ich. Mir war nur wichtig, dass es keinen eindeutigen Beweis gab, der mich als Schwamm identifizierte. Dass es kein Foto oder keine Videoaufnahme gab. Ich vertraute nur meinem engsten Kreis. Und den hielt ich bewusst klein. Ich überlegte sogar einmal, dass wir zu den Videodrehs allen Beteiligten die Smartphones abnehmen sollten. Aber das machten wir nie. Ich erklärte einfach jedem, der anwesend war persönlich, wie wichtig es mir war, dass nichts an die Öffentlichkeit geriet. Und alle hielten dicht. Ich erweiterte dann das SpongeBOZZ-Universum und erschuf aus Patrick Starr, dem freundlichen Seestern, noch Patrick Bang, einen testosterongeschwängerten bärtigen Seestern auf Anabol. Verkörpert wurde er natürlich von meinem Kumpel Pat.

Ich hatte zu dieser Zeit nur noch wenig Kontakt zu Squirty. Aber er kam irgendwann vorbei, machte einen auf Bruder und sagte, er wolle einfach mal wieder ein bisschen Zeit mit mir verbringen.

»Bro, ich habe gerade wahnsinnig viel zu tun.«

»Ich weiß, ich weiß. Es läuft bei dir gerade richtig gut. Und ich freue mich für dich, Dima. Aber du musst auch mal den Kopf freikriegen. Das sage ich dir als Bruder.«

»Ich habe echt kaum Zeit …«

»Zeit für eine Shisha wirst du haben. Ich will nur sichergehen, dass du dich nicht überarbeitest.«

»Also gut«, lenkte ich ein. Squirty fuhr mich dann zur KeskinShisha-Bar in Schinkel. Ganz in der Nähe von mir. Ich wohnte in der Tannenburgstraße. Eklige Gegend. Wir quatschten zum ersten Mal seit einem halben Jahr mal wieder ausführlich miteinander. Ich hatte nicht wirklich Nerv auf den Typen. Aber er rief ständig bei uns an, heulte sich bei meiner Frau aus, dass ich mich nicht mehr melden würde.

»Willst du noch was trinken, Dima?«, fragte er todesfürsorglich.

»Danke, Bro, alles gut.«

»Hör mal, mein Freund …«, fing er dann auf einmal an und zog aus seiner Tasche ein iPad. »Ich wollte dich fragen, ob du mir für meine nächste Single vielleicht schnell einen kurzen Part schreiben könntest?«

Zuerst dachte ich, es wäre ein Scherz. Aber er meinte es todernst. Ich schrieb ihm seinen Dreckspart und fuhr wieder nach Hause.

Aber Squirty ließ nicht mehr locker. Er bettelte mich mehrere Monate lang an, ihn auf seiner neuen EP zu featuren. Ich hatte wirklich überhaupt keinen Nerv dafür. Ich wollte auch Sunny nicht weiter pushen. Ich hatte zwar bei allem, was ich tat, Sun Diego im Kopf, aber Sun Diego sollte erst mal ruhen, bis SpongeBOZZ das erreicht hatte, was er erreichen sollte. Dennoch sagte ich nach dem 25. Anruf zu. Ich wollte einfach, dass er mich in Ruhe ließ. Ich war übelst gestresst. Das JBB war für mich ein Fulltime-Job. Ich nahm die Sache wirklich ernst. Es ging Battle um Battle. Im vierwöchigen Abstand. Privat vernachlässigte ich zu dieser Zeit wirklich alles. Besonders meine Frau und mein Kind. Es war ein Albtraum. Mein Sohn weinte jedes Mal, wenn ich zur Tür rausging. Es war eine wahnsinnige Belastungsprobe für meine Familie.

Aber meine Frau und ich wussten beide, dass jetzt der Moment gekommen war, an dem ich mich beweisen musste. Dass jetzt die Zeit war, in der ich endlich die Chance bekam, mit meiner Musik durchzustarten. Sogar mein Schwiegervater kam zu mir und sagte mir, dass ich jetzt bloß durchziehen soll. Egal was wäre, er würde sich um alles kümmern, er würde uns sogar den Kühlschrank vollmachen. Aber ich sollte jetzt auf gar keinen Fall aufgeben. Das bedeutete mir wahnsinnig viel. Meine Frau hat mir in dieser Zeit den Rücken freigehalten. Ich konnte mich kaum noch um etwas kümmern. Das war ein Point of no return: Ich konnte nicht mehr zurückgehen.

Und die kostbare Zeit, die ich neben den Battles noch hatte, wurde mir von Squirty geraubt. Er fuhr mit mir in ein Studio außerhalb von Osna, wo er seit Kurzem arbeitete und in dem er meinen Feature-Part aufnehmen wollte. Es ging um den Song »Bereit«.

Ich war komplett am Arsch. Ich hatte seit Tagen nicht mehr richtig geschlafen. Als ich meinen Part fertig eingerappt hatte, legte ich mich auf die Couch im Studio und dämmerte leicht weg. Als ich meine Augen wieder aufmachte, sah ich, wie Squirty gerade ein Video von mir machte.

»Ey, was wird das denn? Bis du Paparazzi, oder was?«

»Bro, ich mache nur schnell ein Video von dir für mein Instagram.«

»Alter, wie ich schlafe?«

»Ne, wie wir zusammen chillen. Damit die Leute sehen, dass wir Brüder sind und bald neuer Stuff kommt.«

»Bro, ich will eigentlich nicht so viel Welle um Sunny machen.«

»Wir sind doch Brüder, komm schon, ich brauche auch einfach ein bisschen Support.«

Es fuckte mich nur noch ab. Ich fühlte mich wie ein Stück Fleisch. Den restlichen Tag nervte er mich damit, dass ich auf meinem Sun-Diego-Account Werbung für ihn posten sollte. Irgendwann hatte er mich so sehr genervt, dass ich ihm einfach die Zugangsdaten zu meiner Page gab, damit er seinen Scheiß selber machen konnte. Er hat das schamlos ausgenutzt und meine Privatnachrichten durchsucht. Er hat Beatproduzenten dann in meinem Namen geantwortet, um für sich selber Beats klarzumachen.

Ich konzentrierte mich derweil weiter auf meine Schwamm-Karriere. Ich stand mittlerweile im Halbfinale gegen Gio. Ich hatte vorher Green und Winin gebattlet, da meine Runde schon fertig war und er aus dem

Turnier stieg. Weil uns seine Pussyaktion so abfuckte, habe ich dann noch einen hinterhergehauen und erfand eine Fake-Nachricht, dass seine Mutter bei einem Autounfall gestorben sei, um darauf eine Punchline aufzubauen.

> Ich war schockiert, als ich gesehen hab, was die Zeitungen schrieben /
> Sah Körperteile deiner Mum unter der Leitplanke liegen /
> Jo 1999 sie starb bei 'nem tragischen Unfall /
> Fährt auf die Gegenfahrbahn, bevor sie frontal in 'nen Bus knallte. /
> Sie hatte Alkohol im Blut, war ziemlich angeschlagen, /
> Sie kamen angefahren, mit Polizei und Krankenwagen, /
> Luca, deine liebe Mutter ist verblutet zwischen Rauch und Feuer, /
> Was soll man dazu den noch sagen? Frau am Steuer!

Im Video fakte ich eine Tageszeitung. Es war natürlich ein komplett überzogenes Bullshit-Gelaber. Seiner Mutter ging es gut. So gut, dass sie uns eine Unterlassungsklage schrieb. Kurz darauf gab es eine heftige Diskussion im Netz. Ich hätte eine Grenze überschritten. Ich fand das todeslächerlich. In einem Battle gibt es keine Grenzen. Um das noch mal zu illustrieren, habe ich im Battle gegen Gio auch noch ein paar Fake-News gestreut. Der Typ sah aus wie ein Nazi und kam aus dem Osten. Für mich war das eine gute Angriffsfläche. Ich photoshopte seinen Kopf auf den Körper eines Nazis, der gerade auf einem NPD-Aufmarsch rumlief, und baute auf dem Bild meine Runde auf.

Ich machte das, was man in einem Battle macht. Ich gab ihm einen Stempel. Den Nazi-Stempel. Das war für ihn aber ein Riesenproblem. Er meldete sich bei uns und sagte, dass er damit ein ernsthaftes Problem hätte. Wir schrieben ein wenig hin und her. Dann entschieden wir uns dazu, das Video noch einmal neu hochzuladen. Ohne das Bild. Das kostete mich jede Menge Klicks, sodass ich meine Runde gegen ihn fast verloren hätte. Aber es ging gerade noch gut. Und so stand ich im Finale.

Kurz vor dem wichtigsten Battle hatten irgendwelche Blogger ein Video veröffentlicht, in dem sie behaupteten, hundertprozentige Beweise zu haben, dass ich Sun Diego sei. Sie setzten irgendeinen MoTrip vor die Kamera, der den Rapstil von Sun Diego und Sponge-BOZZ verglich, sie holten einen professionellen Ingenieur vor die Kamera, der analysierte, dass Sun Diego und SpongeBOZZ ihre Songs ähnlich abmischen würden. Und die letztendliche Aussage dahinter war, dass Julez und ich die Fans komplett verarschen würden, dass das Turnier komplett gefakt sei. Allerdings bezweifelte niemand, dass ich bei allen Battles der Bessere war. Dennoch machten die Fake-Gerüchte die Runde.

Das Markenzeichen von SpongeBOZZ war seine Stimme. Seine extreme Stimme. Gerade am Anfang war sie noch sehr hoch und übertrieben. Es ging darum, sehr extrem aufzutreten. Das war meine Visitenkarte. Irgendwann fand ich das aber zu nervig und veränderte nach und nach die Art, wie SpongeBOZZ rappte. Aber gerade die Anfangszeit war extrem schwierig. Auch wenn sich das Gerücht hartnäckig hielt, dass ich meine Stimme gepitcht hätte, habe ich das nie gemacht. Alles, was der Schwamm rappte, war original meine Stimme. Aber mit der Schwammstimme zu rappen, ist Körperverletzung. Ich habe gerappt wie ein Behinderter. Habe so laut geschrien, dass ich dachte, meine Halsschlagader würde irgendwann platzen. Ich musste mich auf jede Session vorbereiten. Ich hatte immer einen Tisch am Start mit Neo-Angin-Halsspray, das eine betäubende Wirkung hatte, einem Wasserkocher und Tee-Equipment sowie japanisches Öl, Airwaves-Kaugummis und Ibuprofen. Weil ich durch die druckvollen Aufnahmen extreme Kopfschmerzen bekam. Ich nahm zwei Kaugummis, trank zwei Tassen Tee und schluckte eine Ibuprofen präventiv. Erst dann konnte ich anfangen zu rappen.

Während der Aufnahmen zur Finalrunde gegen 4Tune bekam ich extreme Kopfschmerzen. Sie wurden immer stärker. Irgendwann konnte ich nichts mehr sehen. So extrem war es noch nie. Ich rief meine Mutter an, die mich abholen musste. Ohne richtig sehen zu können, nahm ich den letzten Part auf und schickte die Audio-Datei dann an meinen Videomenschen, der sie mit dem schon fertig abgedrehten Video zusammenschnitt und hochladen sollte. Meine Mum brachte mich in meine Wohnung und rief unsere Hausärztin an. Ich war jetzt praktisch blind und vollkommen bewegungsunfähig. Die Ärztin gab mir irgendein Zuckergemisch, sodass es mir für ein paar Minuten besser ging.

Ich stand auf. Bewegte mich in Zeitlupe zur Küche um mir ein Glas Wasser zu machen. Die Ärztin beobachtete mich mit skeptischem Blick. Als ich mich wieder auf den Rückweg zum Sofa machte, brach alles wieder ein. Meine Knie gaben nach. Ich kippte um. Ich lag auf dem Boden und konnte meinen Körper keinen Zentimeter mehr bewegen.

»Okay, das ist verdammt Ernst, Herr Chpakov.« Die Hausärztin griff zum Telefon und rief einen Krankenwagen. Ich nahm davon kaum noch was wahr. Alles war nur bruchstückhaft. Es waren kurze Erinnerungsfetzen, die kurz aufleuchteten. Wie ich im Krankenwagen lag. Wie man mich auf einer Trage in die Klinik schob.[9] Wie man mich in ein MRT brachte, eine lange Röhre, in der mein Kopf und mein Gehirn gescannt wurden. Dann entnahm man mir mit einer langen Spritze in die Wirbelsäure aus dem Rückenmark das Hirnwasser. Ich war fest davon überzeugt, dass ich einen Tumor hatte.

Ich lag auf einem Krankenbett in irgendeinem Warteraum. Meine Mutter und Nas saßen neben mir und redeten mir gut zu. Nach ein paar Stunden kam dann der Chefarzt mit einem Klemmbrett in der Hand zu mir.

»Herr Chpakov, Ihre Befunde sind da.«

Ich hörte alles, was er sagte, nur ganz stark verzerrt. Als hätte man einen Dämm-Effekt auf meine Ohren gelegt. Ich versuchte die Augen aufzubekommen. Ich sah, dass ich an einen Tropf angeschlossen war. Verdammt ging's mir scheiße. Und jetzt würde ich mein Todesurteil bekommen. Tumor. Ich wettete es war ein Tumor.

»Sie haben da nochmal Glück gehabt«, fing der Arzt an.

»Habe ich einen Tumor?« fragte ich mit der letzten Kraft, die ich hatte.

»Nein, Sie haben eine Meningitis. Eine Hirnhautentzündung.«

»Wie das?«

»Die bekommt man entweder durch einen Infekt bei einem Zeckenbiss oder durch extremen Stress.«

»Kein Tumor?«

»Kein Tumor!«

Mir war extrem kalt, ich lag im Bett und zitterte.

»Aber nochmal«, wiederholte der Arzt. »Sie haben Glück gehabt. Wenn Sie nur eine Stunde später gekommen wären, dann hätten sie sterben können.«

»Ich musste meine Runde fertig machen«, stammelte ich.

»Was für eine Runde.«

»Ach, ist egal«, winkte Nas ab. »Danke, Herr Doktor.« Dann brachten sie mich mit einem Fahrstuhl auf mein richtiges Zimmer.

Am nächsten Tag besuchte mich Julez im Krankenhaus. Ich war immer noch vollkommen neben der Spur, aber ich bekam wenigstens wieder etwas mit und konnte mich ordentlich aufsetzen. »Bist du fit genug um dir die Battles anzusehen?«

Ich nickte und Julez zeigte mir auf seinem Laptop die beiden Runden von mir und 4Tune. »Wie sind die Resonanzen?«, fragte ich.

»Gespalten«, sagte er. »Diese Blogscheiße hat dir ganz schön zugesetzt. Da haten einige aus Prinzip.«

»Okay, ich muss ficken«, antwortete ich.

Diese Rückenmark-Spritze hatte mich komplett schachmatt gesetzt. Ich lag im Krankenhaus und mein Leben fühlte sich an wie ein furchtbarer Albtraum. Alles war dumpf und schrecklich verzerrt. Ich nahm meine Umgebung bloß noch schemenhaft wahr. Und während ich vor mich hin vegetierte, kündigte sich bereits neuer Ärger an. Wir hatten unser Video in einem Flugzeughangar gedreht und unser Videomann hatte bei der Endbearbeitung vergessen, das Kennzeichen von einem Privatjet zu pixeln, der irgendwo im Hintergrund stand. Der Besitzer von dem Ding war ein riesiger Fleischproduzent aus der Umgebung und er lief Sturm. Er drohte uns massive Klagen an. Wir mussten das Video neu hochladen, was im Netz wiederum eine Riesendiskussion auslöste. Angeblich würde ich mir dadurch irgendwelche Vorteile verschaffen. Aber das war Unsinn. Der Reupload hatte nur Nachteile. Ich verlor Klicks, ich verlor Reichweite und ich löste eine Diskussion aus.

Mir war klar, dass ich jetzt erst recht abliefern musste. Ich lag im Krankenbett und schrieb meine Rückrunde. Bei jeder Zeile fühlte ich mich dem Tod näher als dem Leben. Dennoch habe ich es irgendwie hinbekommen. Nachts wanderte ich wie ein verkrüppelter Geist in Zeitlupe über die Krankenhausflure, weil ich nicht schlafen konnte und Psychos hatte. Diesen ekelhaften Geruch von Linoleum sollte ich niemals wieder vergessen.

Ich schleppte mich entgegen dem Rat meines Arztes dann auch noch zum Videodreh und ins Studio. Und es zahlte sich aus. Ich gewann das Finale. Von nun an trug ich den Titel »King of Kings«. Doch dieser Titel hatte einen hohen Preis. Gesundheitlich wurde es einfach nicht besser. Die Ärzte sagten mir, dass die Nachfolgen regulär nach drei spätestens aber nach sechs Monaten aufhören sollten. Aber das taten sie nicht. Ich ging irgendwann wieder zu einem Neurologen. Er sagte mir, ich müsste voraussichtlich wieder in ein Krankenhaus. Das habe ich bis heute nicht gemacht. Ich hatte Angst mein Tagesgeschäft liegen zu lassen. Ich spürte, dass ich kurz davor war, meinen absoluten Durchbruch zu erreichen. Ich konnte es mir jetzt einfach nicht erlauben, irgendeine Form von Schwäche zu zeigen. Doch noch heute leide ich unter den Nachfolgen. Wenn ich mir die Schuhe zubinde, wird mir schwarz vor Augen. Wenn ich schwere Gegenstände trage, fühlt sich mein Kopf an, als würde er platzen.

Je erfolgreicher SpongeBOZZ wurde, desto abgefuckter war Squirty. Er sah, dass es bei mir seriös wurde. Dass ich anfing Geld zu verdienen. Im ersten Jahr habe ich nur durch die digitalen Erlöse meiner Battle-Runden 200.000 Euro gemacht. Und so sicher ich mir heute bin, dass Sunny das auch alleine geschafft hätte, so bewusst war und ist mir doch, dass der Schwamm Sunny erst zu dem gemacht hat, was er heute ist.

Squirty dagegen kam nicht voran. Die Solokarriere, von der er träumte, fand bloß in seinem Kinderzimmer statt. Das hat ihn gefickt. Etwa ein Jahr nach meinem Battle meldete er sich plötzlich wieder bei mir und stellte immer absurdere Forderungen.

»Warum investierst du nicht mal 30 Mille in einen Bruder?«

»Bro, mein Kind hat nicht mal ein Sparkonto. Ich baue mir gerade eine Firma auf«, versuchte ich ihm zu erklären. Ich verstand nicht, was er noch von mir wollte. Ich hatte seine Texte geschrieben. Ich hatte Spuren für ihn aufgenommen. Ich hatte ihm ein Feature bei Kollegah besorgt. Jahrelang hatte ich ihn umsonst in meinem Studio recordet. Ich hatte ihm sogar meinen Facebook-Account übertragen, auf dem er seitdem geschätzt eine Million Leute in meinem Namen abgeschrieben hat, um irgendwie einen Vorteil rauszuschlagen. Er dagegen hatte nichts von dem eingehalten, was er versprochen hatte. Er hatte mir die 100 Euro monatlich nicht bezahlt, die er mir geben wollte. Er hatte für das Studio nichts gezahlt, in dem er aufgenommen hat. Er hatte das versprochene Investment für das Moneyrain-Tape nicht gemacht. Es ging nicht in meinen Kopf, wie er ernsthaft noch etwas von mir verlangen konnte.

»Bruder«, sagte er. »Du lässt hier mein Brot verfaulen.«

»Junge! Ich habe dich jahrelang supportet. Jahrelang.« Seine Ignoranz machte mich wütend.

»Du bist ein Egoist«, konterte er beleidigt.

Ein Egoist. Das sagte ausgerechnet der größte Egoist, den ich jemals in meinem Leben kennengelernt habe.

Ich merkte, wie Squirty sich veränderte und wie er plötzlich anfing, mit den falschen Leuten zu chillen. Er versuchte mit allen Mitteln, auf meinen Erfolgszug aufzuspringen. Er nervte jetzt auch Julien, dass er ihn doch bitte pushen sollte. Er wollte bei dem JMC mitmachen. Aber Julez ließ ihn nicht. Er sagte einfach Nein. Das hatte nicht bloß etwas damit zu tun, dass sich Squirty plötzlich mit erklärten Feinden von Julez vor die Kamera stellte. Es hatte auch einfach etwas damit zu tun, dass Squirty untalentiert as fuck war. Ich kann mir vorstellen, dass Julez ihn sogar hätte mitmachen lassen – wenn seine Songs nicht so einen Fremdschäm-Level des Todes gehabt hätten. Aber Squirty nahm es natürlich persönlich. Über Wochen kündigte er groß an, dass er Julez »zur Rechenschaft« ziehen würde. Dass er Julez seine Mutter ficken würde. »Dieser deutsche Lauch«, brabbelte er immer wieder vor sich hin. Es war das klassische Squirty-Gebrabbel. Große Ankündigungen ohne Substanz. Julez ist früher auch mal zum Boxen gegangen. Ich glaube, er hätte Squirty gehauen. Er soll mir nur einen Grund geben.

Eines Tages fuhren Squirty und ich tatsächlich einmal zusammen zu Julez ins Studio. Der hatte zu dem Zeitpunkt gerade erfahren, dass Squirty sich bei verfeindeten Rappern ins Video stellt.

Als wir vor Juliens Haus standen und klingelten, öffnete er die Tür, musterte Squirty und gab ihm die Absage des Grauens. Er winkte mich rein und hielt Squirty davon ab, ebenfalls reinzukommen.

»Sorry, du nicht.«

»Wie, ich nicht?«, fragte Squirty überrascht.

»Du nimmst hier nichts mehr auf. Verpiss dich.«

Nachdem Squirty mehrfach angekündigt hatte, dass er Julez kaputt hauen will, war das jetzt seine ganz große Chance. Ich lehnte mich an den Türrahmen und beobachtete, was nun passierte.

»Was meinst du denn mit verpiss dich?«

»Alter, bist du taub? Hau ab!«

»Aber warum denn, was habe ich denn getan?«

»Bist du behindert in deinem Kopf? Du stellst dich zu meinen Feinden in die Videos und fragst mich, warum du in meinem Haus nicht willkommen bist?«

Ich erwartete, dass Squirty spätestens jetzt reagieren würde. Aber er schaute nur auf den Boden.

»Guck mal, Julien«, sagte er kleinlaut. »Du hast mich auch im Stich gelassen. Ich habe mich komplett ausgeschlossen gefühlt, weil ihr mir nie helfen wolltet.«

Das war also der krasse Squirty. Ein Gangster, der mit gesenktem Kopf rumheulte, dass man ihm nicht das gegeben hat, was er haben wollte.

»Ey, heul mir nicht meine Einfahrt voll, okay, du Fotze?«

»Dima, sag doch auch mal was.«

»Na komm, lass ihn rein, Julez«, lenkte ich ein. Ich machte das mittlerweile nicht mehr aus Freundschaft zu Squirty. Sondern aus dem Bewusstsein heraus, dass Squirty viele Dinge gegen uns in der Hand hatte. Er kannte alle Geheimnisse, die wir noch nicht öffentlich machen wollten. Unsere Anschrift, meine Identität, all das, was mir und meiner Familie hätte schaden können. Und das wollte ich verhindern.

Nach diesem Abend fing Squirty immer mehr an, sich auch öffentlich gegen mich zu stellen. Er spielte in Interviews mit meiner Identität. Er postete Videos, in denen er SpongeBOZZ-Mukke im Hintergrund spielte. Dabei wusste er, dass diese Identität mein Brot war. Dass ich davon lebte. Ich hatte keinen Bock mehr auf diesen Mist. Und ich wollte nicht, das Squirty meinen Namen weiter benutzte, um groß zu werden. Ich löschte meinen Sun-Diego-Facebook-Account.

»Warum hast du den weggemacht, Bruder?«, schrieb er mir. »Ich habe den noch gebraucht.«

Waw

Meine Krankheit warf mich derweil noch immer vollkommen aus der Bahn. Ich hatte immer noch krasse Kopfschmerzen. Fing immer wieder an, bestimmte Dinge doppelt zu sehen. Es hörte einfach nicht auf. Als ich mich nach einem Termin in Berlin in die Bahn setzte, um zurück nach Hause zu fahren, bekam ich den bislang schlimmsten Anfall. Es war fast so schmerzhaft, wie nach der Aufnahme meiner JBB-Final-Runde. Ich sackte nach und nach in meinem Sitz zusammen, hatte überhaupt keine Kraft mehr. Ich muss so schlimm ausgesehen haben, dass sich die Schaffnerin die gesamte Fahrt über zu mir stellte.

»So wie Sie aussehen, kann ich Sie jetzt garantiert nicht alleine lassen«, sagte sie. Es fehlte nur noch, dass sie Händchen hielt. Es fühlte sich an, wie ein unfassbar starker Migräne-Anfall. Nur tausend Mal so schlimm. Mir wurde wortwörtlich der Boden unter den Füßen weggerissen. Als ich zu Hause angekommen war, ging ich sofort zum Neurologen. Er sagte, dass mein gesundheitlicher Zustand nicht normal wäre, und wies mich ins Krankenhaus, mit der Krankenkassenkarte von dem Cousin von Nas. ein. Ich sollte dort für mehrere Wochen zur Beobachtung bleiben. Aber ich hielt es nicht aus. Ich hatte im Kopf, dass ich jetzt mein Album schreiben müsste. Dass ich es jetzt allen beweisen musste. Es war doch meine Zeit, dachte ich und entließ mich selber aus dem Krankenhaus. Ich habe bis heute nicht klären lassen, was eigentlich mit mir los ist. Vielleicht will ich es auch gar nicht wissen.

Nach der Attacke fing ich an wieder zu kiffen.

Das JBB lief in seiner nächsten Runde ohne mich weiter. Im Finale standen Gio und Laskah. Der Gewinner würde gegen mich, den Gewinner vom letzten Jahr, in einer King-Final-Runde antreten. Ich wusste, dass diese Runde die vielleicht wichtigste Runde werden würde, die ich je geschrieben habe. Ich hatte die letzten Monate so viel Kritik einstecken müssen: dass Julez und ich das Battle gefakt hätten, dass wir irgendwas manipuliert hätten, alle stellten sich gegen uns. Die Medien, die Blogs, andere Rapper – ich wollte es ihnen allen zeigen. Nachdem Gio und Laskah ihre ersten Finalrunden abgegeben hatten, fing ich an, mich auf sie vorzubereiten. Sie zu recherchieren. Mir erste Beats auszusuchen. Ich schrieb die ersten Lines gegen beide, stellte mich aber mehr auf Gio als Gegner ein, weil seine Final-Hinrunde stärker war als die von Laskah. Als Gio auch offiziell das Battle gewann, wusste ich, dass er als mein Gegner feststand. Von diesem Tag an schrieb ich wie ein Besessener an meiner Runde gegen ihn. Ich wollte nicht bloß gewinnen, ich wollte ihn zerstören. Ich wollte ein Statement setzen.

Ich hatte ursprünglich geplant, einen 15-minütigen Track zu machen, bei dem ich Gio einfach überrolle. Ich wollte dabei mehrere Facetten zeigen. Ich wollte zunächst seinen Werdegang darstellen und ihn für jede Station in seinem Leben, für alle moves, die er irgendwann einmal gebracht hat, auseinandernehmen. Es war fast schon schulreferatsmäßig. Ich recherchierte wirklich sein komplettes Leben. Das hatte ich bei keinem Gegner zuvor gemacht. Bisher hatte ich mir einfach etwas ausgedacht oder die offensichtlichsten Angriffspunkte genutzt, die augenfällig waren. Ich sagte mir damals, ich sei als Künstler zu relevant für meine Gegner. Indem ich sie ernst nahm und mich mit ihnen auseinandersetzte, würde ich sie aufwerten. Julien hat das immer offen kritisiert. Er sagte, ich mache es mir zu leicht. Nicht zuletzt aus diesem Grund war ich bereit, Gio ernst zu nehmen. Ihn zwar somit künstlerisch aufzuwerten, ihn aber gleichzeitig musikalisch zu zerstören.

Im zweiten Teil des Tracks wollte ich ihn dann auf Entertainment-Basis dissen. Ich wollte einfach zeigen, dass ich ihn auf allen Ebenen auseinandernehmen konnte: auf visueller, technischer, inhaltlicher und Entertainment-Ebene. Ich schrieb wie ein Besessener. Mein Gegner war in diesem Moment eigentlich gar nicht Gio. Mein Gegner war Rapdeutschland. Es ging nicht um Gio. Es ging um mein Standing als Künstler. Um Juliens Standing als Veranstalter. Es ging darum zu zeigen, dass unsere Freundschaft nichts mit meiner Musik zu tun hatte, dass ich dennoch der beste Battlerapper Deutschlands war. Ich machte nicht bloß eine Battle-Rap-Runde, ich schrieb einen Disstrack an die Medien, an die Fans meiner Gegner und an alle Rapper, die ein Problem mit meinem Hype hatten. Ich schrieb einen Disstrack an all die Blogs und die Pisser, die glaubten, sie könnten in Interviews gegen mich sticheln. Die Runde sollte ein Befreiungsschlag werden. Gio war bloß ein Kollateralschaden.

In dieser Zeit eröffnete in der Straße, in der ich wohnte, ein neues Clubhaus. Plötzlich bekam ich merkwürdige Nachrichten und Kommentare. Unter meinen SpongeBOZZ-Videos fanden sich auf einmal Nachrichten wie »Das ist mein Nachbar. Ich sehe den Sunny öfter, der soll besser aufpassen«. Zudem wurde wieder und wieder der Straßenname unter meine Videos geschrieben. Ich hatte keinen Plan, was das sollte. Und nahm es zunächst nicht allzu ernst. Bis ich einen Anruf von dem Vater meiner Frau bekam. Sie war gerade mit meinem Sohn auf dem Weg zu ihm. Ich saß mit dem Brate bei Julez im Studio und hörte mir einige seiner Storys an.

»Weißt Du, Bruder, damals haben wir auch Einbrüche gemacht. Krasse Sachen. Wirklich krasse Sachen«, erzählte er. »Wir sind überall eingestiegen. Hemmungslos. Wenn da ein Kind im Haus war, war uns das scheißegal. Wir haben unser Ding durchgezogen. Bruder, wir sind über Leichen gegangen. Hahaha. Weißt Du, einmal, da war so ein

Bonze, der wollte aufmucken, ich sag mal, den musste ich ein bisschen anpieksen.«

Er zog sein Messer aus seiner Replay und spielte ein bisschen damit herum. »Hat gut Blut verloren, der Bastard.«

Ich schrieb gerade an einem Song und versuchte das Gelaber einfach zu überhören. Die meisten Storys kannte ich bereits.

»Zwei Typen habe ich mal in den Rollstuhl gestochen«, prahlte er.

»Ja, Bro. Ich weiß.«

Er fuchtelte mit seinem Messer mehrmals in der Luft rum. »Für beide zahle ich einen Zehner Schmerzensgeld im Monat. Einen Zehner. Hahahaha, stell dir das vor!« Dann äffte er einen Mann im Rollstuhl nach und brach wieder in sein Gelächter aus.

Ich zog mein Handy aus der Jeans. »Scheiße«, sagte ich.

»Was los?«

Ich hatte 17 Anrufe in Abwesenheit von Nas' Vater.

Ich rief sofort zurück.

»Dima«, sagte er. »Komm bitte vorbei. Deine Frau und dein Sohn – sie hatten einen Unfall.« Mein Herz blieb beinahe stehen.

»Was sagst Du da?«

»Es geht ihnen gut, aber … es war kein normaler Unfall. Komm vorbei. Sowas sollten wir nicht am Telefon besprechen.«

Ein Unfall. Meine Frau. Mein Kind. Mir schossen eine Million Gedanken durch den Kopf. Mein Herz raste. Ich zitterte am ganzen Körper.

»Bro, ich muss los. Es ist was passiert.« Der Brate schaute mich abfällig an.

»Ah ja«, sagte er. »Du kannst auch gleich sagen, dass du kein Bock auf mich hast.«

»Was?«

»Schon okay.« Er verdrehte die Augen und war eingeschnappt. Ich sah an seinem Gesicht, dass er dachte, es würde hier um ihn gehen.

Ich fuhr sofort zu Nas. Zu Hause saß sie in eine Decke eingehüllt am Küchentisch und trank einen Tee. Sie sah gar nicht gut aus. Meine Mutter war bei ihr.

»Was ist denn los?«, fragte ich.

»Wir hatten einen Unfall.«

»Was für einen Unfall? Geht es dir gut? Geht es Nel gut?«

Mein Sohn war gerade mal zwei Jahre alt.

»Ja, es geht uns gut, es ist nichts passiert.«

»Es ist nur der Schock«, warf meine Mutter ein.

»Dima, irgendwas stimmte da nicht. Die Vorderräder von dem Auto sind geplatzt. Beide. Gleichzeitig. Mitten auf der Autobahn.«

Ich spürte, wie sich mein Herz zusammenzog.

»Der Typ vom ADAC, der mich abgeholt hat, meinte, er hätte so was noch nie gesehen. Und dann kam die Polizei, Dima. Die meinte auch, das wäre nicht normal. So was passiert nicht einfach.«

Ich holte meinen Sohn und nahm meine Frau und ihn in den Arm. »Macht euch keinen Kopf«, sagte ich. »Es wird euch nichts passieren. Ich werde mich um alles kümmern.«

Draußen ging die Sonne bereits unter.

Ich gab ein Gutachten in Auftrag. Ich wollte, dass mir Experten sagten, was genau passiert war. In der Zwischenzeit nahm ich meine ganze Wut, meine ganze Verzweiflung, die ich hatte, mit ins Studio und rappte meine Runde gegen Gio ein. Statt 15 Minuten wurde der Track 34 Minuten lang.

Man warf mir im Nachhinein vor, dass ich ewig Zeit gehabt hätte, um mich auf die Runde vorzubereiten. Aber das stimmte nicht. Ich hatte genau sechs Wochen. Und zwar von dem Moment an, in dem ich wusste, dass Gio und Laskah im Finale standen. Gio hingegen wusste seit einem Jahr, dass ich sein Endgegner werden würde, sollte er das Finale gewinnen. Er konnte sich ganz anders auf mich einstellen als ich mich auf ihn. Meine Stimmung war: Fick, egal wer kommen wird. Seine Stimmung war: Fick den Schwamm. Mein Produktionsaufwand war zeitbedingt relativ gering. Ich habe zum Beispiel meine Reime nicht gedoppelt.

Als der Diss veröffentlicht wurde, war alles vorbei. Gio gab sofort auf. Ich hatte instant gewonnen. Aber das war gar nicht mein großes Ziel. Ich bekam endlich von allen den Respekt für meine Musik, der mir zustand. Der Diss knackte alle meine Rekorde. Er wurde über 20 Millionen Mal geklickt. Der Diss lebte nicht von meinem Gegner. Niemand kannte ja wirklich meinen Gegner. Dieser Diss lebte nur von meinen Skills. Darum hat er auch einen historischen Wert. Das, was ich mit der RBA begonnen hatte, habe ich mit der Runde gegen Gio beendet. Ich habe die Internetbattle-Kultur durchgespielt.

Doch ich hatte gar nicht so viel Zeit, mich über irgendetwas zu freuen, denn mit den Gedanken war ich ganz woanders. Ich schloss mich in der Wohnung ein und fing an zu recherchieren. Mittlerweile hatte ich ein Gutachten an der Hand, das bestätigte, dass der Unfall meiner Frau kein Zufall sein konnte. Beide Vorderreifen sind auf der Autobahn bei einer Geschwindigkeit von 180 km/h geplatzt. In den Reifen fanden sich Gewindespuren. Die Experten identifizierten sie als Abdruck zweier Muttern. Das bedeutet, jemand musste in beide Reifen jeweils eine Mutter ganz langsam eingedreht haben. Dadurch entwich langsam die Luft aus dem Reifen. Durch das Leck erhitzten sich die Reifen ab einer Geschwindigkeit von 160 km/h so stark, dass sie einfach platzten. Die Experten sahen die Wahrscheinlichkeit, dass so etwas zufällig passiert, als gleich null an. Es sah alles danach aus, als würde es sich um einen Anschlag handeln. Als ich weiter recherchierte, fand ich heraus, dass eine solche Maßnahme in bestimmten Kreisen als gängige Anschlagsmethode genutzt wurde.

Meine Frau ging zur Polizei. Doch die wollte davon nichts wissen. Sie sagten, sie würden sich das anschauen. Aber sie taten nichts. Es war das erste Mal in meinem Leben, dass ich auf die Cops setzte. Aber sie gaben einen Fick auf mich. Ich fühlte mich bestätigt. ACAB. Mir war das alles unbegreiflich. Wer machte so was? Unser Auto parkte immer vor unserem Haus. Selbst wenn jemand diesen Anschlag bei Nacht verübt hätte, man hätte immer, wirklich immer gesehen, dass da ein riesiger Kindersitz auf der Rückbank stand. Da waren Laternen. Die Scheiben waren nicht abgedunkelt. Wer nahm den Tod meiner Familie in Kauf? Es machte mich verrückt. Ich wusste nicht, wer dahintersteckte, was das sollte. Ich hatte eine Million Theorien. Ich hielt es für die wahrscheinlichste Variante, dass es sich um einen Warnschuss handelte. Dass irgendjemand mir Angst machen wollte, damit ich mir bei ihm Schutz einkaufte. Aber es trat niemand auf mich zu.

Ich verlor meinen Verstand. Ich bekam Mordgedanken.

Am nächsten Tag kam ein komplett verkaterter Squirty in das Studio.

»Bruuuder, Absturz des Todes!«, sagte er und ließ sich auf die Couch fallen.

Ich schrieb weiter an meinen Texten und beachtete ihn nicht groß. Er massierte seine Schläfen und stöhnte herum.

»Hast Du Wasser?«, fragte er mich. Ich griff die Volvic-Flasche auf meinem Tisch und schmiss sie ihm rüber.

»Bruder, Bruder, Bruder«, stammelte er vor sich hin. Er hatte offenbar Redebedarf.

Da er eh nicht locker lassen würde, tat ich ihm den Gefallen.

»Was denn los? Zu viel gefeiert?«

Er setzte sich auf und fing sofort an zu erzählen.

»Ja, Mann. Das war gestern eine komplett kranke Situation, Dima. Ich war mit einem Kollegen in einem Club. Wir haben ein bisschen was getrunken und zwei Bitches an der Bar klargemacht.«

Ich verdrehte die Augen. Jetzt kam wieder eine überzogene Lover-Story von ihm. Ich hatte gar kein Bock auf diese Scheiße.

»Ja, Bro, hör mal, war bestimmt sexy und so mit euch. Aber, ey, ich muss hier meinen Text fertig kriegen...«

»Nein, nein, das ist nicht *so* eine Story.«

»Also erzähl.«

»Die Mädels waren extrem hot. Ernsthaft, Dima. Bisschen jung noch, aber das ging schon klar.«

»Was meinst Du mit »ein bisschen jung noch«, Squirty?«

»Egal, das spielt keine Rolle. Wir kamen auf jeden Fall ins Gespräch, haben ein paar Drinks an der Bar genommen, alles ganz smooth. Es war uns allen klar, dass heute Nacht mehr gehen würde. Wir sind dann also raus aus dem Club und in den Wagen von meinem Bro und erst mal ein bisschen gecruist.«

»Komm zum Punkt, Mann.«

»Ja, wir sind dann auf jeden Fall zum Rubenbruchsee gefahren und wollten die beiden da bangen, aber da haben die sich übelst Filme geschoben und sich krass angestellt. Richtige Diva-Aktion. Bruder, ich war wirklich gut abgefüllt. Ich konnte da nicht einfach aufgeben, weißt Du?«

»Nein ... was willst Du mir sagen?«

»Naja, ich habe da noch ein paar weitere Versuche unternommen und irgendwann wurde es unschön.«

Ich konnte nicht glauben, was Squirty mir da erzählte. Das meinte er doch verdammt noch mal nicht Ernst. »Hast Du den Verstand verloren, Junge? Was erzählst Du mir hier?«

»Bruder ... ich muss mir das von der Seele reden. Die beiden waren richtige Schlampen, ich schwöre es dir! Die wollten das eiskalt, sonst wären die doch nicht mitgefahren. Kein Plan, was dann plötzlich in die gefahren ist.«

»Und dann?«

»Ach, nix, wir haben den Schellen gegeben und sie rausgeschmissen.«

»Am Rubenbruchsee?«

»Ja.«

»Mitten im Wald?«

»Ja, und? Selber Schuld!«

»Squirty, Du bist geisteskrank.«

Er nahm das offenbar als Kompliment und lächelte. »Jaaaa, ich weiß«, sagte er.

Ich schüttelte den Kopf. Was für ein ekelhafter Untermensch. Ich wollte mit ihm einfach gar nichts mehr zu tun haben.

»Bruder«, sagte er noch. »Meinst Du, ich bekomme eine Anzeige? Immerhin waren die ja noch minderjährig …«

Ich hatte kurz bevor ich den Track gegen Gio aufnahm, einen Vertriebsdeal für mein erstes SpongeBOZZ-Album klargemacht. Mein Hype hatte sich bereits rumgesprochen, sodass schon seit Monaten große Majorlabels auf mich zukamen, die mir Angebote machten. Aber ich lehnte alles ab. Ich hatte in den letzten Jahren gelernt, dass ich immer dann am besten bin, wenn ich mich nur auf mich selbst verlasse. Also versuchte ich mir auch die Strukturen für mein Album Schritt für Schritt alleine klarzumachen. Ich nutzte einfach das Prinzip, dass ich viele Jahre vorher auf der Straße gelernt hatte. Dort war es egal, wer man war oder welche Position ein Mensch hatte, es ging immer um den Vertragsgegenstand. Wenn jemand Kokain kaufen wollte, wollte er Kokain kaufen. Dann war es egal, ob er Arzt oder Künstler oder Anwalt war. Status spielte keine Rolle mehr. Ich wusste, dass ich auch auf dem Musikmarkt ein Produkt anbieten konnte, was begehrt war. Meine Musik. Ich verhandelte mit einem Vertrieb und legte von Anfang an alles offen. Ich sagte, wer ich war, was ich hatte und was mir fehlte. Ich sagte, dass ich alles komplett alleine machen würde, dass ich keinen Anwalt hätte, der meine Verträge prüfte, keinen Manager, der meine Verhandlungen führte. Ich sagte ganz einfach, was ich zu bieten hatte und was ich dafür haben wollte. Und der Deal ging auf. Ich bekam genau das, was ich wollte. Und hatte nun endlich die Möglichkeit, mein erstes Soloalbum aufzunehmen. Als SpongeBOZZ.

Ich startete mit den Aufnahmen für das »Planktonweed Tape« mit der Gewissheit, dass zwar künstlerisch alles so lief, wie ich es mir gewünscht hatte, aber mein Leben dennoch ein Albtraum war: Ich hatte Leistungsdruck, weil ich auf einen Schlag fame wurde. Ich wurde von einem Psychopathen bedroht, der ständige Screenshots von meinen Einnahmen sehen wollte mir ständig auf Facebook erzählte, dass er meinen Freunden auflauern und ihnen die Nase brechen will, auf meine Familie wurde ein Anschlag verübt und ich wusste nicht, wer dahintersteckte. Und auch das Finanzamt fickte mein Leben. Ich hatte in dem ganzen Trouble der letzten Jahre einfach keine Steuererklärung abgegeben und jetzt bekam ich ziemlich ekelhafte Briefe. Man drohte mir ein Insolvenzverfahren an. Dabei hatte ich einfach keinen Kopf um mich jetzt um so eine Finanzscheiße zu kümmern. Und meine Steuerberater ließen mich auch hängen. Totalschaden.

Entsprechend waren auch die Aufnahmen des Albums die Hölle. Das Studio war ja noch immer bei Julien im Keller. Ich verbrachte dort jeden Tag von morgens bis abends. Die Texte schrieb ich in seiner kleinen Küche, weil ich einfach mal einen anderen Raum sehen musste, ihm aber auch nicht auf die Eier gehen wollte, wenn er mal im Wohnzimmer chillte. Ich trank eine Jacky-Coke, nachdem ich mit dem Brate telefoniert hatte. Jedes Gespräch warf mich psychisch so weit zurück, dass ich erst einmal wieder auf ein ganz normales Level kommen musste, um überhaupt eine Zeile schreiben zu können. Ich trank ein Glas nach dem anderen. Immer im Bewusstsein, dass ich später wieder in den Keller musste, um mit der Schwammstimme schmerzhaft etwas einzurappen. Dass ich runter musste in diese Folterkammer. Das Studio war zu dieser Zeit wie ein Gefängnis. Vielleicht war das auch einfach ein Studio-Trauma, weil ich zehn Jahre lang irgendwelche talentlosen Affen aufnehmen musste. Andere Künstler mögen das nicht so empfinden, sie schreiben ihre Texte zu Hause vor, gehen ins Studio, rappen ein, gehen raus und lassen es einfach abmischen. Für mich ist das Studio aber eine Heimat. Ich mache dort alles: die Beats bauen, die Texte schreiben, die Songs einspielen, die Songs abmischen. Ich kann das gar nicht woanders machen. Ich bin an diesen Ort gekettet.

Nur das nächtliche Cruisen mit Julez war eine Stunde Ruhe für mich. Das war so etwas wie Freigang. Und das behielten wir uns beide bei.

Die erste Single, die ich zu meinem Album veröffentlichte, war »ACAB«. Es war eine klare Ansage an die Polizei, die mir bewiesen hatte, immer pünktlich am Start zu sein, wenn sie mir das Leben zur Hölle machen konnte, aber mich hängenzulassen, als meine Familie sie einmal brauchte. Ich dachte auch an die Zeit zurück, als meine Mutter damals erpresst wurde. Die Cops haben uns nicht geholfen. Sie haben eigentlich alles nur noch viel schlimmer gemacht. Darum wollte ich zumindest mit einem Song ein wenig Promo auf ihren Nacken machen. Doch das ging nach hinten los. Auch wegen des Songs wurde das Album ein paar Monate nach Erscheinen indiziert. Sonst hätte es wahrscheinlich mittlerweile Goldstatus erreicht.

Als zweite Single veröffentlichten wir »No Cooperation Con La Policia«. Wir drehten das Video zu dem Song mit einem kleinen Team in Celle. Wir waren vielleicht acht oder neun Mann. Die letzte Szene drehten wir vor einem weißen Audi in einer Tiefgarage, irgendwann spät abends. Während der Aufnahmen hörten wir von draußen Geräusche. Wir machten uns nichts draus und drehten einfach weiter. Mitten in meiner Performance wurde die Tiefgarage plötzlich gestürmt. Von gefühlt vierzig Fans, die gerade im Club gegenüber ihre Abi-Party feierten. Man sieht in den Rohaufnahmen des Videos, wie ich mich in einer Szene kurz umdrehe, weil ich sehe, dass da irgendwelche Leute reingestürmt kamen, und dann einfach ganz locker weiter performe. Ich weiß auch wirklich nicht, woher ich damals die Coolness nahm. Eigentlich war das die bedrohlichste Situation meiner Karriere. Hätten die Kids es gewollt, hätten sie meine Identität auf jeden Fall outen können. An der Seite des Schwammkostüms gab es

Löcher, durch die sie mich hätten fotografieren können. Aber sie sind mit der Situation extrem cool umgegangen. Ich bin zu einem von den Jungs gegangen und habe ihm gesagt, dass er dafür zuständig wäre, dass niemand von mir Fotos oder Videos machte. Weder von mir. Noch vom Set. Ich erklärte ihm, mit Schwammstimme, dass mir meine Identität heilig war. Die Fans waren alle unfassbar loyal. Die haben sich gegenseitig mobilisiert und der eine hat das Handy vom anderen durchsucht, damit wirklich ja nichts durchrutschte. Nachdem der Videodreh beendet war, machte ich mit den Kids ein paar Fotos und unterhielt mich noch gute 20 Minuten mit ihnen. Komplett mit Schwammvoice. Sie feierten das zu Tode.

Die dritte Single war »Plankton Weed«. Und auf dem Track habe ich zum ersten Mal auf Kollegah reagiert. Wir hatten seit der Bossaura-Zeit keinen persönlichen Kontakt mehr. Aber er hatte einige Moves gebracht, auf die ich einfach eingehen musste. Es fing mit einem kurzen Video auf Snapchat an, kurz nachdem ich meine ersten Battlerap-Runden als SpongeBOZZ veröffentlicht hatte. Er saß in seinem Auto und machte die Schwammstimme nach. Ich verstand damals nicht, was das bedeuten sollte. Was er mir mit dem Video sagen wollte. Wollte er sagen, dass er meine Existenz anerkannte? So als Zeichen: Yo, ich habe dich nicht vergessen, Homie? Oder war es ein Angriff? Machte er sich über mich lustig? Ich habe es einfach nicht gepeilt. Also dachte ich: Okay, lass ihn einfach. Reagier nicht drauf und gut ist.

Aber es ging weiter. Kurz darauf wurde Kolle von der »JUICE« interviewt. Dort outete er mich erstmals als SpongeBOZZ: »Ich kenne SpongeBOZZ ja auch. Wir haben mal ein Album zusammen gemacht, Bossaura. Finde ich geil, diese Runden waren richtig killer. Blöd finde ich nur, dass er nicht langsam mal sagt: Okay, ich bin's, Sun Diego. Ich wollte euch nur mal zeigen, dass ich nicht nur die Autotune-Schwuchtel bin, sondern auch richtig gut rappen kann«, sagte er. Und dann zog er noch ein drittes Mal nach und wiederholte sein Statement auf der Bühne. Ich begriff einfach nicht, wo das herkam. Es stand niemals im

Raum, dass es Streit gab. Wir hatten zwar keinen Kontakt mehr, aber wir haben uns nicht als Feinde getrennt. Zumindest habe ich das niemals so wahrgenommen. Ich hätte nicht gedacht, dass er aus irgendeinem Grund anfangen würde, gegen mich zu schießen. Ich war wirklich überrascht. Vor allem weil ich weder hinter noch vor den Kulissen jemals irgendwas gegen Kollegah gesagt habe. Ich habe auch auf seine ersten Sticheleien nicht reagiert. Selbst nach dem JUICE-Interview blieb ich ruhig. Ich habe einfach stillgehalten. Zunächst.

Aber mir war eine Sache klar: Wenn ich ihn angreife, dann bin ich bereit, alles zu geben. Mein Geld, meine Zeit und zur Not auch mein Leben, wenn im Hintergrund reagiert wird. Ich fand, ich hatte jetzt das Recht, mich zu bewegen. Ich hatte die Legitimation. Aber ich hatte die Wahl, wie ich reagierte. Ich zeigte ihm damit: Komm schon, du hast die Gelegenheit, es bleiben zu lassen. Ich will dir nichts Böses. Auf Planktonweed habe ich mit einer Line gentlemanlike reagiert. Ich rappte:

Ich kann Kollegahs Angstschweiß riechen /
Der Gangstaschwamm, vor dem selbst Platinrapper den Schwanz einziehen

Es sollte nicht viel mehr sagen, als: Leute, ihr seht, dass Kollegah gegen mich schießt, weil er Angst davor hat, dass ich ihm gefährlich werde. Das ging nicht unter die Gürtellinie. Aber man darf Gentleman-Verhalten nicht mit Schwäche verwechseln.

Als das Album erschien, stieg es direkt auf Platz 1 der deutschen Charts ein. Ich verkaufte grob 70.000 Einheiten – bis die CD auf den Index[10] gesetzt wurde. Mit dem Geld, dass ich verdiente, folgte eine letzte Zahlung an den Brate. Um meine Freunde zu beschützen. Um Julez Adresse zu beschützen. Identität. Studiostandorte. Er war in der Lage, mich so zu erpressen, dass ich nicht hätte weiterarbeiten können. Doch das hatte jetzt ein Ende. Er würde nie wieder auch nur einen Cent von mir sehen.[11] Ich musste sehen, dass ich mit meiner Musik vorankam. Nach dem Anschlag wollte ich endgültig meine Ruhe haben. Ich wurde bekannt. Jeder kannte meine Adresse. Ich musste weg. Ich nahm meine Familie und zog mit ihr um.

Ein Bekannter erzählte mir zu dieser Zeit von Akay. Akay war früher Sänger bei der Popband Overground und ist heute im Management-bereich tätig. Er organisiert für Künstler Werbedeals. Gerade irgend-welche Künstler, die eine hohe Reichweite auf sozialen Netzwerken haben, können damit richtig gutes Cash verdienen. Ich fand das ganz interessant, dachte dabei allerdings nicht an mich, sondern an Julez. Das JBB hatte eine unfassbare Reichweite, aber seit Jahren Probleme, wirklich gute Werbepartner an Land zu ziehen, weil es sich bei Juliens Person um einen fraglichen Charakter mit explizitem Content han-delte. Er war nicht brandsafe. Ich dachte, dass Akay vielleicht was dre-hen könnte. Also ließ ich mir seine Nummer geben. Und rief ihn an.

Ich war vor dem Gespräch schon ein wenig aufgeregt. Ich habe Akay zu Overground-Zeiten gefeiert. Er war eine richtige Popgröße. Davor hatte ich Respekt. Ich hatte damit gerechnet, dass Akay abgehoben sei und einen auf Superstar machen würde. Aber ganz im Gegenteil. Er war su-per locker und unnormal nett. Wir hatten direkt einen guten Draht zu-einander. Megakorrekt. Ich meine, der Typ hat damals so richtig was ge-rissen. Aber er begegnete mir auf Augenhöhe. Ich sang ihm dann meine Version von seinem Song »Schick mir einen Engel« vor. »Schick mir ei-nen Stengel«, das brach das Eis dann endgültig. Ich erzählte ihm von Julez und seinem Problem, einen passenden Werbepartner zu finden. Akay schien engagiert und versprach, dass er sich bemühen würde.

Wir telefonierten daraufhin immer häufiger zusammen, quatschten wahnsinnig viel und intensiv über Musik und Business. Er hatte ein-fach Ahnung. Das verband uns. Wir diskutierten Marktentwicklun-gen, neue Tendenzen im Entertainmentgeschäft, neue Styles, die sich etablierten – all so was. Und so entstand eine Freundschaft. Die Julez-Sache hat nicht geklappt. Aber wir hielten trotzdem Kontakt. Er bot mir einmal an, mir ein paar Werbeverträge zu organisieren, aber das geriet immer wieder in den Hintergrund. Entgegen allen Gerüchten war ich die ganze Zeit nie bei Akay unter Vertrag. Wir verstanden uns einfach nur gut. Wenn man etwas füreinander gepostet hat, dann nur aus freundschaftlicher Verbundenheit.

Erst sehr viel später haben wir einen Handschlagvertrag miteinander gemacht. Eines Tages nahm Akay mich auf eine Geburtstagsparty mit.

»Der Bruder von einem engen Freund von mir feiert«, sagte er. »Hast du nicht Lust mitzukommen?«

Ich war schon länger nicht mehr richtig feiern gewesen. Aber ich dachte, es würde mir vielleicht wirklich ganz gut tun. Also fuhr ich mit Pat und Akay in den Club in Wesel. Akay war auch als MC und Host gebucht und legte auf. Pat und ich saßen im VIP-Bereich und tranken ein bisschen was, als ein breiter, stabiler Mann auf uns zukam.

»Ich grüße euch, Jungs«, sagte er und gab uns einen festen Händedruck.

Wir stellten uns vor. Sein Name war Salah. Und sein Bruder war der Mann, der hier Geburtstag feierte.

Wir sprachen ein bisschen miteinander und es zeigte sich, dass Salah wirklich Wert darauf legte, dass wir uns wohlfühlten. Er nahm seine Rolle als Gastgeber extrem ernst. Als es schon ein bisschen später war, packte mich ein Typ über das Absperrband zum VIP-Bereich an der Schulter und textete mich voll. Dabei tippte er mich nur einmal an, da sah ich schon, wie Salah von der Seite angerannt kam und dem Jungen zwei Ohrlaschen gab. Der Kerl flog halb durch die gesamte Disko. Salah sprang auf ihn drauf und nahm seine Hände in einen Polizeigriff. Das ganze eskalierte und artete zu einer Massenschlägerei aus.

Er griff nach einer Eisenstange und ging auf Salah los. Salah verteilte jede Menge Ohrfeigen, aber auf einen Schlag schien alles zu eskalieren. Die Leute von Salah kamen angerannt, es mischten sich immer mehr Gäste ein und plötzlich brach eine richtige Massenschlägerei aus.

Die Rangelei verlagerte sich Richtung Ausgang. Pat und ich wollten eingreifen. Wir sahen wie Salah mit Eisenstangen zuschlug.

»Fuck«, dachte ich. »Und das alles wegen mir.« Ich schmiss den Jungs meine Alpha-Jacke rüber und sprang in die Menge. Wenn ich schon Auslöser für den Stress war, wollte ich wenigstens mitmischen. Ich konnte ja nicht einfach im VIP sitzen bleiben, während alles eskalierte. Ich bin Osnabrücker in einer fremden Stadt. Ich kann mich ja nicht blamieren. Erst Recht nicht, wenn sich wegen mir geschlagen wird. Das ist ganz normal. Mittlerweile wurde die Musik abgestellt und das Licht im Club angemacht. Einige Gäste liefen panisch Richtung Ausgang, die Türsteher kamen angelaufen. Ich machte mich auf zum Epizentrum der Schlägerei, als mich einer von Salahs Leuten tackelte.

»Jungs, was macht ihr?«

»Ich will mitmischen«, sagte ich.

»Nein, nein, das geht nicht klar«, sagte er megaernst. Der Typ war ein zwei Meter großer Libanese. Mehr Muskel als Mensch.

Er hielt mich fest. Ich beobachtete die Szene. Sah, wie Salah einen Typen zu Boden drückte, wie zehn Türsteher auf ihn zukamen und die Schlägerei deeskalieren wollten. In dem Moment passierte etwas Merkwürdiges. Salah stand auf, hob seine Hand und rief: »Shhht, ich rede hier und sonst niemand!«

Und in dem Moment war es auf einen Schlag komplett still in dem Club. Es war, als hätte jemand einen Warnschuss abgefeuert oder so. Sogar die Türsteher wichen zurück. Sie kackten sich ein und sagten kein Wort. In dem Moment kamen schon mehrere Polizisten, die mit sieben Wagen vorgefahren kamen, reingerannt. Sie hielten eine Razzia und beendeten die Party. Das war mein erster Ruhrpott-Disco-Besuch seit Jahren. Nicht schlecht.

Am nächsten Tag hatte ein Künstler aus Akays Agentur einen Videodreh. Da ich noch in der Gegend war, kam ich am Set vorbei. Ich traf Salah wieder. Wir setzten uns zusammen auf eine Kiste, die rumstand, und unterhielten uns über Politik und Musik. Er erzählte mir, dass hinter den meisten deutschen Gangsterrappern arabische Großfamilien stünden, und packte jede Menge Insiderwissen aus. Extrem spannend. Und dann sprachen wir über die Party am Vorabend.

»Ist ein bisschen eskaliert«, sagte Salah. »So was muss nicht sein.«

Ich fragte ihn, warum seine Jungs mich gestern festgehalten haben.

»Weil du dich schlagen wolltest.«

»Normal.«

»Das geht nicht. Du bist ein Künstler. Du bist ein Ehrengast. Und ein Künstler. Und wir waren für die Sicherheit zuständig. Wenn du auch nur einen Kratzer abbekommen hättest, dann wäre das schlecht auf uns zurückgefallen.«

»Ach, was.«

Er schaute mich ernst an. »Ich hätte mein Gesicht verloren.«

Es schien ihm wirklich eine wichtige Sache zu sein. »Schau mal«, führte er aus. »Du bist ein Rapper. Du kannst gut rappen. Und ich, ich bin Libanese. Ich kann gut schlagen.«

Ich sah die Sache etwas anders, ich empfand es so, dass wir alle Männer waren und dass man in bestimmten Situationen einfach füreinander einzustehen hat.

Er erzählte mir dann von seinem Security-Team, das er hatte. In dem Moment machte ich mir darüber allerdings keine weiteren Gedanken.

Meine Freundschaft zu Akay wurde immer intensiver in dieser Zeit. Ich wurde zu einer Art guter Seele seiner Agentur. Ich verstand mich mit vielen seiner Künstler gut und versuchte immer, wenn es Unstimmigkeiten gab, ein wenig zu schlichten. Akay war mir ziemlich dankbar dafür, aber für mich war das einfach selbstverständlich. Seine Suga Agency wurde für mich ein wenig so wie eine kleine Zweitfamilie. Wir passten aufeinander auf. Ein paar Monate später kam es zu einer Situation, in der ich Akay um einen Gefallen bitten musste. Ein

Bruder von mir war auf eine Messe in einer anderen Stadt unterwegs. Und ich wusste, dass er dort mit ein paar Typen Trouble hatte. Er selber ließ sich nichts anmerken, machte auf cool, aber ich hatte ein ungutes Gefühl. Ich hatte das Gefühl, dass die Scheiße eskalieren könnte. Ich rief Akay an.

»Kein Ding, ich bin zufälligerweise sowieso in der der Gegend. Muss da Familie besuchen.«

»Okay, cool. Dann pack doch bitte dein Auto mit ein paar stabilen Jungs voll und fahrt da hin. Ich connecte euch dann. Nur so zur Sicherheit.« Ich wusste, dass Akay einige gute Connections hatte. Ich wusste aber nicht, dass er Salah mitnahm. Die Jungs verbrachten einen gemeinsamen Tag mit meinem Bruder und wie ich es befürchtet hatte, wurde es tatsächlich für ein paar Momente ein bisschen heißer. Es war kurz vor dem Knall. Aber Salah klärte die Sache.

Ein paar Wochen später gab es eine zweite Begegnung zwischen meinem Bruder und Salah. Doch es passierte etwas Unvorhergesehenes. Das Team von meinem Bro stieß Salah vor den Kopf. Und das obwohl Salah die Sache für ihn geklärt hatte. Normalerweise hätte es geknallt. Aber das tat es nicht. Salah blieb ruhig.

Akay erzählte mir davon. »Warum ist er ruhig geblieben«, fragte ich.

»Aus Respekt vor Dima«, sagte Akay. »Weil die Typen ja deine Freunde waren.«

Als ich davon erfuhr, gingen bei mir die Alarmglocken los. Ich hatte das Gefühl, dass ich Salah etwas schuldete. Ich rief ihn an. Und wie telefonierten Stunde über Stunde.

Und so fingen wir an, uns eigentlich kennenzulernen. Ich erzählte ihm meine ganze Story. Er erzählte mir seine ganze Story. Und nach drei Stunden hatten wir uns angefreundet. Und ich verstand, wer dieser Salah Saado wirklich war. Eine lebende Legende auf den Straßen.

Die Legende von Salah Saado beginnt Ende der 1990er-Jahre. Und sie beginnt in der Turbinenhalle in Oberhausen. Die Turbinenhalle ist die größte Diskothek in der gesamten Region. Bis zu 6000 Menschen kommen jedes Wochenende, um hier zu feiern. Kein Ort war in NRW so berüchtigt. Man wusste, dass es hier regelmäßig Stress gab. Dass es Abend für Abend zu Schlägereien und zu Ausschreitungen kam. Die Turbinenhalle war zu dieser Zeit auch ein extremer Umschlagplatz für Drogen. Noch berüchtigter als die Turbinenhalle war allerdings die Tür der Turbinenhalle. Sie wurde bewacht von einer harten Rockercrew, den Essener Löwen. Jeden Abend standen da zwei Meter große und 150 Kilo schwere Schränke, die eine strikte Politik fuhren. Sie ließen keine Ausländer rein und schlugen brutal zu, wenn jemand auch nur versuchte, Stress zu machen. Dem Besitzer sollte das ganz recht sein. Niemand riss sich darum, die Tür der Turbinenhalle zu machen. Die Vorgänger der Essener Löwen wurden allesamt vertrieben. Abgestochen. Angeschossen. Zusammengeschlagen. Sie alle gaben nach zwei Wochen auf. Die Rocker waren brutal, aber es schien, als hätten sie den Laden einigermaßen im Griff. Bis die Polizei die komplette Crew hochnahm. Die Löwen handelten im großen Stil mit Drogen. Das brach dem Club das Genick. Von heute auf morgen gab es in der Turbinenhalle nun keine Türsteher mehr. Der Chef war verzweifelt. Er telefonierte alle Sicherheitsagenturen ab. Aber niemand hatte Lust, die Turbinenhalle zu übernehmen. Irgendwann bekam er einen Tipp. Da gäbe es einen Jungen, auf der Straße. Sein Name sei Salah Saado. Er sei gerade mal 18 Jahre alt, hätte sich in dem Boxverein, in dem er trainierte, aber den Respekt von den härtesten Männern erarbeitet. Vielleicht wäre der ja interessiert? Weil es bereits Dienstag war und der Turbinenhallen-Chef am Donnerstag unbedingt den Laden wieder öffnen wollte, ließ er sich einen Kontakt geben und fuhr dann zu Salah.

Als er Salah sah, war er skeptisch. Da stand ein 80-Kilo-Junge vor ihm. Auch die 18 Jahre sah man ihm an. Und der sollte die berüchtigtste Tür im ganzen Ruhrpott übernehmen?

»Trauen Sie sich das wirklich zu?«, fragte er den jungen Libanesen.

»Natürlich«, sagte der, ohne auch nur einen Zweifel zu zeigen.

»Okay. Wie viele Männer brauchen Sie an der Tür?«

Salah hatte noch nie eine Tür gemacht. Er hatte keine Ahnung, wie so ein Geschäft lief. Er zuckte mit den Schultern. »Fünf Leute reichen mir.«

»Fünf? Junge, du bist ja noch grün hinter den Ohren! Die Löwen hatten 15.«

Salah schaute den Mann todernst an. »Mir reichen fünf«, sagte er mit starrer Miene.

Wahrscheinlich hielt ihn der Discobesitzer für komplett verrückt. Aber welche Wahl hatte er denn? Er wollte seinen Laden wieder öffnen.

»Also gut. Fünf. Könnt ihr übermorgen anfangen?«

Salah nickte. Dann gaben sich die beiden Männer die Hand.

»Hör zu«, sagte der Discobesitzer noch beim Rausgehen. »Ich bezahle dich für 15 Leute. Was du mit dem Geld machst, ist deine Sache. Aber bring mir bloß keine Drogen in den Club.«

»Keine Sorge«, sagte Salah. »Drogen sind bei uns tabu. Haram.«

Am Mittwoch kam der Polizeichef persönlich bei Salah vorbei, um ihn zu warnen. »Das ist keine gute Ecke. Das ist eine gefährliche Tür«, sagte er. »Macht da, was ihr für nötig erachtet. Aber bringt keine Drogen in den Laden. Sonst kriegen wir ein Problem.« Dann drückte er ihm mehrere schusssichere Westen in die Hand. »Hier«, sagte er. »Ohne arbeitet ihr nicht.«

»Keine Sorge«, sagte Salah. »Drogen sind bei uns tabu.«

Einen Tag später öffnete die Turbinenhalle ihre Türen. Und Salah fuhr eine ganze neue Türpolitik. Er schenkte den Gästen mehr Grundvertrauen. Während die Rocker grundsätzlich keine Ausländer, die nach Stress aussahen, in den Laden ließen, durfte bei Salah erst einmal jeder rein. Dafür war er in der Sache strenger als die Rocker. Wenn irgendjemand Stress machte, wurde er mit aller Härte dafür bestraft. Allerdings wollte sich niemand so wirklich mit Salah anlegen. Denn auch wenn nur fünf Leute an der Tür standen, wusste jeder, dass Salah Teil einer berüchtigten Großfamilie war. Ein Anruf und hinter ihm würden innerhalb kürzester Zeit 500 Männer stehen. Plus die Männer, die er nun zum ersten Mal in die Disko ließ. Sie dankten ihm sein Vertrauen und zeigten sich auch Jahre später noch loyal.

Es sprach sich rum, dass es an Salahs Tür keinen Ärger gab. Er war fair, aber standhaft. Jede Eskalation wurde sofort mit aller Härte im Keim erstickt. Der Chef von dem Laden war so glücklich, dass er Salahs Lohn monatlich hochsetzte. Nach sechs Monaten konnte sich Salah vor Anfragen nicht mehr retten. Er wurde gebeten, mehr und mehr Türen in der Region zu übernehmen. Als er 20 Jahre alt war, hatte er 15 Türen alleine in Essen unter seiner Aufsicht. Salah hatte mittlerweile so einen harten Ruf, dass er bezahlt wurde, nur damit man ihn irgendwo sah. Denn die Leute wussten: Wenn Salah auf einer Party war, dann machte man keinen Stress auf dieser Party.

2005 lernten sich Akay und Salah kennen. Akay war damals noch bei Overground und veranstaltete nebenbei eine eigene Hip-Hop-Partyreihe: Die Soulsuga-Party. Salah war auf jeder dieser Partys dabei. Die beiden freundeten sich an. Und als Akay seine Agentur gründete, heuerte er Salah an. Er war nun für die Sicherheit aller Künstler zuständig.

Die Leute legten sich nicht mit Salah Saado an, weil die Leute wissen, dass es immer ein Rückspiel gibt, wenn man sich mit Salah Saado anlegte. Spätestens im März 2012 wurde das ganz Deutschland bewusst. Pietro Lombardi hatte gerade seinen ersten großen Auftritt in Oberhausen. Akay war als Moderator gebucht. Salah begleitete ihn. Den ganzen Abend schon gab es eine merkwürdige Stimmung in der Veranstaltungshalle. Akay war mit seiner Partyreihe gerade auf der Höhe seines Erfolges angekommen. Und das machte ihm Feinde. Dazu gehörten auch einige der Mitveranstalter an diesem Abend, die seit einiger Zeit versuchten, eine Konkurrenz-Reihe aufzuziehen und von Akays Erfolg abgefuckt waren. Sie waren so abgefuckt, dass sie jetzt Stress machen wollten. Hinter der Bühne gingen die zwanzig Mann wieder und wieder auf ihn los und versuchten ihn blöd anzumachen. Allerdings ist Akay niemand, der sich gerne irgendwas erzählen lässt. Als ihm die Typen zu blöd kamen, verpasste er einem von ihnen einen rechten Haken. Sofort kamen Securitys angelaufen. Es kam zu einem Tumult. Als Salah das sah, kam er sofort angelaufen und stellte sich vor Akay und verteilte selbst ein paar Ohrfeigen.

»Hör mal!«, schrie er die Männer an. »Keiner packt Akay an, kapiert ihr das?«

Die Typen wichen einen Schritt zurück. Sie wussten, wer Salah war. Und sie wussten, dass es klüger wäre, sich nicht groß mit ihm anzulegen.

»Ich gehe jetzt mit meinem Mann hier raus.«, sagte er. »Und wenn uns irgendwas passiert, dann werdet ihr das bereuen«, sagte er. Die Situation war angespannt. Mittlerweile waren immer mehr Securitys dazugekommen, die die Beiden umringten. Sieben Mann, acht Mann, neun Mann. Sie waren in der absoluten Überzahl.

»Spielt mal nicht Rambo«, warnte Salah die Typen.

Doch die schienen in einem Zwiespalt zu sein. Zum einen wollten sie keinen Stress mit Salah. Zum anderen wollten sie Akay nicht davonkommen lassen. Immerhin hatte er auf ihrer Veranstaltung einen ihrer Männer angegriffen.

»Der Kerl hat einem unserer Jungs Schellen hinter der Bühne gegeben. Dafür muss er jetzt auch kassieren«, sagte der Chef der Security.

»Ey!«, schrie Salah ihn an und baute sich vor ihm auf. »Deine Jungs waren frech zu ihm. Da haben sie das verdient. Es ist nichts passiert, niemand hat einen Schaden davongetragen. Von ein paar Klatschern ist hier noch niemand gestorben. Ihr lasst uns jetzt gehen und wir vergessen die Sache.«

Die Typen bauten sich breitbeinig vor Salah auf. »Und wenn nicht?«
»Dann wird das ein ganz böses Nachspiel haben.« Er zog sein Handy raus. »Wenn ich einen Anruf mache, dann wird Blut fließen.«

Sie schauten sich an. Sie überlegten. Aber sie wollten nicht klein beigeben.

»Es geht hier auch um unseren Ruf«, sagte einer. Mittlerweile standen knapp 30 Mann vor den beiden. Einer nahm einen Hocker und schlug damit auf Akay ein.

»Komm«, schrie Salah und zog Akay mit in einen kleinen Raum, der direkt neben ihnen lag. Sie verbarrikadierten die Tür.

»Jetzt klären wir das.« Salah zog sein Handy und wählte eine Nummer.

Es dauerte genau acht Minuten, bis Salah eine Nachricht bekam.
»Sind da.«

»Dann machen wir jetzt Action«, sagte er zu Akay, schnappte sich eine Bierflasche, die im Raum stand, schlug sie kaputt und stürmte aus dem kleinen verbarrikadierten Zimmer. Die beiden gingen langsam, mit der gezogenen Flasche an der Überzahl an Securitys vorbei, die sie umlagerten wie Raubtiere. »Keine Sorge«, sagte Salah. »Wir sehen uns noch.« Sie schafften es vor die Tür ohne angegriffen zu werden. Dort warteten schon seine Jungs.

»Salah, was los? Was passiert?«

»Die Halle«, sagte er nur. »Die Halle ist ziemlich verschmutzt. Da muss mal jemand aufräumen.«

Dann stürmten dreißig, stabile Kanten vorbei an der Polizei, die vor dem Gebäude stand, vorbei an den Türstehern, die Anweisung hatten, niemanden mehr in die Halle zu lassen, direkt in den Backstagebereich. Und räumten auf.

Als die Cops ein paar Minuten später die Halle nach einem Notruf stürmten, konnten sie kaum glauben, was sie da sahen. Es war ein regelrechtes Blutbad.

Die Security-Jungs lagen alle am Boden. Sie krümmten sich vor Schmerzen. Einige bluteten. Einer hatte noch ein Messer im Bein stecken. Der Typ, der gegenüber Salah und Akay die dickste Fresse hatte, wurde mit sechs Stichen im Krankenhaus eingeliefert. Mehrere im Hals.

Salah schaute mit hochgezogenen Augenbrauen auf das Chaos. »Ich hatte sie ja gewarnt«, sagte er. Von diesem Tag an musste er niemanden mehr warnen. Sein Name sprach für sich.

Das Telefonat mit Salah ging drei Stunden. Ich konnte nicht genug bekommen, von seinen Geschichten. Ich verschlang sie regelrecht. Alles was er erzählte, klang spannender als jeder Mafia-Film. Nur war das real life. Nach unserem Gespräch hatte ich umso mehr das Gefühl, dass ich ihm etwas schulden würde. Er hatte einem Bruder von mir geholfen. Das Umfeld meines Bruders stieß ihm als Dank vor den Kopf. Und Salah hielt still. Mir zuliebe. Dabei war Salah kein Mann, der normalerweise stillhalten würde. Ich hatte das Gefühl, ich müsste da was begleichen. Also fragte ich Akay, wo ich ihn finden konnte. Ich wollte das persönlich mit ihm klären. Von Angesicht zu Angesicht.

»Es gibt am Wochenende eine Party«, sagte Akay. »In einem Club in Dortmund. Dem View. Da machen Salah und seine Jungs die Tür.«

»Danke, Bro.«

Ich war an dem Wochenende sowieso auf Durchreise und machte einen Abstecher nach Dortmund.

An der Tür des Clubs stand schon Salah. Er freut sich, mich zu sehen. Und ich freut mich, ihn zu sehen.

»Bruder, was machst Du denn hier?«

»Bro, mir lässt diese ganze Geschichte keine Ruhe. Ich kann das nicht einfach so stehen lassen. Ich will dir was geben, für deine ganzen Umstände.«

»Keinen Cent nehme ich von dir.«

»Salah, im Ernst, mir ist das wirklich wichtig«, sagte ich. »Du hast mir einen Gefallen getan. Sogar zwei Mal. Das war nicht selbstverständlich. Du schuldest mir doch nichts. Bitte, lass mich dich dafür bezahlen.«

»Auf keinen Fall«, beharrte er. »Du bist für Akay ein Bruder. Also bist du auch für mich ein Bruder. Und du bist ein äußerer Einfluss. Du hast unsere Mannschaft immer zusammengehalten.«

Er spielte darauf an, dass ich in der Suga Agency eine regelrechte Seelsorger-Funktion hatte. Ich kannte die meisten Künstler mittlerweile persönlich und habe immer versucht zu vermitteln, wenn es untereinander Streit gab. Aber das habe ich nicht aus Berechnung gemacht. Sondern weil ich die Leute von Akay und seine Künstler einfach alle persönlich sehr, sehr gerne mochte. »Damit hast du schon im Vorfeld bezahlt«, sagte Salah. »Ich würde mich schämen, etwas von dir anzunehmen.«

Wir diskutierten hin und her. Aber er beharrte darauf, dass er von mir nichts haben wollte. Von diesem Tag an wurden Salah und ich zu echten Freunden. Zu Brüdern.

Ich fing nun auch an, an meinem neuen Album zu arbeiten. »Started From The Bottom/KrabbenKokaTape«. Es sollte ein Doppelalbum werden. Eine Teil SpongeBOZZ, ein Teil Sun Diego. Das ganze Jahr 2016 über machte ich mir viele Gedanken, ob die Zeit nicht endlich gekommen wäre, Sunny zurückzuholen. Ich wusste, dass ein Sun-Diego-Comeback auch extreme Nachteile hatte. Ich müsste wieder in die Öffentlichkeit treten. Ich war nicht scharf auf den fame, denn ich wusste, dass der fame sein Tribut forderte. Der Gedanke, nicht mehr unerkannt mit meiner Frau und meinem Sohn ganz normal durch die Straßen laufen zu können, turnte mich ab. Anonymität hat seine Vorteile. Auf der anderen

Seite sprach zu vieles dafür, Sunny zurückzuholen. Ich hatte auf meinem letzten Album schon einmal probeweise »No Cooperation Con La Policia« mit meiner normalen Stimme eingerappt. Ich habe die Version nie veröffentlicht, aber sie knallte. Aus rein musikalischer Sicht war ein Sun Diego vielseitiger, als es ein SpongeBOZZ jemals sein könnte. Aber als ich mir anhörte, was musikalisch gerade alles in Deutschland passierte, konnte ich es nicht mehr mit meinem Stolz vereinbaren, Sunny zu verstecken. Die Vision, die ich damals hatte, war mittlerweile Realität geworden. Es wurde zwar abgeändert, aber der Kern war derselbe. Deutschrap ist heute clubtauglich. Man setzt zwar mehr auf ethnische Sounds, ein paar Bongos und eine Reggae-Klangfarbe in der Stimme. Aber all das basiert auf dem, was ich damals gemacht hatte. Das war meine Grundidee. Das war meine Vision. Der Markt wurde immer mehr Sun Diego. Ich habe Autotune nach Deutschland gebracht. Ich habe diesen Style studiert, da waren die heutigen Rapper noch gar nicht da. Noch gar nicht existent. Und ich habe den Shitstorm dafür kassiert. Und heute bekam ich noch nicht einmal die Probz für das, was ich geleistet hatte.

Ich stand also vor der Frage, ob ich meine eigene Geschichte thematisiere, oder ob ich sie weiterhin hinter einem Schwammkostüm verschleiere. Der Schwamm hatte seine Berechtigung. Und er hat sie stellenweise noch immer. Aber es war Zeit Sunny wieder zurückzuholen, damit er sich holen konnte, was ihm zustand.

Ich schloss mich in meinem neuen Studio ein. Nach meinem Umzug musste ich mich komplett neu organisieren. Das Studio war eigentlich kein Studio. Es war eine Baustelle. Ich habe alles komplett selber renoviert. Ich habe Wände mit dem Hammer eingerissen, den Boden erneuert, auf einer Matratze gepennt und für die Texte an dem kleinen vergammelten Computertisch meines Vormieters gesessen. Auf einer Rolle Steinwolle. Vor mir lag Schotter. Nach und nach wurde mein Studio erst immer kaputter und dann immer wohnlicher. Zwischen Flexgesäge, Staub und Malerarbeiten schrieb ich »Started From The Bottom«. Der Name war Programm. Ich war wieder ganz unten.

Um den alten Flavour wieder einzufangen, bastelte ich mir aus einer Strumpfhose und einem Kleiderbügel einen provisorischen Popp-schutz. Wie damals bei Baba. In der Zeit zog auch Digital Drama bei mir ein. Er pennte gemeinsam mit mir auf dem Studioboden und arbeitete Tag und Nacht an meinem Sound.

Während der Aufnahmen beschloss ich, meine Strukturen zu pro-fessionalisieren. Ich gründete mein Label: Bikini Bottom Mafia. Und nahm mir zwei Künstler in mein Team. Scenzah, mit dem ich seit der RBA Mukke mache. Und Juri. Ich kannte Juri schon seit Bossau-ra-Zeiten. Dort lernte ich ihn backstage kennen. Ich kam nicht darauf klar, dass er wie ein Kanake aussah, aber plötzlich russisch mit mir sprach. »Sdorova, Dima«. Er war halb Afghane, halb Russe. Juri ist ein junger Typ aus Kassel. Er hing schon damals ständig mit der gesamten Rap-Elite rum. Alle hatten mit ihm Kontakt: Savas, Hafti, Massiv. Juri und mich verband eine lange Freundschaft. Er lernte meine Familie kennen. Ich lernte seine Familie kennen. Und irgendwann machte er ein Projekt gemeinsam mit Squirty. Das war die Zeit, als Squirty anfing, öffentlich gegen mich zu schießen. Juri fand es peinlich, Promo auf dem Rücken eines ehemaligen Bruders zu machen. Und so wendete er sich von Squirty ab, obwohl wir zu der Zeit noch nicht einmal Kontakt hatten. Ein riesiger Vertrauensbeweis.

Meine erste Single »Started From The Bottom / Apocalyptic Infinity« war eine komplette Abrechnung mit der gesamten Deutschrap-Szene. Ich machte das, was ich damals mit dem Gio-Diss machte. Ich packte meine kompletten Skills, Fähigkeiten und Stärken aus. Nur ging es dieses Mal nicht darum, zu beweisen, dass ich Battle-Rap durchge-spielt hatte. Es ging darum, zu zeigen, dass ich die gesamte Szene do-minierte. Und zum Schluss rappte ich nicht mehr als SpongeBOZZ, sondern als Sun Diego, um ein für alle Mal alles klarzustellen, was zwischen Kollegah und mir passiert war. Es war kein Disstrack. Es war Realtalk. Ich machte das für meinen Seelenfrieden.

Für das Video suchte ich noch ein paar stabile Jungs, die sich in den Hintergrund stellten.

Mittlerweile war ich mit Salah mehr als nur Befreundet. Wir waren Brüder geworden. Weil er kein Geld von mir nehmen wollte, investierte ich über Umwege in ein Geschäft von ihm. Für mich war das ein ganz natürlicher move, weil ich sowieso nach einer guten Investition suchte. Und es gab in meinen Augen keine vertrauenswürdigere Person, in die man investieren kann, als Salah Saado.

Das gemeinsame Geschäft schweißte uns zusammen.

Irgendwann fragte er mich einmal, ob er denn nicht auch etwas Gutes für mich tun könne. Ich sagte ihm, dass ich immer mal wieder ein paar stabile Männer für meine Videos bräuchte und er sagte mir, dass er da ohne Probleme etwas organisieren könne. Darauf wollte ich jetzt zurückkommen.

Ich rief ihn an.

»Bro, wir drehen die Tage ein Video für meine erste Single vom neuen Album. Steht dein Angebot mit den Jungs noch?«

»Natürlich«, sagte Salah. »Wie viele Männer brauchst Du? 50? 100? 500?«

»Easy«, sagte ich. »Einfach nur eine Handvoll stabiler Kanten. Und ihr könnt natürlich alle Masken tragen. Ist ja selbstverständlich. Ihr müsst nicht euer Gesicht zeigen.«

»Warum sollten wir Masken tragen?«

»Naja, falls es euch peinlich ist. Wegen dem Schwammkostüm …«

»Was peinlich? Was soll uns daran peinlich sein? Ich mache das gerne«, sagte er. »Es soll jeder sehen, dass ich hinter dir stehe. Wer mit dir ein Problem hat, der hat ein Problem mit mir. Ein Scheiß ist mir peinlich«, sagte er.

Wir vereinbarten auch eine Szene im Essener Mandalay-Café zu drehen. Eine berüchtigte Shisha-Bar. Der Ort, an dem die wirklich schweren Jungs abhängen. Bevor wir mit dem Dreh begonnen haben, wollte ich einmal die Location sehen. Und fuhr am Abend vor den Aufnahmen alleine in das Café.

Als ich das Mandalay betrat, lag ein schwerer, süßlicher Rauch in der Luft. Es roch nach Shisha-Tabak. Das Licht war gedimmt und der Laden voll. Überall saßen schwere Babas, die mich von oben bis unten musterten. Ich erklärte ihnen, wer ich bin, einer der Männer nahm mich und führte mich rum.

»Sag mal, Bruder«, fing er plötzlich an und legte seinen Arm um meine Schulter. »Hättest Du denn nicht Interesse, auch mal eine große Tour zu spielen? Wir könnten mitkommen und für Security sorgen.«

»Habe ich nicht so Bock drauf«, wiegelte ich ab. »Mir ist das zu anstrengend mit der Schwammstimme. Und außerdem«, sagte ich »außerdem will ich nicht, dass das so wirkt wie eine Schutzgeld-Sache zwischen Salah und mir. Wir sind Brüder. Wenn Salah in den Urlaub fliegt, sollen meine Eier nicht mitfliegen.«

Der breite Mann schaute mich eine Sekunde lang an und fing dann an zu lachen. »Du hast Eier«, sagte er. »Keine Frage!« Er klopfte mir auf die Schulter. »Keine Sorge. Du bist Salahs Freund. Wir sind Salahs Freunde. Und wir sind gerne dabei, wenn du uns brauchst. Für was auch immer.«

Am nächsten Tag begann der Videodreh auf dem Flugplatz. Salah kam mit 70 Mann an das Set. Da waren wirklich harte Kerle mit dabei. Große Namen. Die Elite von NRW. Jeder hatte was zu melden. Ich kam mit ihnen ins Gespräch. Einer zeigte mir eins sein Messer. Es sah abgenutzt aus. Nicht so, wie das Messer von unserem Brate. Erst als ich die ganzen Jungs so versammelt vor mir sah, verstand ich wirklich, wer Salah Saado war. Und wer hinter ihm stand. Keine seiner eindrucksvollen Geschichten war so prägnant, wie das Bild dieser Männer.

Salah und ich telefonierten jetzt fast jeden Tag. Wir hatten dieselben Vorstellungen und dieselben Werte. Ich feierte seine Storys unnormal. Die Jungs identifizierten sich komplett mit meiner Musik, mit dem, was ich verkörperte. Sie trugen nun von sich aus mein Merchandise, meine BBM-Sweater. Sie erstellten sich alleine dafür jede Menge Instagram-Accounts. Sie lebten diesen Lifestyle richtig.

Im Gegensatz zu vielen anderen Gangsta-Rappern, die für ihren Schutz bei libanesischen Großfamilien Geld bezahlten, verband Salah und mich eine echte Freundschaft. Wir begegneten uns immer auf Augenhöhe. Jeder hatte stets großen Respekt vor dem anderen. Wenn ein Freund einem anderen Freund einen Gefallen tun konnte, dann machte er das von Herzen. Und nicht für Geld. Seitdem ich Salah kannte, konnte ich trotzdem wieder ein bisschen besser schlafen. Nach der ganzen Scheiße, die mir in den letzten Monaten wiederfahren ist.

Ein Teil des Geldes, das ich mit dem Planktonweed-Tape verdient hatte, investierte ich derweil in einen alten Bruder aus der Florian-Zeit. Ich hatte eine gute Connec, von der ich unfassbar reines Kokain aus Holland besorgen konnte. Es hat einen extremen Reinheitsgrad. Wir bestellten gemeinsam 100 Gramm für 5000 Euro. 4500 kostete das Flex. 500 die Lieferung. Wir wollten uns da keinen Stress machen und selber fahren. Als die Lieferung bei mir im Studio ankam, waren wir komplett von den Socken. Ich erinnere mich daran, wie der Leytenant mit seinen Brüdern davon schwärmte, dass das beste Koks nach reinem Meerrettich roch. Und dieses Koks roch verdammt nochmal nach reinem Meerrettich.

»Bruder, siehst du das?«, sagte er. »Es ist wunderschön.« Als wir das Jay mit Rasierklingen kleinmachten, wurde es flockig. Wir haben eine kleine Nase gezogen. Es hat uns sofort weggebeamt. Im Gegensatz zu dem gestreckten Disco-Koks hat einen der Stoff nicht hoch-, sondern runtergebracht. Wir waren richtig breit.

Ich ließ mein Album im Hintergrund spielen.

Ich hole Kilos von meinem Albumgewinn / weil ich Drugpusher bin.

»Dikka«, sagte mein Bro, der tief auf dem Sofa heruntergerutscht war. »Du lebst den gottverdammten Traum.«

Während wir breit as fuck in meinem Studio lagen und chillten bekam ich einen Anruf. Es war Stas. Ich hatte schon ewig nicht mehr mit ihm gesprochen. Nach dem Moneyrain-Tape hatte er sich zurückgezogen. Er sagte, er wolle mit Musik nichts mehr zu tun haben und sich mehr um seine Familie kümmern.

»Hey Dima, alles gut?«, fragte er.

»Ja, Mann. Lange nichts mehr gehört. Was geht bei dir so?«
»Ach, nichts Besonderes. Ich wollte einfach mal durchklingeln. Habe mitbekommen, dass Du mit deinen Schwamm-Sachen richtig durchstartest, was?«

»Läuft ganz gut«, sagte ich.

»Was hast du so mit dem Schwamm verdient?«

»Mit dem letzten Tape? Kein Plan. Eine halbe Mio vielleicht? Ich weiß es selber noch nicht genau.«

»Echt? Krass. Habe gesehen, dass Du jetzt wieder neuen Stuff am Start hast. Bruder, bind mich da doch mal wieder mit ein. Ich will mir ein Haus bauen.«

»Alter, Dein Ernst?«

»Ja, klar.«

Ich habe mir nur gedacht: »Diggah, der hat sich zurückgezogen, als es bei uns richtig mies lief. Was auch sein Recht war. Aber jetzt wo ich am Start bin, will er wieder dabei sein?«

»Wir werden sehen«, sagte ich.

Ich legte auf und zog mir noch eine Nase Jay. Was für eine miese Aktion. Ich war so verletzt, dass ich den Kontakt zu Stas von diesem Tag an abgebrochen habe.

Für die zweite Single entschloss ich mich zu einem Doppelschlag. Ich veröffentlichte »ACAB2« und wenige Stunden später völlig unange- kündigt noch »Yellow Bar Mitzvah«. In dem Song bekannte ich mich erstmals öffentlich dazu, Jude zu sein. Das war mir eine absolute Herzensangelegenheit.

Meine Baba fand die Idee, dass ich meine jüdischen Wurzeln themati- siere gar nicht gut. Sie bat mich mir das noch einmal zu überlegen. Sie hat bis heute Angst, dass es irgendwann in Deutschland ein Rollback gibt. Dass die gesellschaftliche Stimmung wieder kippen könnte. Und das mein Sohn in der Zukunft darunter leiden müsste, dass ich mich so offen zum Judentum bekannt hatte. Alleine ihre Angst, war ein In- diz dafür, was für ein großes gesellschaftliches Thema Antisemitismus noch immer ist. Und ich merkte das auch in meinem Freundeskreis. Es gibt kein Diskussionsthema, das so vergiftet ist, wie der Nah- ost-Konflikt. Eine normale Debatte ist eigentlich gar nicht mehr mög- lich. Wer über den Nahost-Konflikt sprechen will, der betritt ein emo- tionales Mienenfeld. Oft werden in einer Diskussion dann bloß die Standpunkte einer Seite vertreten und die Standpunkte der anderen Seite komplett ausgeblendet.

Ja, Israel fährt eine strenge repressive Politik. Aber das liegt vielleicht auch daran, dass Israel von Staaten umgeben ist, die jede Gelegenheit nutzen zu sagen, dass sie sich wünschen, dass Israel möglichst bald von der Landkarte verschwindet. Und das, nachdem in Deutschland 6 Millionen Juden auf brutalste Art und Weise vergast wurden. Wie soll ein Staat denn reagieren, wenn es neben solchen Ankündigungen auch beinahe täglich Attentate und Anschläge auf seine Bürger gibt? Natürlich hat ein Staat die Pflicht, seine Bürger zu beschützen. Aber natürlich gibt es auch Fehler in der Politik Israels. Und diese Fehler muss man auch benennen dürfen, ohne gleich als Antisemit abgestempelt zu werden. Es wäre nötig, dass einfach mal wieder eine faire Debatte geführt wird. Ohne direkt mit Totschlagargumenten zu kommen. Beide Seiten zu verstehen.

HipHop ist eine Kultur, in der solche Diskurse geführt werden können. Und HipHop ist eine Kultur, in der solche Diskurse geführt werden müssen. Ich glaube nicht daran, dass ein 3-minütiger Song jemals eine politische Analyse ersetzen kann. Aber ich glaube daran, dass ich mit einem Song oder mit einem Video einen künstlerischen Impuls setzen kann, der zu Diskussionen anregt. Dass ich Denkanstöße geben kann. Dass ich meine Geschichte und die Geschichte meiner Familie nutzen kann, um einer jungen Generation Einblicke in eine Welt und eine Kultur zu geben, die sie vielleicht nicht kannten. Ich werde keine politischen Statements machen. Aber ich werde durch meine Musik versuchen, Denkanreize zu geben. Nicht plakativ, sondern in einer künstlerischen Weise verpackt. Aber bei »Yellow Bar Mitzwa« ging es mir noch um etwas anderes.

In Deutschland gab es bislang keinen wirklich großen und bekannten Rapper, der sich zum Judentum bekannte. Dabei ist Identität gerade in der HipHop-Szene ein extrem wichtiges Thema. Die Kids haben viele muslimische, christliche, deutsche, türkische, amerikanische, libanesische oder kurdische Vorbilder. Einen Juden als Identifikationsfigur gibt es in der Deutschrap-Szene bislang nicht. Ich dachte also, es wird Zeit, ein selbstbewusstes Statement zu setzen.

Salah und ich hatten für das Video eine ganz besondere Idee. Wir überlegten uns, dass er eine Libanon-Fahne und ich eine Israel-Fahne schwenken könnten. Um den Leuten draußen zu zeigen, dass diese ganze Feindschaft zwischen zwei Völkern nichts als ekelhafter Bullshit ist. Wir hatten die Fahnen auch schon besorgt, doch die Videoproduktionsfirma bekniete uns, diesen Move doch nicht zu machen. Sie hatten Angst, dass es zu einem Shitstorm kommen könnte, dass wir uns damit Feinde machten. Die Reaktion der Produktionsfirma sagte mehr über die vergiftete Debatte aus, als Worte jemals könnten.

Salah und ich willigten ein, es vorerst bleiben zu lassen. Ich bereue diese Entscheidung heute von Herzen. Es wäre ein perfektes Statement gewesen.

Das Video zeigte dennoch Wirkung. Zum ersten Mal in meinem Leben war ich nun wirklich mit echtem Antisemitismus konfrontiert. Neben sehr viel Zuspruch bekam ich auch jede Menge Hass-Nachrichten. Ich bekam einen Eindruck davon, wieso meine Baba so dachte, wie sie dachte. Und auch Salah musste sich einige Diskussionen anhören. Er erzählte mir, dass ein Nachbar zu ihm kam, und ihn fragte, wie das ginge, wie er, ein Muslim, mit mir, einem Juden, zusammenarbeiten könne.

»Hör mal, mein Freund. Du bist doch gerade arbeitslos. Du bekommst Geld vom Staat. Wie kann es sein, dass dieser Jude mit seinen Steuern dein Brot bezahlt und du es immer noch wagst, solche Sprüche zu reißen?«

Als letzten Move veröffentlichte ich noch einen Disstrack gegen Squirty. Seine Karriere war zu diesem Zeitpunkt praktisch nicht mehr existent und um sich irgendwie zu retten, schrieb er einen halbstündigen Song gegen mich, in dem er meine Mutter und meine Frau beleidigte. Das zeigte mir sein wahres Gesicht. Und das konnte ich diesem gottlosen Hundesohn einfach nicht durchgehen lassen. Als ich den Song schrieb, dachte ich noch mal an unsere Frühzeit. Als Squirty sich zur Fotze entwickelte, reflektierte ich noch mal unsere Vergangenheit. Ich dachte in dieser Zeit sehr viel an Hikmet. Ich war damals so eiskalt auf Squirty reingefallen und Sticky war derjenige, der dadrunter leiden musste. Ich hatte überhaupt keinen Kontakt mehr zu ihm. Aber ich empfand es irgendwie als meine Pflicht, wieder geradezubiegen, was Squirty ihm damals angetan hatte. Ich hatte eine Idee: Was wäre, wenn ich es so geradebog, dass ich ihm die Chance bot, mit mir Musik zu machen? Der Typ war musikalisch Bombe. Ich wusste, dass jemand, der so viel auf dem Kasten hatte, auch wieder Musik machen wollte. Es konnte gar nicht anders sein. Ich beschloss, ihm ein Denkmal zu setzen. Und erwähnte ihn auf dem Disstrack gegen Squirty.

> Du weißt, Mad M. machte dich mit Sunny bekannt /
>
> Was macht Johannes als Dank? Dass er ihn von Moneyrain bannt /
>
> Du Ratte weißt, ich wollte Geldregen mit Hikmet zu dritt /
>
> Doch auf dem Weg nach vorne war er nur ein Trittbrett für dich

Ich schrieb Hikmet daraufhin bei Facebook an.

»Bro, was machst du?«, antwortete er direkt. »Du erwähnst mich auf einem Song und mein Postfach explodiert.«

»Alles easy«, schrieb ich. »Ich wollte einfach klarstellen, was klarzustellen war. Wie geht's dir, Sticky?«

Und so näherten wir uns langsam wieder an. Wir schrieben uns hin und her, wir zockten ein bisschen Fifa gegeneinander, telefonierten und irgendwann sprachen wir über Musik. Ich fragte ihn, ob er nicht Lust hätte, mal wieder was zu starten. Er war sofort dabei.

Aber mir fehlte noch etwas. Wir hatten uns zehn Jahre lang nicht gesehen. Ich brauchte für mich irgendeine Bestätigung, dass Sticky immer noch derselbe Sticky war, mit dem ich damals in unserer Crack-Höhle gechillt und Gras geraucht hatte. Ob er immer noch der Typ war, auf den man sich zu 120 Prozent verlassen konnte. Mit dem man auch durch die Scheiße gehen konnte. Also machte ich einen Vorschlag, um ihn zu testen.

»Bro, ich mache nebenbei ein bisschen was mit Weed. Und ich habe in Osna gerade niemanden der für mich verkauft. Bist du noch heiß? Hast Du Lust für mich ein bisschen was zu verticken?«

»Ja klar, wieso denn nicht.«

Da ich mich selber tatsächlich ein wenig zurückgezogen hatte, wollte ich, dass zumindest meine Freunde irgendwie mit gutem Ot versorgt waren.

»Ich habe eine brutale Connec. Ich will ein Kilo holen. Bist du am Set?«

»Easy«, sagte er, ohne zu zögern, und am nächsten Tag verabredeten wir uns. Ich fuhr mit meinem Wagen bei ihm vorbei und parkte vor seiner Wohnung. Ich freute mich unnormal als er aus der Haustür kam. Das erste Wiedersehen nach zehn Jahren. Sticky war noch immer der alte Sticky. Nur das Sticky jetzt einen Bart hatte.

»Diiiima, was geht?«

Wir umarmten uns. Auch Sticky freute sich wirklich mich zu sehen. »Digga«, sagte er nach zwei Minuten. »Scheißegal, wer du jetzt bist, scheißegal, was du schon alles erreicht hast, für mich bist du immer noch der alte Dima.« Wir hatten unsere Basis sofort wiederentdeckt. Es hat einfach gepasst.

»Komm steig ein«, sagte ich. »Wir müssen langsam los. Meine Leute warten.«

Wir fuhren einmal quer durch Deutschland. Die gesamte Fahrt über quatschen wir über alte Zeiten.

Das tat verdammt gut.

Irgendwann kamen wir in ███████████ an. Ein mieses Viertel. Überall standen Betonhochhäuser. Die Wände waren mit Grafito beschmiert. Ich parkte den Wagen unter einer Brücke. Es stank ganz fürchterlich. Wir stiegen aus und stellten uns in einen Hauseingang.

»Sind wir hier richtig?«, fragte Sticky.

»Absolut«, sagte ich. Wir warteten ein paar Minuten und beobachteten die Menschen, die an uns vorbeigingen. Alte Männer mit zerschlissenen Jacken und LIDL-Tüten in der Hand. Junkies, die ziellos herumirrten. Dann kam ein großer, schwerer Mann auf uns zu. Er gab mir die Hand, schaute sich einmal kurz um und sagte mir, wie es ablaufen würde.

»Und jetzt setzt ihr euch in euer Auto und wartet«, sagte er abschließend und verschwand dann ohne uns die Hand zu geben oder sich irgendwie zu verabschieden. Wir gingen wieder zu meinem Wagen, der unter der Brücke stand, kurbelten die Fenster runter und schalteten das Radio an. Ich massierte meine Schläfe. Ich hatte schon wieder diese wahnsinnigen Kopfschmerzen.

»Alles okay, Dima?«

»Ja, alles cool«, sagte ich.

Nach ein paar Minuten schreckte ich auf. Ein Mann kam an unserem Wagen vorbei und schmiss einen Schuhkarton durch das geöffnete Fenster. Ich musste ihn nicht öffnen, der Geruch sprach für sich.

»Alter«, sagte Sticky als ich den Motor startete und losfuhr. »Das ist aber ein extremer Geruch.« Er checkte den Karton. »Scheiße«, sagte er. »Das Zeug ist nicht Vakuum verpackt.«

Der Geruch war wirklich abartig.

Wir fuhren zu einer Tankstelle und trafen eine weitere Person, die wir bezahlten. Dabei stellte sich heraus, dass man uns statt einem Kilo gleich zwei Kilo eingepackt hatte.

»Das war ein Missverständnis«, sagte der Mann an der Tankstelle. »Sollen wir was zurücknehmen?«

»Scheiß drauf, wenn wir schon einmal hier sind, können wir es auch knallen lassen.«

Aber das war nicht das einzige, was schief lief. Denn eigentlich wollten wir mein Auto stehen lassen und mit einer dritten Person weiterfahren. Nur, ihr kam etwas dazwischen. Das Problem war, dass mein Wagen einfach extrem auffällig war. Ein 3er-BMW in schwarz. Sportversion mit getönten Scheiben. Wir hätten uns eigentlich gleich noch einen Sticker draufkleben können: »Achtung, Drogenkurier«.

»Scheiß drauf«, sagte Sticky. »Lass uns nach Hause fahren.«

Ich war nicht bloß froh, dass die Übergabe halbwegs sauber klappte, ich war besonders froh, dass Sticky dabei war. Für mich war diese Aktion das ultimative Provement. Mit einem Menschen, den du nach zehn Jahren zum ersten Mal wiedersiehst, fährst du normalerweise nicht in die Wallachei, kaufst zwei Kilo Ot und riskierst deinen Arsch.

Hikki bewies sich umso mehr, je katastrophaler die Rückfahrt wurde. Die Tüte hat wirklich übelst gestunken. Es wurde immer schlimmer. Das war ein echtes Problem. Es war egal, wo wir das Zeug bunkern würden, der ganze Wagen stank nach Marihuana.

Es lief alles schief, was nur schieflaufen konnte. Wir bemerkten bald, dass wir noch tanken mussten. Ich war schon komplett breit, hatte die meiste Zeit der Fahrt am Steuer gepafft. Wie ich das immer machte. Wir standen an der äußersten Säule der Tankstelle, drei Meter vor uns war ein Parkplatz. Dort standen zwei Autos.

»Lass kurz für kleine Drogendealer, bevor wir tanken«, sagte Sticky Ich nickte. Als ich aus der Serways-Toilette rausging, bekam ich den Schock meines Lebens. Da standen auf einmal zwei Bullenautos.

»Bruuuuder, Amcas«, flüsterte ich zu Hikki.

Ich hielt den Atem an. Ich dachte, ich kriege gleich einen Herzinfarkt. Wir schauten uns um. Und da sahen wir, dass die Bullen drei Meter vor unserem stinkenden Cannabis-Auto entfernt auf dem Parkplatz standen und dort drei Autos durchsuchten. Sie schienen nicht zimperlich zu sein, räumten sogar den kompletten Kofferraum aus.

»Scheiße«, sagte ich. »Komm, lass uns noch was zu trinken holen.« Sticky nickte und kam mit mir zum Kühlschrank. Wir trödelten ein bisschen herum und kauften uns dann zwei Eiscafés. Dann ging ich an den Geldautomaten. Von dort konnte ich die Cops ganz genau beobachten. Scheiße. Scheiße. Scheiße.

Sticky und ich stellten uns vor die Tanke und rauchten eine Kippe. 15 Minuten ging das Ganze.

»Bro, es wird zu auffällig«, sagte ich. »Lass uns tanken und abhauen.«

Wir gingen also zu unserem überauffälligen Batmobil, das nur danach schrie, durchsucht zu werden, und ich stellte fest, dass ich falsch herum geparkt hatte. Der Tankdeckel war auf der linken, die Zapfsäule auf der rechten Seite. Auch das noch. Ich hatte das Gefühl, alles lief nur noch in Zeitlupe ab. Wir stiegen beide in das Auto, fuhren einen aufwendigen Wendekreis, ich stieg so schnell wie möglich wieder aus, damit kein Cannabis-Geruch aus dem Auto entweichen konnte, und tankten den Wagen voll.

Innerlich bekam ich gerade wirklich einen Herzinfarkt. Nach außen war ich der coolste Motherfucker. Ich versuchte, mir einfach gar nichts anmerken zu lassen. Während ich tankte, starrten mich die Bullen auf einmal an. Erst einer. Dann zwei. Dann alle drei. Scheiße, dachte ich. Scheiße. Scheiße. Scheiße. Bleib ganz ruhig, Dima. Aber das sagt sich leichter, als es in einer solchen Situation ist. In dem Moment vibrierte mein Handy. Ich zog es aus meiner Hosentasche. Nas hatte mir Fotos geschickt. Sie war gerade mit meinem Sohn im Urlaub und sie schickte irgendwelche belanglosen Fotos von den Zimmern, die mich wirklich nicht interessierten. Dennoch schrieb ich ganz begeistert zurück und schickte ihr Voicenachrichten, wie toll doch alles aussehen würde, und bat fröhlich lächelnd um mehr Fotos.

»Wirklich?«, fragte meine Frau. »Schön, dass es dir gefällt!«

»Schick mir mehr Bilder, ich bin ganz begeistert.«

Natürlich juckten mich die Bilder von irgendwelchen Küchenzeilen und Schrankinhalten in fremden Hotels überhaupt nicht, aber die Ablenkung funktionierte. Die Bullen konzentrierten sich wieder auf die Wagen, die vor ihnen standen. Ich ging noch mal in das Tankstellenhäuschen, bezahlte und fuhr dann locker-flockig an den drei Polizeiautos vorbei.

Als wir wieder nach Hause kamen, waren Hikki und ich richtig euphorisch. Ich hatte das Gefühl, mich kann nichts auf dieser Welt noch ficken. Ich nahm mir die Hälfte von dem Ot, den Rest bekam Sticky, um ihn zu verteilen. Innerhalb von ein paar Tagen brachte er das Geld. Wir planten schon unseren nächsten Coup. In derselben Nacht beschloss ich, noch einen Song im Studio aufzunehmen: »Eloha«. Irgendwann früh am Morgen fiel ich dann halbtot ins Bett.

Es klingelte wieder und wieder. Ich war noch ziemlich benommen, versuchte langsam, meine Augen zu öffnen. Es war eine verdammt ekelhafte Nacht. Ich war bis 7 Uhr im Studio, denn ich wollte unbedingt diesen Song fertig bekommen: »Eloha«. Ich hatte gefühlte 150 Jibbits geraucht und mir den Kopf zerbrochen, wie ich die Hook rund kriegen kann. Und irgendwann habe ich mich dann einfach hochgeschleppt, mir einen Gute-Nacht-Joint und einen Espresso reingezogen und mich ins Bett fallen lassen. Und jetzt dieses Klingeln. Dieses schrille Geräusch. Alter! Ich griff noch halbblind nach meinem Handy. Kurz vor 10 Uhr. Wer zur Hölle machte um diese Zeit so einen gottverdammten Aufstand?

Eigentlich konnte das nur Digi sein. Mein Beatmann. Aber der würde doch nicht um diese Zeit kommen. Ich rollte mich langsam aus dem Bett. Es klingelte weiter.

»Ja, Mann, ich komme ja«, schrie ich durch die leere Wohnung und rieb mir dabei die Augen.

»Wer ist da?«, fragte ich in die Gegensprechanlage.

»Herr Dimitri Chpakov?«, hörte ich eine ernste Frauenstimme.

»Ja.«

»Hier ist die Steuerfahndung, öffnen Sie bitte die Tür, wir haben einen Durchsuchungsbefehl.«

Ich lehnte mich gegen die Wand. Scheiße.

Epilog

Das Böse ist ein Gift, das sich schleichend ausbreitet. Es beginnt harmlos. Es beginnt mit einem Gedanken. Und manchmal, da glaube ich, dass meine Gedanken schon so lange vergiftet sind, dass ich dieses Gift nie wieder aus ihnen herausbekommen werde. Mein Stiefvater, der Leytenant hat mir einmal gesagt, dass illegales Geld einen anderen Geschmack hat als legales Geld. Ich weiß, was er meint. Ich kenne diesen Geschmack. Und ich weiß, dass er süchtig machen kann. Manchmal glaube ich, dass die Musik, die Vision, die ich von meiner Musik habe, das einzige Mittel ist, den Teufel in meinem Kopf ruhigzustellen. Zu unterdrücken. Zumindest für eine kurze Zeit lang.

Ich schaute mich um. Sie hatten mich in eine Zelle gebracht. Ein kleiner Raum, vielleicht vier mal zwei Meter groß. Es gab nur eine Art Schlafbrett, befestigt an zwei Ketten, die in der Wand eingelassen waren. Die Wände waren mit Graffiti und Tags vollgeschmiert. Alles hier kam mir so seltsam vertraut vor. Ich hatte das Gefühl, ich hätte das alles schon einmal erlebt. Ich wäre hier schon einmal gewesen. Ich schaute mir die Tags an. Hakenkreuze. Schwänze. Irgendwelche Namen und Todesdrohungen. Die ganze Zelle stank brutal. Ich lief herum. War extrem nervös. Ich musste an Nas und Nel denken. Fuck. Was für ein Vater war ich, der einfach nicht aus der Scheiße herauskam, die zu meinem Leben geworden ist. Gut, dass sie das alles hier nicht mitbekamen. Gut, dass sie gerade im Urlaub waren. Aber sie würden wiederkommen. Und ich hatte keine Ahnung, wie lange man mich hier festhalten wird.

Ich schlug gegen die massive Eisentür. Wieder und wieder. Nach ein paar Stunden wurde die kleine Luke an der Tür geöffnet. Ein Wärter schaute mich an. Er war auffällig groß, musste sich runterbücken. Er hatte eine spitze Nase, einen langen, dünnen Bart und trug einen Pelzjacke über seiner Uniform.

»Ey«, sagte ich. »Wie lange muss ich noch bleiben? Wann komme ich hier raus.«

Er grinste und zuckte mit den Schultern. Irgendwie kam der Typ mit bekannt vor. Aber ich konnte ihn nicht zuordnen. Dann schloss er die Sichtluke. Fuck! Ich trat gegen die große Tür. Dann setzte ich mich auf das harte Holzbrett und vergrub mein Gesicht in meinen Händen. Komm schon, Dima, sprach ich mir zu. Bleib ruhig. Es ist noch nichts passiert. Du weißt nicht, was sie gegen dich in der Hand haben. Das wird schon werden. Du wirst dich da wieder rausziehen, so wie du dich schon immer aus der Scheiße rausgezogen hast. Ich schaute aus dem vergitterten Fenster in den Hof. Ich fixierte die große Pforte. »Ich muss hier raus«, dachte ich.

Ich legte mich hin und massierte meine Schläfen. Ich atmete tief durch und machte mir selber ein Versprechen. Ein Versprechen, dass meine Musik noch stärker werden wird, noch konsequenter. Noch lauter, damit ich mit ihr die Stimme des Teufels unterdrücken kann. Ich machte mir das Versprechen, dass ich alles ficken werde, wenn ich hier wieder rauskomme. Ich schaute zu der schweren massiven Eisentür vor mir. Es herrschte absolute Stille. Ich schloss meine Augen und betete. Ich schloss meine Augen und betete: Barukh atah Adonaj, showar Ojwim umachnia Sedim.

Anmerkungen

1 Vergleiche dazu Dokumente 1–5 und 7/8: Durchsuchungsbefehl und Sicherungsprotokolle der Polizei, sowie das Sicherstellungsprotokoll des Finanzamtes.

2 Vergleiche dazu Dokumente 6: Aufnahmen der Festnahme durch die Überwachungskamera am Hauseingang.

3 Vergleiche dazu Dokumente 9/10: Tatvorwurf und Abgabe einer DNA-Probe

4 Vergleiche dazu Dokumente 11–19: Identitätsnachweise, sowie Nachweise über die Flucht der Urgroßeltern und Großeltern von Rostov on Don.

5 Vergleiche dazu Dokument 17: Bezeugung der Flucht der Familie Goldberg. Übersetzung: »Während der Evakuierung ist Tochter N. an Masern, einer Lungenentzündung und an einer beidseitigen eitrigen Ohrentzündung erkrankt. Es gab keine medizinische Versorgung. Die Familie ist aufgrund der anhaltenden Bombenangriff aus Rostov on Don geflohen.«

6 Vergleich dazu Dokument 34: Heiratsurkunde meiner Mutter mit Igor P.

7 Vergleiche dazu Dokumente 20–32: Fallakteneinsicht der Polizei.

8 Vergleich dazu Dokument 33: Bericht über den Prozess an Igor P.

9 Vergleich Dokument 38: Bescheinigung meines Krankenhausaufenthaltes.

10 Vergleich Dokument 37: Die Bundesprüfstelle für jugendgefährdende Medien setzt mein »Planktonweed«-Tape auf den Index.

11 Vergleich dazu Dokument 36: Nachrichtenterror vom Brate. Er schrieb die Nachrichten an einen meiner besten Freunde, der mit der Sache überhaupt nichts zu tun hat.

Danksagung

Nas und Nel – für euch mache ich alles, was ich mache! Ich lebe für euch.

Mum und Baba N – wenn ihr nicht gewesen wärt, wäre ich nichts! Ihr habt immer an mich geglaubt!

Pat, ohne Dich wäre BBM nicht möglich gewesen. Du warst von Tag eins dabei – Danke für alles!

Digital Drama, wir sind das Fundament.

Daniel, mein ältester Freund! Danke, dass du immer an meiner Seite warst.

Salah, mehr als Freundschaft! Wir stehen zusammen, wir fallen zusammen!

Danke **Akay**, für mich bist du der beste Sänger der Welt und ein noch besserer Freund!

Kollegah – Danke, dass wir zusammen Musik gemacht haben und ich der bin, der ich bin in meiner Karriere.

Julez, wir waren wie Familie. Danke.

Dennis, der erste Journalist, der an mich geglaubt hat. Danke, dass du meine Geschichte geschrieben hast, ohne dich hätte ich nicht den Mut gehabt.

Christian Jund, Danke, dass du an uns und an dieses Projekt geglaubt hast! Und Danke an **Mischa** für die geduldige Begleitung und die starken Nerven!

Danke an meine **Fans** – BBM ist die Gang, Brudaaa!